U0714001

成人高等教育“思想政治理论课”教材

思想道德修养与法律基础

SIXIANG DAODE XIUYANG YU FALYU JICHU

罗嘉文　李学明　主　编

中山大學出版社
SUN YAT-SEN UNIVERSITY PRESS
·广州·

版权所有　翻印必究

图书在版编目（CIP）数据

思想道德修养与法律基础/罗嘉文，李学明主编．—广州：中山大学出版社，2017.2
ISBN 978-7-306-06003-7

Ⅰ．①思…　Ⅱ．①罗…②李…　Ⅲ．①思想修养—成人高等教育—教材　②法律—中国—成人高等教育—教材　Ⅳ．①G641　②D920.4

中国版本图书馆 CIP 数据核字（2017）第 025736 号

出 版 人：王天琪
策划编辑：曾育林
责任编辑：曾育林
封面设计：曾　斌
责任校对：周　玢
责任技编：何雅涛
出版发行：中山大学出版社
电　　话：编辑部 020-84111996，84113349，84111997，84110779
发行部 020-84111998，84111981，84111160
地　　址：广州市新港西路 135 号
邮　　编：510275　传　真：020-84036565
网　　址：http://www.zsup.com.cn　E-mail：zdcbs@mail.sysu.edu.cn
印 刷 者：佛山市浩文彩色印刷有限公司
规　　格：787mm×1092mm　1/16　9.5 印张　258 千字
版次印次：2017 年 2 月第 1 版　2022 年 1 月第 7 次印刷
定　　价：25.00 元

如发现本书因印装质量影响阅读，请与出版社发行部联系调换

成人高等教育"思想政治理论课"教材编委会

主　任： 罗嘉文

副主任： 陈申宏　刘加洪　张文峰　施保国

委　员： 李学明　彭宇坚　曾繁花　李　榄　程永锋

前　言

　　一个人是否遵守道德和法律，是否具有一定的思想道德素质和法律素质，可以说是他能否在这个社会中更好地生活、能否被这个社会所接纳的关键。"思想道德修养与法律基础"课是一门融思想性、政治性、知识性、综合性和实践性于一体的课程，针对大学生成长过程中面临的思想道德和法律问题，有效地开展马克思主义的世界观、人生观、价值观以及道德观、法律观教育，开展社会主义核心价值观教育，引导大学生提高思想道德素质与法律素质，使大学生成长为德智体美全面发展的社会主义事业的合格建设者和可靠接班人。

　　成人高等教育作为我国整个教育事业的重要组成部分，是建立终身教育体系和创建学习型社会的首要条件。《国家中长期教育改革和发展规划纲要(2010—2020年)》更是明确指出，要加快继续教育工作，重点是做好成人教育事业，构建终身学习体系。由于成教学生原有文化基础较为薄弱，年龄、身份以及家庭环境、文化基础等方面存在很大差异，因此，其思想认识、价值观和道德观都呈现多元化。在新形势下，做好成教学生的思想政治教育工作，加强思想政治理论课教学的针对性和有效性，对提升成教思想教育工作的实效性，推动成教学生更好地发展和进步尤为重要。

　　为了进一步加强成人教育思想政治理论课教学的针对性和有效性，提升成教学生思想政治教育工作的实效性，就需要我们针对成教学生的特点，在"思想道德修养与法律基础"课的教学中采用不同于全日制大学生的教育方式，整合更新教学内容，改革创新教学模式，使其内容和方式都符合成人的特点，才能更好地推动成教学生思想政治理论课教学工作的顺利开展。为此，我们根据成教学生的思想现状、学习特点和心理状况，编写了适合成人教育教学的"思想道德修养与法律基础"教材。本书以马克思主义理论研究与建设工程重点教材《思想道德修养与法律基础(2015年修订版)》为基础，围绕着教学大纲要求和各章的教学目标，增加了贴近实际、贴近生活、贴近学生的"典型案例""拓展阅读"，补充了课后思考练习与模拟试题，从而将思想性、政治性、知识性、综合性和实践性融为一体，能有效地解决好成人教育"思想道德修养与法律基础"课课时少、内容多、教材理论性强、学生课后学习热情不高等问题。

目 录

绪论 珍惜大学生活 开拓新的境界 ·· 1
  一、提升思想道德素质与法律素质 ·· 1
    （一）思想道德与法律 ·· 1
    （二）思想道德素质与法律素质 ·· 2
  二、培育和践行社会主义核心价值观 ·· 3
    （一）社会主义核心价值观的基本内容 ···································· 3
    （二）培育和践行社会主义核心价值观的重大意义 ·························· 4
  三、学习本课程的意义和方法 ·· 6
    （一）学习本课程的重要意义 ·· 6
    （二）学习本课程的基本方法 ·· 7

第一章 追求远大理想 坚定崇高信念 ·· 8
  一、理想信念与人生 ·· 8
    （一）理想信念的含义与特征 ·· 8
    （二）理想信念的重要作用 ·· 9
    （三）理想信念与大学生 ··· 10
  二、树立科学的理想信念 ·· 11
    （一）确立马克思主义的科学信仰 ······································· 11
    （二）树立中国特色社会主义共同理想 ··································· 12
  三、在实践中化理想为现实 ·· 16
    （一）正确理解理想与现实的关系 ······································· 16
    （二）坚持个人理想与社会理想的统一 ··································· 17
    （三）在实现中国梦的实践中放飞青春梦想 ······························· 18

第二章 弘扬中国精神 共筑精神家园 ······································· 22
  一、中国精神的传承与价值 ·· 22
    （一）重精神是中华民族的优秀传统 ····································· 22
    （二）中国精神是兴国强国之魂 ··· 23
    （三）中国精神是民族精神与时代精神的统一 ····························· 24
  二、以爱国主义为核心的民族精神 ·· 25
    （一）民族精神的基本内容 ··· 25
    （二）爱国主义的科学内涵 ··· 26
    （三）爱国主义的时代价值 ··· 27
    （四）新时期的爱国主义 ··· 27
    （五）做忠诚的爱国者 ··· 29

三、以改革创新为核心的时代精神 ·· 32
　　　（一）时代精神及其主要体现 ·· 32
　　　（二）改革创新的重要意义 ·· 33
　　　（三）做改革创新的实践者 ·· 34

第三章　领悟人生真谛　创造人生价值 ·· 37
　　一、树立正确的人生观 ·· 37
　　　（一）人生与人生观 ·· 37
　　　（二）人生观的主要内容 ·· 38
　　　（三）正确认识人生矛盾 ·· 40
　　　（四）用科学高尚的人生观指引人生 ······································ 40
　　二、创造有价值的人生 ·· 42
　　　（一）人生的自我价值与社会价值 ·· 42
　　　（二）人生价值的标准 ·· 43
　　　（三）人生价值的评价 ·· 43
　　　（四）人生价值的实现条件 ·· 44
　　　（五）在实践中创造有价值的人生 ·· 44
　　三、科学对待人生环境 ·· 45
　　　（一）促进自我身心的和谐 ·· 46
　　　（二）促进个人与他人的和谐 ·· 46
　　　（三）促进个人与社会的和谐 ·· 47
　　　（四）促进人与自然的和谐 ·· 48

第四章　注重道德传承　加强道德实践 ·· 50
　　一、道德及其历史发展 ·· 50
　　　（一）道德的起源与本质 ·· 50
　　　（二）道德的功能与作用 ·· 51
　　　（三）道德的历史发展 ·· 51
　　二、继承与弘扬中华传统美德 ·· 54
　　　（一）中华传统美德的当代价值 ·· 54
　　　（二）中华传统美德的基本精神 ·· 55
　　　（三）中华传统美德的创造性转化和创新性发展 ···························· 56
　　三、继承与弘扬中国革命道德 ·· 60
　　　（一）中国革命道德的形成与发展 ·· 60
　　　（二）中国革命道德的主要内容 ·· 61
　　　（三）发扬光大中国革命道德 ·· 62
　　四、加强社会主义道德建设 ·· 63
　　　（一）着眼"四个全面"战略布局、加强道德建设 ·························· 63
　　　（二）社会主义道德建设的核心与原则 ···································· 63
　　　（三）积极投身崇德向善的道德实践 ······································ 65

第五章 遵守道德规范 锤炼高尚品格 … 68
一、社会公德 … 68
（一）公共生活与公共秩序 … 68
（二）公共生活中的道德规范 … 69
（三）网络生活中的道德要求 … 70

二、职业道德 … 72
（一）职业生活中的道德规范 … 72
（二）自觉遵守职业道德 … 73

三、家庭美德 … 74
（一）婚姻家庭中的道德规范 … 74
（二）弘扬家庭美德 … 76

四、个人品德 … 76
（一）个人品德及其作用 … 76
（二）加强个人道德修养 … 77
（三）追求崇高道德境界 … 78

第六章 学习法律知识 建设法治体系 … 81
一、法律的概念及发展 … 81
（一）法律的词源与含义 … 81
（二）法律的本质与特征 … 82
（三）法律的产生与发展 … 82

二、我国社会主义法律 … 84
（一）社会主义法律的特征 … 84
（二）社会主义法律的作用 … 85
（三）社会主义法律的运行 … 86

三、建设中国特色社会主义法治体系 … 88
（一）建设中国特色社会主义法治体系的意义 … 88
（二）建设中国特色社会主义法治体系的内容 … 88
（三）全面依法治国的基本格局 … 89

第七章 树立法治观念 尊重法律权威 … 94
一、树立社会主义法治观念 … 94
（一）坚持走中国特色社会主义法治道路 … 94
（二）坚持党的领导、人民当家做主与依法治国相统一 … 95
（三）坚持依法治国和以德治国相结合 … 96
（四）加强宪法实施，落实依宪治国 … 97

二、培养社会主义法治思维 … 97
（一）法治思维的含义与特征 … 98
（二）法治思维的基本内容 … 98
（三）培养法治思维的途径 … 100

三、尊重社会主义法律权威 102
   （一）尊重法律权威的重要意义 102
   （二）尊重法律权威的基本要求 103

第八章 了解法律制度 自觉遵守法律 106
  一、我国宪法规定的基本制度 106
   （一）我国宪法的特征和基本原则 106
   （二）我国宪法确立的国体 107
   （三）我国宪法确立的基本政治制度 108
   （四）我国宪法确立的基本经济制度 109
  二、我国的民事法律制度 111
   （一）民法的概念和原则 112
   （二）民事主体制度 112
   （三）民事行为制度 112
   （四）民事权利制度 113
   （五）民事责任制度 113
   （六）民事时效制度 114
   （七）合同法律制度 114
  三、我国的刑事法律制度 115
   （一）犯罪概述 115
   （二）刑罚制度 116
   （三）犯罪种类 117
  四、我国的程序法律部门 118
   （一）诉讼法 118
   （二）非诉讼程序法 120

结束语 做社会主义核心价值观的积极践行者 121

附录一 课后学习思考参考答案 123

附录二 模拟测试题 132

参考答案 136

参考文献 139

后记 140

绪论　珍惜大学生活　开拓新的境界

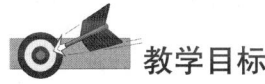 **教学目标**

通过本章教学，使学生正确认识思想道德素质与法律素质在人生中的重要意义，激发学生学习本课程的热情，不断提高自身的思想道德素质和法律素质；深刻理解社会主义核心价值观的基本内容和培育社会主义核心价值观的重大意义，积极将社会主义核心价值观内化于心、外化于行。

大学生是国家宝贵的人才资源，是民族的希望、祖国的未来，肩负着人民的重托、历史的责任。大学阶段，是人生发展的重要时期，是世界观、人生观、价值观形成的关键时期。怎样处理好理想与现实、个人与集体、竞争与合作、权利与义务、自由与纪律、友谊与爱情、学习与工作等方面的关系，做什么样的人，怎样做人，怎样的生活才有意义，怎样的人生追求才有价值等，这一系列的人生课题，都需要同学们去观察、思索、选择、实践，同时也需要思想上的教育和引导。"思想道德修养与法律基础"课，是帮助同学们树立正确的世界观、人生观、价值观，加强自我修养，提高思想道德素质和法律素质的课程，对于大学生正确认识社会、正确认识他人、正确认识自己，促进德智体美全面发展具有重要意义。

一、提升思想道德素质与法律素质

当今时代为大学生的成长成才提供了广阔的舞台，也提出了更高的能力和素质要求。同学们要适应时代的要求，既需要提高科学文化水平和专业能力，又需要提高思想道德素质和法律素质。

（一）思想道德与法律

思想道德与法律都是调节人们思想行为、协调人际关系、维护社会秩序的重要手段。思想道德和法律在调节领域、调节方式、调节目标等方面发挥的作用和方式存在很大不同。思想道德主要是内在于主体的自律，法律是外在于主体的他律，德禁于将然之前，法禁于已然之后。但是二者作为社会上层建筑的重要组成部分，相辅相成、缺一不可，共同服务于一定的经济基础。

1. 中国特色社会主义思想道德为中国特色社会主义法律提供价值基础

第一，社会主义思想道德为社会主义法律的制定、发展和完善提供了价值准则，是社会主义法律正义性和合理性的重要基础；第二，社会主义思想道德能够促进人们自觉尊法学法守法用法，维护法律权威；第三，社会主义思想道德调整的社会关系更加广泛，与社会主义法律共同促进着和谐社会秩序的形成。

2. 中国特色社会主义法律为中国特色社会主义思想道德建设提供制度保障

第一，社会主义法律通过对社会主义思想道德的基本原则予以确认，为思想道德建设提供国家强制力保障；第二，社会主义法律的颁布和实施，能够有力地推动社会主义思想道德的传播和践行；第三，社会主义法律对违法犯罪的制裁，有助于惩罚和遏制严重违背社会主义思想道德的行为，引导和促进人们自觉履行道德义务、社会责任和家庭责任。

3. 国家和社会治理需要法律和道德共同发挥作用

坚持和发展中国特色社会主义，既要发挥法律的规范和强制作用，又要发挥道德的教化和引领作用。要通过科学立法和民主立法，将社会主义道德理念融入社会主义法律体系之中，使法律成为饱含道德价值的良法；要通过严格执法和公正司法，使社会主义道德要求在实践中得到弘扬和遵循，并成为衡量执法、司法合理性的重要标准；要通过全民守法，使社会主义道德成为公民内心的信仰，充分发挥法律对道德建设的促进和保障作用。要切实践行社会主义核心价值观，弘扬中华传统美德，培育社会公德、职业道德、家庭美德和个人品德，坚持以道德滋养法律，以道德丰富法律，以道德支撑法律，以道德精神和价值促进并引领全社会信仰法律。

（二）思想道德素质与法律素质

思想道德素质和法律素质是人的基本素质，体现着人们协调各种关系、处理各种问题时所表现出的是非善恶判断能力和行为选择能力，是政治素养、道德品格和法律意识的综合体，决定着人们在日常生活中的行动目的和方向。一个人是否遵守道德和法律，是否具有一定思想道德素质和法律素质，可以说是他能否在这个社会中更好生活、能否被这个社会所接纳的关键。

思想道德素质是人们的思想观念、政治立场、价值取向、道德情操和行为习惯等方面素养和能力的综合体现，反映着一个人的思想境界和道德风貌。良好的思想道德素质是促进个体健康成长、社会发展进步的重要保障和基础。法律素质是指人们掌握和运用法律的素养和能力。良好的法律素质对于保证人们合法地实施行为，依法维护各种正当的权益，履行法定义务，弘扬社会主义法治精神，具有重要的意义。

一个人良好的思想道德素质和法律素质是在学习中升华、内省中完善、自律中养成、实践中锤炼的结果。只要坚持去做、用心去做，每个人都会不断有所收获、有所提高。加强个人的思想道德修养和法律修养，是与社会责任、历史使命联系在一起的。同学们应当始终恪守道德和法律，通过理论学习和实践体验，牢固树立坚定的理想信念和正确的世界观、人生观、价值观，陶冶高尚的道德情操，增强尊法学法守法用法的自觉性，逐步树立对社会主义法律的信仰，不断提高自身的思想道德素质和法律素质。

【典型案例】

张洪是某高职院校的学生。入学时就知道学校与用人单位签过协议书，他们这个专业的一批学生毕业后可以被推荐到用人单位去就业，且签约率基本上为100%。三年的高校生活结束了。当许多毕业生还在人才市场奔波时，张洪已经在用人单位上班了。

上班后，张洪工作也很努力，希望能够给领导一个好的印象。但时间一长，这股新鲜劲过去了，自身的一些不良习惯就逐渐地暴露出来。迟到、早退、上班时间乘没人监督溜回宿舍睡懒觉等。半年的时间过去了，同来的同学已在工作岗位上有了很大的起色，唯有张洪依然如故，整日溜达，没事就喊"一缺三"，找人打牌。最后用人单位解除了与张洪的劳动合同。张洪很潇洒，"你不要我，我还不干了"。但背起行囊，张洪茫然了，我该去哪里呢？

**点评：**

在社会主义市场经济的条件下，人们对从业者的思想道德素质和法律素质非常关注，用人单位越来越重视大学生的思想道德素质和法律素质。从业者如果想在工作中取得事业的成功，必须具备良好的思想道德素质和法律素质。大学生在工作中干得不顺心，很多时候并不是能力问题，而是缺少基本的思想道德素质和法律素质。如在工作中没有爱岗敬业、为人民服务的精神，缺乏诚信意识，没有艰苦奋斗的意识，缺乏奉献精神，不能很好地协调各种关系，没有团队精神等。从入学就加强学习锤炼，不断提高自身的思想道德素质和法律素质，将有助于大学生沿着正确的方向修身成才。

二、培育和践行社会主义核心价值观

价值观是人类在认识、改造自然和社会的过程中产生与发挥作用的。不同民族、不同国家由于其自然条件和发展历程不同，产生和形成的核心价值观也各有特点。一个民族、一个国家的核心价值观必须同这个民族、这个国家的历史文化相契合，同这个民族、这个国家的人民正在进行的奋斗相结合，同这个民族、这个国家需要解决的时代问题相适应。人类社会发展的历史表明，对一个民族、一个国家来说，最持久、最深层的力量是全社会共同认可的核心价值观。核心价值观，承载着一个民族、一个国家的精神追求，体现着一个社会评判是非曲直的价值标准。积极培育和践行社会主义核心价值观，是同学们提高思想道德素质和法律素质的根本途径。

（一）社会主义核心价值观的基本内容

党的十八大明确提出了培育和践行社会主义核心价值观的根本任务，强调要倡导富强、民主、文明、和谐，倡导自由、平等、公正、法治，倡导爱国、敬业、诚信、友善。这12个范畴凝练概括了国家的价值目标、社会的价值取向和公民的价值准则，是社会主义核心价值观的基本内容。党的十八大以来，以习近平为核心的党中央反复强调，要把培育和弘扬社会主义核心价值观作为凝魂聚气、强基固本的基础工程，不断夯实中国特色社会主义的思想道德基础。

社会主义核心价值观把涉及国家、社会、公民的价值要求融为一体，体现了社会主义本质要求，继承了中华优秀传统文化，吸收了世界文明有益成果，体现了时代精神，是对新时期建设什么样的国家、建设什么样的社会、培育什么样的公民等重大问题的深刻解答。

1. 富强、民主、文明、和谐是国家层面的价值要求

坚持和发展中国特色社会主义，实现中华民族伟大复兴的中国梦，凝结着中华民族和中国人民的全部奋斗，蕴含着富强、民主、文明、和谐的价值追求。这一价值追求回答了我们要建设什么样的国家的重大问题，揭示了当代中国在经济发展、政治文明、文化繁荣、社会进步等方面的价值目标，从国家层面标注了社会主义核心价值观的时代刻度。

2. 自由、平等、公正、法治是社会层面的价值要求

自由、平等、公正、法治，反映了人们对美好社会的期望和憧憬，是衡量现代社会是否充满活力又和谐有序的重要标志。这一价值追求回答了我们要建设什么样的社会的重大问题，与实现国家治理体系和治理能力现代化的要求相契合，揭示了社会主义社会发展的价值

取向，从社会层面明确了每个社会成员应当共同遵守和践行的价值准则。

3. 爱国、敬业、诚信、友善是公民层面的价值要求

爱国才能承担时代赋予的使命，敬业才能创造更大的人生价值，诚信才能赢得良好的发展环境，友善才能形成和谐的人际关系。爱国、敬业、诚信、友善，这一价值追求回答了我们要培育什么样的公民的重大问题，涵盖了社会公德、职业道德、家庭美德、个人品德等各个方面，是每一个公民都应当树立的道德规范和价值追求。有了这样的价值追求，人们才能更好地处理个人与国家、社会、他人的关系，不断提升自己的人生境界。

（二）培育和践行社会主义核心价值观的重大意义

国无德不兴，人无德不立。习近平说："世界上没有两片完全相同的树叶。一个民族、一个国家，必须知道自己是谁，是从哪里来的，要到哪里去，想明白了、想对了，就要坚定不移朝着目标前进。"① 社会主义核心价值观，既是个人的德，也是国家、社会的大德。大学生积极培育和践行社会主义核心价值观，对于推动国家发展、社会进步和自身的成长成才，具有重要而深远的意义。

1. 实现中华民族伟大复兴的中国梦的价值支撑

人民有信仰，民族才有希望，国家才有力量。对一个民族、一个国家来说，最持久、最深层的力量是全社会共同认可的核心价值观。党的十八大以来，习近平提出了实现民族复兴的中国梦的伟大号召。实现中国梦，必须有广泛的价值共识和共同的价值追求。面对世界范围思想文化交流交融交锋形势下价值观较量的新态势，面对改革开放和发展社会主义市场经济条件下思想意识多元多样多变的新特点，积极培育和践行社会主义核心价值观，对于巩固马克思主义在意识形态领域的指导地位、巩固全党全国人民团结奋斗的共同思想基础，对于振奋人们的精气神、凝聚实现中华民族伟大复兴的强大正能量，具有重要意义。

2. 协调推进"四个全面"战略布局的精神动力

构建具有强大凝聚力感召力的核心价值观，关系到社会发展进步，关系到国家长治久安。党的十八大以来，习近平从坚持和发展中国特色社会主义全局出发，提出了一系列治国理政的重大思想观点，特别是形成了全面建成小康社会、全面深化改革、全面依法治国、全面从严治党的战略布局。"四个全面"战略布局是党坚持和发展中国特色社会主义的新实践新成果，是对党治国理政经验的科学总结和丰富发展，集中体现了时代和实践发展对党和国家工作的新要求，是实现中华民族伟大复兴的中国梦、续写中国特色社会主义新篇章的行动纲领。当前，全面建成小康社会处于决定性阶段，全面深化改革进入攻坚期和深水区，全面依法治国正在大力推进，全面从严治党面临许多亟待解决的重大课题。协调推进"四个全面"战略布局，需要在全社会大力培育和弘扬社会主义核心价值观，更好地整合社会思想文化和价值观念，为促进经济社会全面发展提供有力的思想保证和精神动力。

3. 引导大学生进德修业、成长成才的根本指针

青年处在价值观形成和确立的关键时期。习近平说，为什么要对青年讲社会主义核心价值观这个问题，"是因为青年的价值取向决定了未来整个社会的价值取向，而青年又处在价值观形成和确立的时期，抓好这一时期的价值观养成十分重要。这就像穿衣服扣扣子一样，如果第一粒扣子扣错了，剩余的扣子就都会扣错。人生的扣子从一开始就要扣好。'凿井

---

① 国务院新闻办公室、中央文献研究室、中国外文局编：《习近平谈治国理政》，外文出版社2014年版，第171页。

者,起于三寸之坎,以就万仞之深'"。① 大学生作为青年的优秀代表,要从现在做起,从自己做起,使社会主义核心价值观成为自己的基本遵循,形成自觉奉行的信念理念,在时代大潮中建功立业,成就自己的宝贵人生。

培育和践行社会主义核心价值观是一项人心工程、灵魂工程。大学生在学习生活中应深化理性认知,准确把握其基本内容、精神实质、重大意义和实践要求,增强价值判断力;增进情感认同,自觉用中华优秀传统文化滋养心灵,明确时代和人民赋予的责任;注重实践履行,从身边的小事做起,从一点一滴做起,真正把社会主义核心价值观内化于心、外化于行。

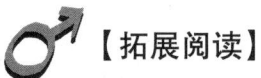【拓展阅读】

大学生需要社会主义核心价值观教育

党的十六届六中全会,第一次系统阐述了社会主义核心价值观的科学内涵,党的十八大把社会主义核心价值观教育提升到振兴中华民族之举的高度,以爱国主义为核心的时代精神和以改革创新为核心的时代精神,反映了社会主义核心价值观是一个面向时代、立足现实,与中华民族传统文化承接、与社会主义先进文化相一致的体系。"倡导富强、民主、文明、和谐,倡导自由、平等、公正、法治,倡导爱国、敬业、诚信、友善"为主要内容的"三个倡导"是"社会主义核心价值观的基本内容",是着力建设中华民族共有的精神家园,是推动形成奋发向上、崇德向上的强大力量。

中共中央办公厅印发的《关于培育和践行社会主义核心价值观的意见》强调:"积极培育和践行社会主义核心价值观,对于巩固马克思主义在意识形态领域的指导地位、巩固全党全国人民团结奋斗的共同思想基础,对于促进人的全面发展、引领社会全面进步,对于积聚全面建成小康社会、实现中华民族伟大复兴中国梦的强大正能量,具有重要现实意义和深远历史意义。"

大学生是国家的希望、民族的未来,他们在高校学习深造的过程中思想道德体系逐步形成。一项针对本科大学生进行的抽样调查结果显示:当代大学生的社会主义核心价值观总体上都是健康的、积极向上的,对主导性的公德规范大多数也是认同的,但是同时也不否认部分大学生的价值观中存在个人主义、拜金主义、享乐主义等一系列边缘化价值观倾向。当代大学生价值观呈现出了一些新的特点,表现为:多元化特征的突出、主体意识的增强、传统与现代性的交织、功利性的明显倾向。

只有大力提倡社会主义核心价值观,以此凝聚大学生的共同价值追求,才能真正在大学生中形成巨大的价值共识和思想共鸣,才能保证大学生全面发展的正确方向。

因此,践行社会主义核心价值观,不仅是帮助大学生树立正确价值观的需要,是帮助大学生树立正确理想信念的需要,是帮助大学生树立诚信意识的需要,也是帮助大学生培养良好道德的需要。

---

① 国务院新闻办公室、中央文献研究室、中国外文局编:《习近平谈治国理政》,外文出版社2014年版,第172页。

新形势下加强大学生社会主义核心价值观教育要有全新的教育理念，新时期大学生社会主义核心价值观教育承载着现代高校人才培养的重任，这要求当前大学生社会主义核心价值观教育必须具备创新思维和有针对性的思路。

社会主义核心价值观教育的意识形态功能很强，有着明显的层次性，需要在对大学生教育的过程中体现出层次性和针对性：让全部学生都了解社会主义核心价值观基本内容和基本理论；让绝大多数学生对社会主义核心价值观认同并具有社会主义思想倾向；让一部分学生树立坚定的社会主义、共产主义信仰，能够运用马克思主义立场、观点方法去分析问题和解决问题。

把握好加强大学生社会主义核心价值观教育的层次性，了解大学生对此学习的主动情况，绝不能因为层次性的教育操作方式，挫伤学生的积极性，以致出现反感抵触情绪。调动大学生学习社会主义核心价值观的积极性，需要着力培养良好的校园文化。让大学生在活跃、轻松的学习氛围中受到教育、获得启迪，这是加强社会主义核心价值观教育的理想目标。

（选自《中国青年报》2014年7月2日）

三、学习本课程的意义和方法

"思想道德修养与法律基础"课是同学们进入大学后的第一门思想政治理论课，是一门融思想性、政治性、知识性、综合性和实践性于一体的课程。本课程的主要任务是：以马克思列宁主义、毛泽东思想、邓小平理论、"三个代表"重要思想和科学发展观为指导，深入贯彻习近平总书记系列重要讲话精神，针对大学生成长过程中面临的思想道德和法律问题，有效地开展马克思主义的世界观、人生观、价值观以及道德观、法律观教育，开展社会主义核心价值观教育，引导大学生提高思想道德素质与法律素质，使大学生成长为德智体美全面发展的社会主义事业的合格建设者和可靠接班人。本课程联系改革开放和社会主义现代化建设的实际，联系社会主义民主政治建设和社会主义先进文化建设，特别是思想道德建设和法治建设的实际，回答同学们普遍关心、经常思考和需要解决的思想道德和法律问题，帮助同学们释疑解惑，提高思想觉悟和实践能力，以顺利完成大学学业，为现在和今后的健康成长打下坚实的思想基础。因此，在学习和实践过程中，同学们要在充分认识学习本课程重要意义的基础上，掌握科学的学习方法，把学习和实践结合起来，做到学有所成、学有所获。

（一）学习本课程的重要意义

1. 有助于认识立志、树德和做人的道理，选择正确的成才之路

改革开放和现代化建设的实践为大学生展示才华、实现理想提供了广阔的舞台，也对大学生的思想道德素质和法律素质提出了更高要求。学习本课程，能够帮助同学们明确党和国家对大学生的希望和要求，明确自身成长所面临的机遇和挑战，明确自身肩负的历史使命、努力方向以及成长成才的途径和方法。

2. 有助于掌握丰富的思想道德和法律知识，为提高思想道德素质和法律素质打下知识基础

本课程把马克思主义基本理论应用于大学生思想道德修养与法律基础领域，用深刻的哲理和多方面的综合知识，对大学生进行理想信念、爱国主义、人生价值、道德修养和法律基础等方面的教育。通过本课程的学习，有利于同学们获得丰富的思想道德和法律知识，确立为人处世、做人做事的正确立场，掌握启迪智慧、修身养性、陶冶情操的方法，不断提高自身的思想道德素质和法律素质。

3. 有助于摆正德与才的位置，促进自身全面发展

德与才是一个人的基本品质。德为立身之本，才为立身之基。在德与才的关系上，德是前提和灵魂，才是能力和工具。同学们只有摆正德与才的关系，不断加强思想道德和法律修养，才能做到德才兼备、全面发展。学习本课程，可以帮助同学们正确认识德与才的辩证关系，深刻理解党和国家提出的"立德树人"要求，避免走入重智轻德的误区，从各方面发展自我、完善自我。

（二）学习本课程的基本方法

1. 注重学习科学理论

这里所说的科学理论，主要是指马克思主义的基本原理，马克思主义的立场、观点和方法。这是构建本课程的理论基础和贯穿本课程的灵魂，也是学习本课程要把握的重点。本课程针对大学生普遍关心的思想道德问题，运用马克思主义基本原理进行了科学的分析和解答；针对大学生普遍关心的法律法规，进行了集中的讲解和介绍。在学习中，同学们既要注意学习和掌握教材中的理论，更要着重把握基本的立场、观点和方法，并用来分析纷繁复杂的社会现象，认识并解决自己成长中的问题。

2. 注重学习基本知识

本课程包含丰富的人生哲学、伦理道德和法律知识。这些知识是人类在长期社会实践中形成的思想成果，是哲学社会科学的重要组成部分。学习本课程，要注意汲取和把握这些思想成果，加强道德修养，培养法律素质，提高精神境界。要在学习好本教材的基础上，广泛学习其他方面的知识，扩展自己的知识领域，不断提高自己的思想水平。

3. 注重理论联系实际

理论学习只有联系实际，才会生动而具体。本课程的内容来源于现实生活，又对现实生活具有指导意义。同学们在学习的过程中，一定要密切联系我国改革开放和社会主义现代化建设的实际，密切联系社会主义市场经济条件下思想道德建设、民主法制建设的实际，密切联系自身的学习和生活实际，真正领会和掌握本课程的主要内容和精神实质。要积极主动地向人民群众学习、向英雄模范人物学习、向身边的榜样学习，从实际生活中汲取丰富的精神营养，在社会实践中加深对思想道德和法律知识的理解。

4. 注重学习践履结合

本课程的内容具有鲜明的实践性。学习本课程要把知与行结合起来，把学习与践履结合起来，把学习规范与遵守规范结合起来，使知识转化为内在素质。古人说过："修以求其粹美，养以期其充足，修犹切磋琢磨，养犹涵育熏陶也。"加强思想道德和法律修养是知、情、意、行辩证统一的过程，只有通过个人的主观努力和亲身实践，在学中做，在做中学，学以致用，不断增强自我教育、自我约束、自我激励的能力，慎独自守，防微杜渐，才能实现提高自己思想道德素质和法律素质的学习目的。

❓ 学习思考

1. 如何理解思想道德素质和法律素质对大学生成长成才的作用？
2. 大学生应如何将社会主义核心价值观内化于心、外化于行？
3. 如何认识学习本课程的重要意义和基本方法？

第一章 追求远大理想 坚定崇高信念

 **教学目标**

通过本章教学,帮助学生认识理想信念在成长成才中的重要意义,坚定中国特色社会主义共同理想和马克思主义信念,正确认识个人理想与社会理想的关系、理想与实践的关系,把握实现理想的基本条件,促进学生树立科学的理想信念,同时,让学生认识到只有通过脚踏实地地实践,才能化理想为现实。

漫漫人生,唯有激流勇进,不畏艰险,奋力拼搏,方能中流击水,抵达光明的彼岸。科学的理想信念,正是大学生乘风破浪、搏击沧海的灯塔和动力之源。同学们追求远大理想,坚定崇高信念,在为实现中国特色社会主义共同理想而奋斗的过程中实现个人理想,是自身成长成才的现实需要,也是国家和人民的殷切期盼,是实现中华民族伟大复兴的客观要求。

一、理想信念与人生

理想信念是人的精神世界的核心,是人精神上的"钙"。没有理想信念,理想信念不坚定,精神上就会"缺钙",就会得"软骨病"。一个精神上"缺钙"的人,不可能承担时代所赋予的历史重任。追求远大理想、坚定崇高信念,是大学生健康成长、成就事业、开创未来的精神支柱和前进动力。

(一) 理想信念的含义与特征

1. 理想的含义与特征

理想作为一种社会意识和精神现象,是人类社会实践的产物。人们在改造客观世界和主观世界的实践活动中,既追求眼前的生产生活目标,渴望满足眼前的物质和精神需要,又憧憬长远的生产生活目标和物质精神需要。在一定意义上讲,理想是人们在实践中形成的、有实现可能性的、对未来社会和自身发展目标的向往与追求,是人们的世界观、人生观和价值观在奋斗目标上的集中体现。

(1) 特征一:理想具有时代性和阶级性。理想是一定社会关系的产物,它必然带着特定历史时代的烙印,在阶级社会中,还必然带有特定阶级的烙印。生产力发展水平不同,社会性质和人们所处的经济政治文化地位不同,所处的阶级关系与阶级地位不同,对社会发展规律认识和把握的深度与广度不同,所形成的理想也必然不同。理想不仅受时代条件的制约,而且随时代的发展而发展。随着对自然界和人类社会发展规律认识的逐步深化,人们也会不断地调整、丰富和发展自己的理想。

(2) 特征二:理想具有实践性和超前性。理想源于现实,又超越现实。理想在现实中产生,但它不是对现状的简单描绘,而是与奋斗目标相联系的未来的现实,是人们的要求和期望的集中表达。理想之所以能够成为一种推动人们创造美好生活的巨大力量,就在于它不仅具有现实性，而且具有预见性。一方面，理想是人们一定社会实践的产物，同时它又超越了今天的实践；另一方面，理想必须通过人们的实践活动才能实现，同时它又指明了进一步实践的方向。实践产生理想，理想指引实践，理想与实践的相互作用推动着人们立足现实、着眼未来，在奋斗中追求，在追求中奋斗。

（3）特征三：理想具有实现的可能性。科学的理想不同于人们头脑中的空想。空想尽管也是人们对未来的一种想象，但它是脱离实际的主观臆想，缺乏实现的可能性。科学的理想不同于人们头脑中的幻想。幻想是人们在头脑中与愿望相结合并指向遥远未来的一种想象。

2. 信念的含义与特征

信念同理想一样，也是人类特有的一种精神现象。信念是认知、情感和意志的有机统一体，是人们在一定的认识基础上确立的对某种思想或事物坚信不疑并身体力行的心理态度和精神状态。信念是人们追求理想目标的强大动力，会使人们坚贞不渝、百折不挠地追求自己的理想。

信念有不同的层次和类型。不同的人由于社会环境、思想观念、利益需要、人生经历和性格特征等方面的差异，会形成不同的乃至截然相反的信念。即使同一个人，也会形成关于社会生活不同方面的信念，如在政治、经济、文化以及事业、学业和生活等方面，都会形成相应不同类型的信念。

在人的生命历程中，理想和信念总是如影随形、相互依存。理想是信念的根据和前提，信念则是实现理想的重要保障。在很多情况下，理想亦是信念，信念亦是理想。当理想作为信念时，它是指人们确信的一种观点和主张；当信念作为理想时，它是与奋斗目标相联系的一种向往和追求。也正因如此，人们常将理想与信念合称为理想信念。

（二）理想信念的重要作用

理想指引人生方向，信念决定事业成败。如果说社会是大海，人生是小舟，那么理想信念就是引航的灯塔和远航的风帆。没有理想信念的人生，就像失去了方向和动力的小船，在生活的波浪中随处漂泊，甚至会沉没于急流之中。人的理想信念是人生目标的最高体现，也是人生发展的内在动力。

1. 理想信念指引奋斗目标

人生是一个在实践中奋斗的过程。要使生命富有意义，就必须在有意义的奋斗目标的指引下，沿着正确的人生道路前进。理想信念对人生历程起着导向作用，是人的思想和行为的定向器。理想信念一旦确立，就可以使人方向明确、精神振奋，即使前进的道路曲折、人生的境遇复杂，也能使人透过乌云和阴霾，看到未来的希望和曙光，永不迷失前进的方向。

2. 理想信念提供前进动力

理想信念是激励人们向既定人生目标奋斗前进的动力。一个人有了崇高坚定的理想信念，才会以惊人的毅力和不懈的努力成就事业。与此相反，一个人如果没有崇高坚定的理想信念，就有可能浑浑噩噩、庸庸碌碌、虚度一生，甚至腐化堕落，走上邪路。无数杰出人物之所以能在平凡的岗位上做出不平凡的业绩，在极其困难的条件下创造奇迹，一个重要的原因就在于他们具有崇高坚定的理想信念，从而具有披荆斩棘、锲而不舍的动力。

3. 理想信念提高精神境界

人生是物质生活与精神生活相辅相成的统一过程。崇高的理想信念作为人的精神世界的核心，一方面能使人的精神生活的各个方面统一起来，使人的内心世界成为一个健康有序的系统，保持心灵的充实和安宁，避免内心世界的空虚和迷茫；另一方面又能引导人们不断地追求更高的人生目标，提升精神境界，塑造高尚人格。一个人的理想信念越崇高、越坚定，精神境界和人格就会越高尚。

（三）理想信念与大学生

当代大学生肩负着祖国和民族的希望，承载着家庭和亲人的嘱托，满怀着对未来美好生活的向往。同学们在大学期间，不仅要提高知识水平，增强实践才干，更要坚定科学、崇高的理想信念，明确做人的根本，这对于同学们成长成才具有重要的意义。

1. 引导大学生做什么人

人的理想信念，反映的是对社会状况和人自身状况的期望。因此，有什么样的理想信念，就意味着以什么样的期望和方式去改造自然和社会、塑造和成就自身。在有理想、有道德、有文化、有纪律的"四有"新人的目标中，"有理想"具有更加突出的位置，这表明理想信念与做什么人关系重大。在大学阶段，"做什么人"是同学们在学习生活中会时时面对的人生课题，只有树立起高尚的理想信念，才能够很好地解答这一重要的人生课题。

2. 指引大学生走什么路

大学时期，同学们都普遍面临着一系列人生课题，如人生目标的确立、生活态度的形成、知识才能的丰富、发展目标的设定、工作岗位的选择，以及如何择友、如何恋爱、如何面对挫折、如何克服困难等。这些问题的解决，都需要有一个总的原则和目标，这就要确立科学、崇高的理想信念。大学时期确立的理想信念，对今后的人生之路将产生重大影响，甚至会影响终身。因此，同学们应当高度重视对理想信念的选择和确立问题，努力树立起科学、崇高的理想信念，使将来的人生道路越走越宽广，使宝贵的一生有意义、有价值，富于成就、充满自豪。

3. 激励大学生为什么学

对当代大学生而言，为什么学的问题，是与走什么路、做什么人的问题紧密联系在一起的。全面建成小康社会和实现社会主义现代化的艰巨任务需要同学们努力学习，中华民族伟大复兴的中国梦需要同学们努力学习，个人的成长成才也需要同学们努力学习。大学生只有树立崇高的理想信念，才能明确学习的目的和意义，激发起为国家富强、民族振兴和自身成才而发愤学习的强烈责任感与使命感，努力掌握建设国家、服务人民的本领。同学们不论今后从事什么职业，都要把个人的奋斗志向同国家和民族的前途命运紧紧联系在一起，把个人今天的学习进步同祖国明天的繁荣昌盛紧紧联系在一起，使理想信念之花结出丰硕的成长成才之果。

4. 坚定大学生的意志品质

一个人在成长成才的道路上，并非只有成功与鲜花，也可能遇到挫折和失败。同学们对此一定要有充分的思想准备。是在逆境中奋起，还是在逆境中消沉，常常成为一个人能否成功的关键。理想信念是激励人们迎接挑战、克服困难的精神支撑和强大力量，理想信念越坚定，克服困难的勇气和意志就越坚定。无论是在革命战争年代，还是在和平建设时期，千百万共产党员和人民群众依靠坚定的理想信念，克服重重困难，在革命、建设和改革的事业中取得了举世瞩目的伟大成就，让中国人民站起来、富起来、强起来。当代大学生所处的时代和所承担的任务与以往不同了，但同样会遇到各种各样的困难和挫折，同样需要学习先辈们的革命精神，像他们一样坚定理想信念，培养克服困难和应对挑战的坚强意志。

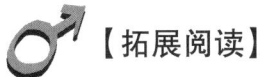

徐本禹支教

徐本禹出生于山东聊城的一个贫穷的农村家庭，1999年，徐本禹成为华中农业大学的一名学生。2002年7月，大三的徐本禹参加了学校组织的暑期社会实践，到贵州省大方县猫场镇狗吊岩村设在山洞里的为民小学支教一个月。这次社会实践使他更加深刻地认识了国情，激发了他强烈的社会责任感，决心以实际行动为改变当地贫穷落后的状况贡献自己的力量。返校时，孩子们依依不舍，他向孩子们承诺一年后再回去给他们上课。2003年，徐本禹以372分的高分考取了本校农业经济管理专业的硕士研究生。然而，2003年4月16日，徐本禹却做出了让所有人大吃一惊的决定：放弃攻读研究生的机会，去贵州省大方县大水乡大石村支教，回到贵州实践自己"阳光下的诺言"。

徐本禹曾获选2004年感动中国人物和2008年中国十大杰出青年，他的身上有太多值得我们学习的方面，比如乐观向上、艰苦奋斗、自强不息等。但我想，徐本禹之所以能够引起社会如此大的反响，是因为我们在他身上看到了青年人对理想信念的坚定，有关理想和激情的要素。正如《感动中国》推选委员凌志军所说的，如果青年一代都没有一己之外的理想主义和冲动激情，国家民族便无美好未来。青年大学生不仅肩负着国家的希望，同时还承载着家庭和亲人的嘱托，满怀着对未来生活的美好向往。在大学期间，我们不仅要学好知识，提高才干，更要树立崇高的理想信念。

二、树立科学的理想信念

加强思想道德修养，提高精神境界，应牢牢把握理想信念这个核心。大学生应当正确认识自身肩负的历史使命，确立马克思主义的科学信仰，树立在中国共产党领导下走中国特色社会主义道路、为实现中华民族伟大复兴而奋斗的共同理想。同时，大学生中的共产党员和先进分子，还应追求更高的目标，树立共产主义的远大理想。

（一）确立马克思主义的科学信仰

马克思主义作为我们立党立国的根本指导思想，是由马克思主义严密的科学体系、鲜明的阶级立场和巨大的实践指导作用决定的，是近代以来中国历史发展的必然结果，是中国人民长期探索的历史选择。大学生只有确立马克思主义的科学信仰，坚持马克思主义的立场、观点和方法，坚持用马克思主义中国化最新成果武装头脑，才能在错综复杂的社会现象中看清本质、明确方向，为国家和社会的发展做出更大的贡献。

1. 马克思主义是科学真理

马克思主义深刻揭示了人类社会发展规律，坚定维护和发展最广大人民的根本利益，是指引人民推动社会进步、创造美好生活的科学理论。它反映了无产阶级的革命本质和博大胸怀，以解放全人类为己任，为人类的进步和解放指明了正确方向，为人们认识世界和改造世界提供了科学的立场、观点和方法。马克思主义是指导工人阶级和广大劳动群众实现自身解放的强大思想武器。历史上，从来没有一种理论像马克思主义那样，与工人阶级和劳动人民的命运如此紧密地联系在一起，真正反映和代表人民群众的根本利益和要求，并用科学理论揭示了工人阶级只有解放全人类才能最终解放自己的崇高历史使命和现实道路。马克思主义是科学性、革命性和崇高性相统一的思想体系，是工人阶级和人民群众争取自身解放的理论指南。

2. 马克思主义具有持久生命力

马克思主义具有与时俱进的理论品格和持久生命力。马克思主义虽然诞生于19世纪中叶，但并没有停留在19世纪。作为一个以指导革命与建设为己任的开放的理论体系，马克思主义不但不排斥，而且最能够吸收、提炼人类创造的一切科学知识和文明成果，并将其运用于推动社会历史的进步。《共产党宣言》发表160多年来的实践证明，马克思主义只有与本国国情相结合、与时代发展同进步、与人民群众共命运，才能焕发出强大的生命力、创造力和感召力。马克思主义发展史，就是一部不断发展、完善和创新的历史。

3. 马克思主义以改造世界为己任

马克思主义是认识世界、改造世界的科学理论。在伦敦海格特公墓的马克思墓碑上，镌刻着马克思的一句名言："哲学家们只是用不同的方式解释世界，而问题在于改变世界。"这鲜明地表明了马克思主义重视实践、以改造世界为己任的基本特征。160多年来，正是在马克思主义的指导下，社会主义由空想变成科学，由科学理论转变为社会实践。社会主义国家的出现和社会主义制度的建立，深刻改变着人类历史的走向。虽然东欧剧变和苏联解体使世界社会主义运动遭受了严重挫折，但是历史发展的总趋势并没有改变。特别是中国特色社会主义的成功实践，无可辩驳地证明马克思主义是认识世界和改造世界的强大思想武器，社会主义具有光明的未来。大学生确立马克思主义的科学信仰，最重要的是学习和掌握马克思主义的世界观和方法论，在科学理想信念的指引下，创造有价值的人生。

4. 马克思主义科学预见人类社会最终必然实现共产主义

共产主义社会，将是物质财富极大丰富、实现按需分配、人民精神境界极大提高、每个人自由而全面发展的社会。共产主义只有在社会主义社会充分发展和高度发达的基础上才能实现。共产主义是一种理想、一种学说、一种制度，更是一种实践，需要千百万人一代又一代不懈地努力。追求共产主义远大理想与坚定中国特色社会主义共同理想是统一的。实现共产主义是一个非常漫长的历史过程，我国现在仍处于并将长期处于社会主义初级阶段。我们必须从这个实际出发确定现阶段的奋斗目标，脚踏实地地推进我们的事业。一切有志于为人类解放事业而奋斗的大学生，都应胸怀共产主义的远大理想，在中国特色社会主义事业中积极贡献自己的智慧和力量。

（二）树立中国特色社会主义共同理想

有共同理想，才能有共同步调。中国特色社会主义共同理想，就是在中国共产党的领导下，坚持和发展中国特色社会主义，实现中华民族伟大复兴。这个共同理想，把国家、民族与个人紧紧地联系在一起，把各个阶层、各个群体的共同愿望有机结合在一起，集中代表了我国工人、农民、知识分子和其他劳动者、建设者、爱国者的利益和愿望，有着广泛的社会共识，具有令人信服的必然性、广泛性和包容性。大学生要牢固确立在中国共产党领导下走中国特色社会主义道路、为实现中华民族伟大复兴而奋斗的共同理想和坚定信念。

1. 坚定对中国共产党的信任

中国共产党是中国工人阶级的先锋队，同时是中国人民和中华民族的先锋队，是中国特色社会主义事业的领导核心。中国共产党自诞生之日起，始终以实现中华民族伟大复兴为己任,坚持把马克思主义基本原理同中国具体实际相结合,团结带领全国各族人民不懈奋斗,战胜各种艰难险阻,不断取得革命、建设、改革的伟大胜利。实践证明,没有中国共产党就没有新中国,就没有中国特色社会主义。办好中国的事情,关键在党。坚持中国特色社会主义道路,推进社会主义现代化,实现中华民族伟大复兴,必须毫不动摇地坚持中国共产党的领导。

中国共产党是全心全意为人民服务的政党,具有敢于坚持真理、勇于修正错误的坚毅品格和博大胸怀。虽然中国共产党曾出现过失误,但是,党能够依靠自身力量和人民群众的帮助解决自身存在的问题。这就是中国共产党区别于其他资产阶级政党最大的特点和特有的政治优势,这是由中国共产党的性质和宗旨决定的。党的十八大以来,党中央从协调推进"四个全面"的战略高度,做出全面从严治党的重大部署,以踏石留印、抓铁有痕的决心和毅力狠抓落实,形式主义、官僚主义、享乐主义和奢靡之风得到了有力整治,党在群众中的威信和形象进一步树立,党心民心进一步凝聚,形成了推动改革发展的强大正能量。

中国共产党有与时俱进的科学理论的指导,有经过实践证明的一系列正确的路线、方针、政策,有亿万人民的衷心拥护和支持,有一支集中了全民族先进分子的党员和干部队伍。在当今中国,只有中国共产党,才能领导中国人民建设和发展中国特色社会主义,才能担当起带领中国人民创造幸福生活。实现中华民族伟大复兴的历史使命。一切有理想有抱负的中国青年和大学生,只有在中国共产党的领导下,同人民紧密结合,为祖国奉献青春,才能大有作为。

2. 坚定中国特色社会主义信念

社会主义制度在我国的建立,实现了中国历史上最广泛最深刻的社会变革。邓小平曾指出:"如果不搞社会主义,而走资本主义道路,中国的混乱状态就不能结束,贫困落后的状态就不能改变。"① 新中国成立后,中国共产党带领全国人民在建设社会主义的道路上进行了开创性的、艰辛的探索,取得了巨大的成就。事实证明,只有社会主义才能救中国,只有中国特色社会主义才能发展中国。中国特色社会主义是当代中国发展进步的根本方向,是发展中国、稳定中国的必由之路。

中国特色社会主义是由道路、理论体系、制度构成的。中国特色社会主义道路,就是在中国共产党领导下,立足基本国情,以经济建设为中心,坚持四项基本原则,坚持改革开放,解放和发展社会生产力,建设社会主义市场经济、社会主义民主政治、社会主义先进文化、社会主义和谐社会、社会主义生态文明,促进人的全面发展,逐步实现全体人民共同富裕,建设富强、民主、文明、和谐的社会主义现代化国家。中国特色社会主义理论体系,就是包括邓小平理论、"三个代表"重要思想和科学发展观在内的科学理论体系。党的十八大以来,习近平从时代和全局高度,围绕改革发展稳定、内政外交国防、治党治国治军,发表了一系列重要讲话。习近平总书记系列重要讲话科学回答了当代中国面临的一系列重大问题,鲜明提出了新形势下党治国理政的一系列重要方略。特别是"四个全面"战略布局,开拓了马克思主义发展的新境界,是中国特色社会主义理论体系的最新成果,是指导具有许多新的历史特点的伟大斗争最鲜活的马克思主义。中国特色社会主义制度,就是人民代表大会制度的根本政治制度,中国共产党领导的多党合作和政治协商制度、民族区域自治制度以及基层群众自治制度等基本政治制度,中国特色社会主义法律体系,公有制为主体、多种所有制经济共同发展的基本经济制度,以及建立在这些制度基础上的经济体制、政治体制、文

---

① 邓小平:《邓小平文选》第3卷,人民出版社1993年版,第63页。

化体制、社会体制等各项具体制度。

中国特色社会主义道路是实现途径，中国特色社会主义理论体系是行动指南，中国特色社会主义制度是根本保障，三者统一于中国特色社会主义伟大实践。同学们要坚定中国特色社会主义信念，不断增强道路自信、理论自信、制度自信，成长为党和人民需要的有用之才。

3. 坚定实现中华民族伟大复兴的信心

中华民族是一个历史悠久的伟大民族，在五千多年的历史长河中，创造了辉煌的文明，为人类发展和进步做出了举世公认的重大贡献。但是近代以来，国家积贫积弱，人民饱受磨难。为拯救民族危亡，中国人民进行了长期探索和斗争，许多志士仁人为之流血牺牲，但都没能从根本上改变中国人民的悲惨命运。

中国共产党勇敢地担负起了实现中华民族伟大复兴的庄严使命，团结和带领全国各族人民完成了民族独立、人民解放的历史任务，为实现民族复兴奠定了最重要的基础。社会主义制度在我国的确立，开启了在社会主义道路上实现中华民族伟大复兴的历史征程。党的十一届三中全会以后，我们找到了建设和发展中国特色社会主义的道路，实现民族伟大复兴的事业获得了新的强大生机。新中国成立以来，特别是改革开放30多年来，我国社会主义建设取得了举世瞩目的巨大成就，中华民族的伟大复兴展现出了前所未有的光明前景。

现在，我们比历史上任何时期都更接近实现中华民族伟大复兴的目标，比历史上任何时期都更有信心、更有能力实现这个目标。展望未来，青年一代必将大有可为、大有作为。大学生要勇敢肩负起时代赋予的重任，志存高远、脚踏实地，努力在实现中华民族伟大复兴的生动实践中放飞青春梦想。

习近平讲话十提"不忘初心、继续前进"

2016年7月1日，庆祝中国共产党成立95周年大会在北京人民大会堂隆重举行，习近平在大会上发表重要讲话，他指出，我们党已经走过了95年的历程，但我们要永远保持建党时中国共产党人的奋斗精神，永远保持对人民的赤子之心。一切向前走，都不能忘记走过的路；走得再远，走到再光辉的未来，也不能忘记走过的过去，不能忘记为什么出发。面向未来，面对挑战，全党同志一定要不忘初心、继续前进。

——坚持不忘初心、继续前进，就要坚持马克思主义的指导地位，坚持把马克思主义基本原理同当代中国实际和时代特点紧密结合起来，推进理论创新、实践创新，不断把马克思主义中国化推向前进。马克思主义是我们立党立国的根本指导思想。背离或放弃马克思主义，我们党就会失去灵魂、迷失方向。在坚持马克思主义指导地位这一根本问题上，我们必须坚定不移，任何时候任何情况下都不能有丝毫动摇。

——坚持不忘初心、继续前进，就要牢记我们党从成立起就把为共产主义、社会主义而奋斗确定为自己的纲领，坚定共产主义远大理想和中国特色社会主义共同理想，不断把为崇高理想奋斗的伟大实践推向前进。革命理想高于天。中国共产党之所以叫共产党，就是因为从成立之日起我们党就把共产主义确立为远大理想。"志不立，天下无可成之事。"理想信念动摇是最危险的动摇，理想信念滑坡是最危险的滑坡。一个政党的衰落，往往从理想信念的丧失或缺失开始。我们党是否坚强有力，既要看全党在理想信念上是否坚定不移，更要看每一位党员在理想信念上是否坚定不移。

——坚持不忘初心、继续前进，就要坚持中国特色社会主义道路自信、理论自信、制度自信、文化自信，坚持党的基本路线不动摇，不断把中国特色社会主义伟大事业推向前进。全党要坚定道路自信、理论自信、制度自信、文化自信。当今世界，要说哪个政党、哪个国家、哪个民族能够自信，那么中国共产党、中华人民共和国、中华民族是最有理由自信的。有了"自信人生二百年，会当水击三千里"的勇气，我们就能毫无畏惧地面对一切困难和挑战，就能坚定不移地开辟新天地、创造新奇迹。

全党同志必须牢记，我们要建设的是中国特色社会主义，而不是其他什么主义。历史没有终结，也不可能被终结。中国特色社会主义是不是好，要看事实，要看中国人民的判断，而不是看那些戴着有色眼镜的人的主观臆断。中国共产党人和中国人民完全有信心为人类对更好社会制度的探索提供中国方案。

——坚持不忘初心、继续前进，就要统筹推进"五位一体"总体布局，协调推进"四个全面"战略布局，全力推进全面建成小康社会进程，不断把实现"两个一百年"奋斗目标推向前进。

——坚持不忘初心、继续前进，就要坚定不移高举改革开放旗帜，勇于全面深化改革，进一步解放思想，解放和发展社会生产力，解放和增强社会活力，不断把改革开放推向前进。改革必须坚持正确方向，既不走封闭僵化的老路，也不走改旗易帜的邪路。我们要把完善和发展中国特色社会主义制度，推进国家治理体系和治理能力现代化作为全面深化改革的总目标，勇于推进理论创新、实践创新、制度创新以及其他各方面创新，让制度更加成熟定型，让发展更有质量，让治理更有水平，让人民更有获得感。

——坚持不忘初心、继续前进，就要坚信党的根基在人民、党的力量在人民，坚持一切为了人民、一切依靠人民，充分发挥广大人民群众的积极性、主动性、创造性，不断把为人民造福事业推向前进。全党同志要把人民放在心中最高位置，坚持全心全意为人民服务的根本宗旨，实现好、维护好、发展好最广大人民的根本利益，把人民拥护不拥护、赞成不赞成、高兴不高兴、答应不答应作为衡量一切工作得失的根本标准，使我们党始终拥有不竭的力量源泉。

——坚持不忘初心、继续前进，就要始终不渝走和平发展道路，始终不渝奉行互利共赢的开放战略，加强同各国的友好往来，同各国人民一道，不断把人类和平与发展的崇高事业推向前进。中国倡导人类命运共同体意识，反对冷战思维和零和博弈。中国不觊觎他国权益，不嫉妒他国发展，但决不放弃我们的正当权益。中国人民不信邪也不怕邪，不惹事也不怕事，任何外国不要指望我们会拿自己的核心利益做交易，不要指望我们会吞下损害我国主权、安全、发展利益的苦果。

——坚持不忘初心、继续前进，就要保持党的先进性和纯洁性，着力提高执政能力和领导水平，着力增强抵御风险和拒腐防变能力，不断把党的建设新的伟大工程推向前进。治国必先治党，治党务必从严。如果管党不力、治党不严，人民群众反映强烈的党内突出问题得不到解决，那我们党迟早会失去执政资格，不可避免被历史淘汰。我们党作为执政党，面临的最大威胁就是腐败。党的十八大以来，我们党坚持"老虎""苍蝇"一起打，使不敢腐的震慑作用得到发挥，不能腐、不想腐的效应初步显现，反腐败斗争压倒性态势正在形成。我们要以顽强的意志品质，坚持零容忍的态度不变，做到有案必查、有腐必惩，让腐败分子在党内没有任何藏身之地！

"这场考试还没有结束,还在继续!"

习近平最后指出,1949年3月23日上午,党中央从西柏坡动身前往北京时,毛泽东同志说:"今天是进京赶考的日子。"60多年的实践证明,我们党在这场历史性考试中取得了优异成绩。同时,这场考试还没有结束,还在继续。今天,我们党团结带领人民所做的一切工作,就是这场考试的继续。

"路漫漫其修远兮,吾将上下而求索。"全党同志一定要不忘初心、继续前进,永远保持谦虚、谨慎、不骄、不躁的作风,永远保持艰苦奋斗的作风,勇于变革、勇于创新,永不僵化、永不停滞,继续在这场历史性考试中经受考验,努力向历史、向人民交出新的更加优异的答卷!

(选自央视新闻2016年7月1日)

三、在实践中化理想为现实

理想信念是一个思想认识问题,更是一个实践问题。如果说,现实是此岸理想是彼岸,那么唯有实践才是联系二者的桥梁。理想不等于现实,理想的实现往往要通过一条充满艰难险阻的曲折之路,有赖于脚踏实地、持之以恒的奋斗。实践,只有实践,才是通往理想彼岸的桥梁。

(一)正确理解理想与现实的关系

有人说,理想很丰满,现实很骨感。的确,在追求理想的过程中,人们常常会感受到理想与现实之间的矛盾。对于思想活跃和敏感的青年大学生来说,也容易对理想与现实的矛盾产生困惑,这就需要正确认识理想与现实的关系。

1. 辩证看待理想与现实的矛盾

理想与现实是对立统一的。在日常生活中,人们在处理理想与现实的关系时,往往只看到二者对立的一面,看不到二者统一的一面。有一种认识偏向是用理想来否定现实,当发现现实并不符合理想的时候,就对现实大失所望,甚至对社会现实采取全盘否定的态度。还有一种认识偏向是用现实来否定理想,在实现理想的过程中遇到困难时,就觉得理想遥不可及,还是"现实"一点好,甚至有人因此陷入拜金主义、享乐主义和极端个人主义的泥潭而不能自拔。

出现这些认识误区的原因,从思想方法上讲,是由于不能辩证看待和处理理想与现实的矛盾。理想与现实的冲突,属于"应然"和"实然"的矛盾,不能把二者割裂开来。理想受现实的规定和制约,不能脱离现实而幻想未来。理想之树深深扎根于现实的沃土之中,理想是在对现实认识的基础上发展起来的。现实是理想的基础,理想是未来的现实。一方面,现实中包含着理想的因素,孕育着理想。在一定条件下,现实必定要转化为理想。另一方面,理想中也包含着现实,既包含着现实中必然发展的因素,又包含着由理想转化为现实的条件。在一定条件下,理想可以转化成未来的现实。脱离现实而谈理想,理想就会成为空想。

2. 实现理想的长期性、艰巨性和曲折性

实现理想、创造未来,必须有战胜种种艰难险阻的坚定不移的信心和坚忍不拔的毅力。理想变为现实不是一蹴而就、一帆风顺的,往往会遭遇波澜和坎坷。在现实生活中,人们对于理想的美好有着充分的想象,而对于理想实现的艰难则往往估计不足。渴望早日实现理想,希望顺利实现理想,这是人之常情。但是,如果把实现理想设想得过分容易,对前进道路上的困难缺乏思想准备,遭遇到一点困难、曲折或失败就灰心丧气、悲观失望,那就会影响理想的实现，难以体会到实现美好理想的巨大幸福。

理想的实现是一个过程。一般来说，理想越是远大，它的实现过程就越复杂，需要的时间就越长。理想实现的长期性是对人们的毅力和信心的考验，必须做好充分的思想准备。纵观人类社会发展史，任何一种社会政治理想的实现都不是轻而易举的，必然会遇到各种各样的困难和波折，充满着艰险和坎坷。

在实现理想的过程中可能会一帆风顺，也可能会遇到逆境。迎高潮而快上，乘顺风而勇进，这是身处顺境的学问，是善于抓住机遇不断丰富与完善自己的方式；处低谷而力争，受磨难而奋进，这是身处逆境的学问，是将压力变成动力之所为。在追求理想的旅途中没有永远的顺境，也没有永远的逆境。因此，当身处顺境时，切莫得意忘形，因为顺境可能只是一时的，必须做好遇到逆境的准备；当身处逆境时，也勿悲观失望，只要勇于战胜逆境，顺境就在前面。无论是顺境还是逆境，对人生的作用都是双重的，关键是怎样去认识和对待它们。只要善于利用顺境，勇于正视逆境和战胜逆境，远大的理想就一定能够实现。

3. 艰苦奋斗是实现理想的重要条件

理想必须通过实践才能转变为现实。再好的理想，如果不付诸行动，就没有实际意义。历史上，凡有成就者，其渊博的知识、卓越的才能、闪光的智慧、不朽的业绩，多是从艰苦奋斗中得来的。艰苦奋斗是成就伟业不可或缺的条件。一个没有艰苦奋斗精神作支撑的民族，是难以自立自强的；一个没有艰苦奋斗精神作支撑的国家，是难以发展进步的；一个没有艰苦奋斗精神作支撑的政党，它的事业是难以兴旺发达的。讲艰苦奋斗，并不是不讲物质利益，而是为了实现既定的理想，不怕吃大苦、耐大劳，不惜献出自己的一切。在通向理想的道路上，在实现理想的过程中，没有艰苦奋斗的精神，理想是不会自动转化为现实的。

大学生要把敢于吃苦、勇于奋斗的精神落实到日常的学习、生活和工作中。在学习上，刻苦钻研、不畏艰难，孜孜不倦地学习理论和专业知识，不断提高思想道德和专业知识水平；在生活上，提倡艰苦朴素、勤俭节约，抵制和反对铺张奢华的思想和生活作风；在工作上，奋发图强、不怕困难、不避艰险，努力完成各项任务。

(二) 坚持个人理想与社会理想的统一

每一个青年的前途离不开国家的前途，没有国家的前途也就没有青年的前途。同时，一个国家的希望寄托在青年身上。历史和现实都告诉我们，青年一代有理想、有担当，国家就有前途，民族就有希望，实现我们的发展目标就有源源不断的强大力量。由此可见，国家的需要就是青年人的需要，只有将个人理想与国家需要相统一的青年才能够在社会上大有作为。把个人的命运与国家和人民的命运联系在一起，把个人理想融入社会理想之中，在为实现社会理想而奋斗的过程中实现个人理想，这是大学生成长成才的必由之路。

个人理想是指处于一定历史条件和社会关系中的个体对于自己未来的物质生活、精神生活所产生的种种向往和追求。社会理想是指社会集体乃至社会全体成员的共同理想，即在全社会占主导地位的共同奋斗目标。社会理想代表和反映着一个社会占统治地位阶级的根本利益和共同愿望。个人理想与社会理想的关系实质上是个人与社会的关系在理想层面的反映。个人与社会有机地联系在一起，二者相互依存，相互制约，共同发展。同样，社会理想与个人理想也不是彼此孤立的，它们之间既相互联系、相互影响，又相互区别、相互制约。

1. 社会理想规定、指引着个人理想

个人理想的确立要以社会理想为引导，个人理想的实现依赖于社会理想的实现。个人理想只有同国家的前途、民族的命运相结合，个人的向往和追求只有同社会的需要和人民的利益相一致,才可能变为现实。

2. 社会理想是对社会成员个人理想的凝练和升华

社会是个人的联合体,社会理想与个人理想密不可分。社会理想不是凭空产生的,也不是由外在力量强加的,而是建立在众人个人理想基础之上的,是对社会成员个人理想的凝练和升华。社会理想的实现归根到底要靠社会成员的共同努力,并体现在实现个人理想的具体实践之中。

"得其大者可以兼其小。"只有把人生理想融入国家和民族的事业中,才能最终成就一番事业。大学生对自己未来生活的追求和向往,不能脱离当代中国的社会现实。坚持和发展中国特色社会主义,实现中华民族的伟大复兴,这是当代中国最大的现实,也是全体中国人民共同的社会理想。这一社会理想具有极大的包容性和方向指导性,能够指导每一个人根据自己的特点和需要,形成自己在生活、职业、道德等方面的理想信念。那种认为社会理想与个人理想无关,甚至认为社会理想压制个人理想的看法是完全错误的。大学生要在社会理想的指引下,珍惜韶华、奋发有为,大胆设计、勇于追求个人理想,在实现社会理想的过程中努力实现个人理想。

(三) 在实现中国梦的实践中放飞青春梦想

大学生肩负实现中华民族伟大复兴的中国梦的历史重任,只有把实现理想的道路建立在脚踏实地的奋斗上,才能放飞青春梦想,实现人生理想。

1. 立志当高远

中国传统文化中有许多励志警句。例如,墨子说"志不强者智不达",诸葛亮说"志当存高远"。这里的"志"具有双重含义:一是对未来目标的向往,二是实现奋斗目标的顽强意志。志向,就是理想信念;立志,就是确立理想信念。青年时期是理想形成的重要时期,也是立志的关键阶段。志向是青春的火焰,是生命的动力。远大的志向如太阳,唯其大,才有永不枯竭的热能;如灯塔,唯其高,才能照亮前进的航程。有志者,事竟成;有大志者,人生事业才能辉煌。志向高远,就是要放开眼界,不满足于现状,也不屈服于一时一地的困难与挫折,更不要斤斤计较个人私利的多少与得失。大量事实告诉人们,那些在事业上取得伟大成就、对人类做出卓越贡献的人,都是在青年时期就立下了鸿鹄之志,并为之坚持不懈、努力奋斗。周恩来中学时期就立下了"为中华之崛起而读书"的志向;李四光、钱学森、邓稼先等老一代知识分子,青年时期就立志用自己的聪明才智报效祖国。树雄心、立壮志,是关系到大学生一生前途命运的重大课题。

2. 立志做大事

中国民主革命的先行者孙中山先生曾激励广大青年:要立志做大事,不要立志做大官。其中的道理就是希望青年以国家民族的命运为己任,而不要以个人的荣华富贵为人生的理想。如果一个人不顾自身所处时代的召唤,脱离自己所归属的国家和民族繁荣发展的需要,把个人理想等同于个人奋斗,一切以自我为中心,天马行空,独来独往,那么,不仅他的人生价值取向是错误的,而且,这种追求因为脱离了国家、民族和时代的需要,往往也是难以实现的。在今天,做大事就是献身于中国特色社会主义伟大事业。无论从事什么具体、平凡的工作,只要是与这一伟大事业相联系、服务于祖国和人民,就值得我们去做。新时代的大学生应该把个人的命运与国家和人民的命运联系在一起,立为国奉献之志,立为民服务之志,为祖国和人民的利益而奋斗,在为实现社会理想而奋斗的过程中实现个人理想。

3. 立志须躬行

漫长的征途需要一步一步地走,崇高理想的实现需要一点一滴地奋斗。通往理想的路是遥远的，但起点就在脚下，在一切平凡的岗位上，在扎扎实实地学习和工作中。中国古代先哲老子说："合抱之木，生于毫末；九层之台，起于累土；千里之行，始于足下。"实现崇高的理想，要从我做起，从现在做起，从平凡的工作做起。著名数学家华罗庚曾语重心长地对青年学子们说，踏踏实实、循序渐进，与雄心壮志、力争上游并不矛盾，不踏踏实实打好基础，就无法攻尖端、攀高峰，有时表面上看好像是爬上去了，但实际底子是空的。华罗庚认为，雄心壮志只能建立在踏实的基础上，否则就不叫雄心壮志，雄心壮志需要有步骤，一步步地，踏踏实实地去实现，一步一个脚印，不让它有一步落空。

伟大出自平凡。社会需要杰出人物，更需要千千万万普通劳动者。祖国的富强、民族的繁荣、人民的幸福，需要每一个社会成员尽其才、奋其志。我们每做好一项工作，都是为建设和发展中国特色社会主义事业添砖加瓦，都是为通向民族伟大复兴的宏伟目标铺路搭桥。只要是为国家和民族做出贡献，无论是杰出人物还是普通劳动者，都是伟大的。昨天已经过去，明天还没有到来，最现实、最需把握的是今天。与其在夕阳西下的时候进行美妙的幻想，不如在旭日东升之际勤奋投入工作；与其在垂暮之年因理想未能实现而懊悔不已，不如趁风华正茂之时躬身实践、奋斗不止。

中国梦，是中华民族的振兴之梦，也是每一个大学生的成才之梦。中国梦让生活在这个时代的大学生与祖国人民共同享有人生出彩的机会，共同享有梦想成真的机会，共同享有同祖国和时代一起成长与进步的机会。青春只有在为祖国和人民的真诚奉献中才能更加绚丽多彩，人生只有融入国家和民族的伟大事业才能闪闪发光。

【拓展阅读】

西部、山区，他们人生的选择

在我们身旁，有这么一群人：他们在西部、在山区，为贫困地区的孩子们打开了一扇眺望世界的窗户，为社会的和谐发展做着最基层的工作；他们舍弃了舒适的生活条件和优越的工作环境，毅然到祖国和人民最需要的地方去，用实际行动去诠释"奉献，友爱，互助，进步"的志愿服务精神。在嘉应学院，也有这样的一批年轻人，2016年8月，他们将踏上服务西部、山区的征程。是什么让毕业生们做出这样的选择？是坚定的奉献精神，是强烈的社会责任感。

趁年轻，多去看看外面的世界，去帮助他人、积累经验

杨瑞，甘肃玉平人，我校政法学院应届毕业生，将分配到新疆兵团参与志愿服务。"我服务西部的初衷有三个，一是我喜欢新疆，听上一届去新疆服务的蒋杰师兄说了那边的基本情况，增加了我对新疆的憧憬；二是我想趁年轻的时候，多去看看外面的世界，去帮助有需要的人，去丰富自己的人生经验；三是服务西部后想参加公务员的考试，做西部志愿者不但可以丰富社会阅历还可以积累工作经验"，在采访时她这样说道。

很多人说去西部服务，是去受苦受累，她却这样说："在艰苦的环境下工作生活更能锻炼个人意志，能积累更加丰富的生活、工作经验。而且既然选择了去西部当志愿者，我就已经做好勇敢面对各种困难及不适的心理准备。"选择做"西部志愿者"，除了自己坚定的信仰外，还有很大一方面得益于她父母的支持。"他们都很支持我去做这种有意义的事情，而且鼓励我一鼓作气,坚持到底。"

杨瑞,一个来自西北、选择去西部服务的女孩,她把志愿服务当成生命中的一个驿站,尝试着并努力经历这个过程,让记忆刻骨铭心,让生活丰富多彩。

把握人生只有一次的机会,用真诚和善意奉献自己的绵薄之力

高彦,广东广州人,我校物理学院应届毕业生,分配到西藏参与志愿服务。她给记者的第一印象就是真诚,当记者问到她每一个问题时,都能感受到她眼神中流露出的真善美。面对当前严峻的就业形势,她选择去西部服务有着自己的看法,"为党和国家做贡献,为西部建设做贡献,同时提升自我。'西部计划'只有应届本科毕业生或在读研究生才能参加,所以应该好好把握这人生只有一次的机会"。

作为一个出生在繁华都市的女孩,为什么会选择去西藏做志愿者?她是这样回答的:"我感觉得西藏是一个很神圣的地方,这辈子要去一次,刚好遇到了西部计划,所以就选择去西藏。去西部服务,我希望能在学习中提升自己,让自己能够成为一个对国家对社会有所贡献的人。带着真诚与善意去感受西部与我们目前不同的生活环境。"

怀着感恩的心,服务国家,服务社会

戴明俊,广东梅州人,我校政法学院应届毕业生,将分配到粤东西北山区参与志愿服务。在接受采访时他的一举一动都流露着沉着与稳定,眉宇间盈溢着一种责任感和使命感。参加山区计划不但让他找到了工作,还能去做他喜欢做的事情,这就更加坚定了他服务国家,服务社会的决心。

别人都想着往城市里跑,而他却在毕业之际选择去山区服务,他这样说:"其一,我的家乡就在山区,我觉得在服务山区的同时又能服务家乡,这是很不错的选择。其二,我觉得山区计划特别有意义,工作内容就好像学雷锋做好事,作为一名青年大学生,我认为我们都应该怀着一颗感恩的心,回报祖国、回报社会。"在对待"服务山区一年后,对比起同届的同学,如果工作有明显的差距"这个问题上,他自信地说:"其实工作的地方不是最主要的,在哪里都能学到东西,都可以积累工作经验,关键看个人态度。只要肯付出努力,这些都不是问题。而且我觉得,在服务山区的同时,我们也能增加更多的阅历,增加了一定的工作经验,工作能力不一定比同届同学差。生命就是一场旅行,不必过多地在乎目的地,我们要在乎的是沿途的风景和看风景时的心情。"

戴明俊,是嘉应学院一名普通的应届毕业生,也是2016年成千上万的西部(山区)计划志愿者中普普通通的一员,他将用他的实际行动诠释志愿者服务的精神,用他真诚感恩的心服务国家、服务社会。

据了解,此次西部(山区)志愿者的选拔工作,校团委采取了严格的考核审查程序,10名入选者经过了自荐、学院推荐、考查、面试、电话家访、统一的体检等选拔程序,从22名报名者中脱颖而出。他们办理完毕业手续后,8月将赴广州参加基层工作方法、志愿服务理念、安全健康、就业服务等方面的培训。培训结束后,将正式以嘉应学院青年志愿者的身份前往西部、山区开展服务工作。

我们期待着一个个年轻的身影,在中国西部、山区的大地上,书写火热的青春,构筑更多人的希望之城。正如鲁迅先生所希望的那样:"愿中国青年都摆脱冷气,只是向上走,不必听自暴自弃者流的话。能做事的做事,能发声的发声。有一分热,发一分光,就令萤火一般,也可以在黑暗里发一点光,不必等候炬火。"

(选自嘉应学院广播台广播稿2016年7月7日)

? 学习思考

1. 谈谈理想信念对大学生成长成才的重要意义。
2. 如何认识个人理想与中国特色社会主义共同理想的关系？
3. 结合自身实际，谈谈在实现中华民族伟大复兴的中国梦历史使命中大学生肩负的责任。

第二章　弘扬中国精神　共筑精神家园

教学目标

通过本章教学，使学生能够把握爱国主义的科学内涵和基本要求，并自觉培养民族自尊心和自豪感，促进民族团结和祖国统一，弘扬时代精神与弘扬民族精神，做忠诚的爱国者，用行动绽放中国精神风采。

实现中华民族伟大复兴的中国梦，必须弘扬中国精神，这就是以爱国主义为核心的民族精神和以改革创新为核心的时代精神。爱国主义始终是把中华民族坚强团结在一起的精神纽带，改革创新始终是鞭策我们在改革开放中与时俱进的精神力量。大学生要承担起民族复兴的历史重任。最根本的是要努力做忠诚的爱国者和勇于创新的实践者。用实际行动展现出弘扬中国精神的青春风采。

一、中国精神的传承与价值

中华民族悠久辉煌的历史文化孕育了中国精神，涵养了伟大的民族精神和时代精神。中国精神作为兴国强国之魂，是实现中华民族伟大复兴不可或缺的精神支撑和精神动力。

（一）重精神是中华民族的优秀传统

中华民族在五千多年的历史进程中，不仅创造出了光辉灿烂、享誉世界的中华文明，也塑造出了中华民族独特的精神气质和精神品格，形成了崇尚精神的优秀传统。这一传统，贯穿在中华民族筚路蓝缕的奋斗历程中，成为中华民族特有的精神标识之一。

中华民族崇尚精神的优秀传统，首先表现在对物质生活与精神生活相互关系的独到理解上。古圣先贤认为，人之所以异于禽兽，在于人有道德，有精神追求。物质生活固然为人所必需，但如果只沉溺于物欲而不能自拔，则无异于禽兽。中国传统文化认为，"不义而富且贵，于我如浮云"，崇尚"一箪食，一瓢饮，在陋巷，人不堪其忧，回也不改其乐"的精神追求。基于对精神生活重要性的认识，中国古人在义利观上主张见利思义、以义制利、先义后利，在理欲观上主张导欲、节欲，强调用道德理性和精神品格对欲望进行引导和控制，时刻对私欲、贪欲保持警惕。因此，在中国传统文化中，重视并崇尚精神生活，是古代思想家们的主流观点。

中华民族崇尚精神的优秀传统，也表现在中国古人对理想的不懈追求上。道德理想是激励个体的精神内驱力，是凝聚社会整体的精神力量。如，儒家把"仁""义"视为最高的道德理想，孔子言"杀身成仁"，孟子讲"舍生取义"；墨家把"兼爱"作为最高的道德理想，提倡为兴天下之利、除天下之害而摩顶放踵。正是因为有了这种道德理想主义情怀，无数志士仁人"为天地立心，为生民立命，为往圣继绝学，为万世开太平"，他们心怀天下，利济苍生，为追求道义、实现理想而上下求索。

中华民族崇尚精神的优秀传统，亦表现在对道德修养和道德教化的重视上。中国传统文化十分强调道德修养和道德教化，将"立德"置于"三不朽"（立德、立功、立言）之首，重视人的道德品质的养成。中国古人认为，"自天子以至于庶人，一是皆以修身为本"，认为教化的目的是"明人伦"，是培养有道德的人。古代思想家们不仅对道德修养和道德教化理论进行了系统论述，而且提出了行之有效的具体方法，如"改过""慎独""重行""内省""自讼""居敬"等修养方法，以及家庭教化、学校教化、乡里教化等教化方法。所有这些，无不表明中华民族自古以来对人的精神世界的高度关注。

中华民族崇尚精神的优秀传统，还表现为重视人生境界和理想人格。人的境界有不同的层级，如儒家认为，人生境界上不封顶，下要保底，即"见贤思齐焉，见不贤而内自省也"。关于理想人格，儒家把"君子""圣人"作为自己的理想人格，道家推崇逍遥于天地之间的"真人""至人"，近代启蒙思想家梁启超呼吁"新民"的理想人格。这些出现在中国历史上的境界说和诸种理想人格，虽时代不同，类型有别，但其共同点是关注人的精神品格。

中国共产党是中华民族优秀传统的忠实继承者和坚定弘扬者。在革命、建设和改革各个历史时期，党都强调要处理好物质和精神的关系，重视发挥人的精神的能动作用，发扬光大了中华民族重精神的优秀传统。早在革命战争年代，党就提出"全心全意为人民服务"的根本宗旨，始终强调"人是要有一点精神的"，要"做一个高尚的人，一个纯粹的人，一个有道德的人，一个脱离了低级趣味的人，一个有益于人民的人"。新中国成立以来特别是改革开放以来，党高度重视社会主义精神文明建设，始终强调物质文明和精神文明一起抓，两手抓、两手都要硬，明确提出社会主义精神文明建设的根本任务就是培育"有理想、有道德、有文化、有纪律"的"四有"新人，提高整个中华民族的思想道德素质和科学文化素质。在新的历史起点上，以习近平为核心的党中央站在时代的高度，明确指出民族复兴不仅表现为经济腾飞，更要有中国精神，只有物质文明建设和精神文明建设都搞好，国家物质力量和精神力量都增强，全国各族人民物质生活和精神生活都改善，中国特色社会主义事业才能顺利向前推进。在实现中华民族伟大复兴的中国梦的今天，必须坚持以马克思主义为指导，继承中华民族创造的一切精神财富，不断增强团结一心的精神纽带、自强不息的精神动力，提振全民族的精气神，永远朝气蓬勃迈向未来。

（二）中国精神是兴国强国之魂

习近平强调指出，实现中国梦必须弘扬中国精神。这就是以爱国主义为核心的民族精神，以改革创新为核心的时代精神。这种精神是凝心聚力的兴国之魂、强国之魄。在当代中国，兴国强国就是要实现中华民族伟大复兴的中国梦。走兴国强国之路，首先需要兴国魂、强国魄，以强大的精神支柱为支撑，以高扬的精神旗帜为指引，团结凝聚全体人民的智慧和力量，为实现中国梦而努力奋斗。

1. 实现民族复兴的精神引领

近代以来，中国精神始终是激励和支撑中华儿女团结一致、前赴后继、英勇拼搏的强大精神力量。中华民族之所以能够历经重重磨难而不断走向辉煌，一个重要原因就是中华儿女始终高扬中国精神的旗帜，并根据时代和实际不断赋予其新的生机活力。在加快推进社会主义现代化建设、实现"两个一百年"奋斗目标的过程中，中国精神作为兴国强国之魂的价值和意义更为凸显。

2. 凝聚中国力量的精神纽带

中国精神是维系中华民族生存与发展的精神纽带，对维护民族团结和国家统一发挥着重要的凝聚作用。在当代中国，必须用中国精神引领各族人民心往一处想、劲往一处使，用13亿人的智慧和力量汇集起不可战胜的磅礴力量，为实现中华民族伟大复兴的中国梦而努力奋斗。

3. 提升综合国力的重要保证

综合国力是一个国家赖以存在和发展的全部实力的综合体现。综合国力不仅包括经济实力、科技实力、国防能力和军事力量等硬指标，也包括政治、文化、教育、精神状态等软因素。大力弘扬中国精神，提振全民族的精气神，激励广大人民积极投身到社会主义现代化建设中，既是增强综合国力的内在要求，也是提升综合国力的重要思想保证和精神支撑。

（三）中国精神是民族精神与时代精神的统一

民族精神和时代精神，是社会主义核心价值体系的精髓，二者的有机结合构成了中国精神的基本内容。时代精神与民族精神紧密相连，都是一个民族赖以生存发展的精神支撑。民族精神为时代精神提供生长根基和发展动力，是时代精神形成的重要基础和依托；时代精神则是民族精神的时代性体现，牵引着民族精神的发展方向，并赋予民族精神以时代内涵。一切民族精神都曾经是一定历史阶段中带动潮流、引领风尚、推动社会发展的时代精神。同时，一切时代精神都将随着历史的变迁逐步融入民族精神之中。

伟大的事业需要崇高的精神，崇高的精神支撑和推动着伟大的事业。中华民族的精神家园是中华民族安身立命的根本、价值认同的标识、传承发展的支撑，是推进中华民族生生不息的精神动力。大力弘扬中国精神，培育中华民族共同的精神家园，既需要大力弘扬以爱国主义为核心的伟大民族精神，也需要大力弘扬以改革创新为核心的伟大时代精神。

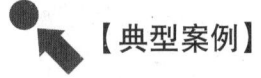【典型案例】

一朝数学大国日　家祭无忘告乃翁

2004年12月3日，世界级数学大师陈省身永远停止了美丽的计算。他的数学，至美，至纯。他的一生，至简，至定。他说，晚年最后一个梦想就是使中国成为21世纪的数学大国，他殚精竭虑地为把中国建成数学大国贡献了毕生心血。他曾套用陆游的诗说："一朝数学大国日，家祭无忘告乃翁。"

陈省身1930年毕业于南开大学，1943年抵达普林斯顿高等研究院，随后在那里完成了"高斯－博内公式"内蕴证明。正是由于陈省身的这些杰出工作，大数学家霍普夫1946年在《数学评论》上撰文称："微分几何进入了一个新的时代。"一个中国人由此在国际科学界稳稳地站住了脚跟，他成为有史以来唯一获得世界数学界最高荣誉"沃尔夫奖"的华人，被尊为"当今最伟大的数学家""微分几何之父"。陈省身回国后，就始终为实现数学强国梦而奔走呼号。陈省身说："我的微薄贡献是帮助建立了中国人的科学自信心。"他帮助过很多人，培养出了一大批年轻的数学家。每年，他都用自己的经费选拔一批优秀人才出国深造，而且都是送到世界数学领域最有名的大师身边去。

点评：

一个民族，一个国家，需要有一种精神，一种能鼓舞人奋发进取的精神，中国精神就是这样的精神。陈省身的感人事迹体现了一个爱国知识分子为了中华民族的伟大复兴，自强不息、奋斗不已的中国精神。

大学生是民族的希望和祖国的未来，要努力弘扬以爱国主义为核心的民族精神和以改革创新为核心的时代精神，将中国精神转化为青春行动，为国家富强、民族振兴、人民幸福贡献自己的智慧和力量。

二、以爱国主义为核心的民族精神

民族精神是指一个民族在长期共同生活和社会实践中形成的，为本民族大多数成员所认同的价值取向、思维方式、道德规范、精神气质的总和。它集中体现了一个民族在一定的自然环境和社会历史条件下生存和发展的独特方式，反映了一个民族的心理特征、文化传统、精神风貌，是一个民族赖以生存和发展的精神支柱。民族精神是中华民族生命力、凝聚力、创造力的不竭源泉。爱国主义作为民族精神的核心，既是中华民族最深厚的精神传统，也是动员和鼓舞中国人民团结奋斗的精神旗帜，推动中国社会历史发展的巨大力量。

（一）民族精神的基本内容

中华民族是富有爱国主义光荣传统的伟大民族。爱国主义是中华民族生生不息、自立于世界民族之林的强大精神动力。正是出于对自己故土家园、骨肉同胞和灿烂文化的眷恋与热爱，中华民族才能求同存异、团结统一，在自己的国土上繁衍生息、共同劳动、共同生活、共同发展，创造灿烂的中华文明。历史表明，爱国主义是贯穿中国历史发展的一条主线，是各族人民共同的精神支柱。在五千多年的历史发展中，中华民族形成了以爱国主义为核心的团结统一、爱好和平、勤劳勇敢、自强不息的伟大民族精神。

1. 团结统一

它植根于中华大地，深深地印在中国人的民族意识中，是中华民族的立身之本。在漫长的历史岁月中，中国的主体一直是一个统一的多民族国家。虽有分合离乱，但统一的时期远远多于分裂的时期，其根本原因就在于中华民族具有高度一致的整体感、责任感和忠实于国家民族整体利益的价值取向，以及各个民族之间和睦相处、友好相待、共赴国难、共渡难关的优良传统。特别是近代以来，在反对外来侵略的斗争中，中华民族切身感受到国家的统一是民族生存和发展的基本前提，用自己的实际行动谱写了一曲又一曲维护统一、反对分裂的颂歌。

2. 爱好和平

中华民族历来以爱好和平著称于世。"礼仪之邦""协和万邦""德莫大于和"等观念，深深地扎根于中华民族的文化传统之中。这不仅表现在各民族之间以和为贵、携手共进等方面，而且表现在与世界其他民族的友好交往、休戚与共上。"亲仁善邻""讲信修睦"等，充分表现了中华民族在处理与其他民族关系问题上的宽宏胸襟。联欧亚，开辟丝绸之路；通亚非，郑和七下西洋；历万难，玄奘印度取经；为传经，鉴真东渡扶桑……这些典型事例，都是中华民族与其他民族进行和平交流的历史见证。

3. 勤劳勇敢

自古至今，勤劳勇敢贯穿于中华民族社会生活的各个领域，体现在中华民族德行的各个方面，鲜明地体现了中华民族的民族性格和道德精神。中华民族是勤于劳动、善于创造的民族。勤劳是一切事业成功的保证，是兴家立国之本。正是因为劳动创造，我们拥有了历史的辉煌；也正是因为劳动创造，我们拥有了今天的成就。勇敢是广为推崇褒扬的美德，它要求人们无论是遭遇险风恶浪，还是面对残暴权势，都要有无所畏惧的精神；为了追求真理、坚持正义，要有将个人得失、贫富、生死置之度外的勇气。勤劳勇敢是中华民族创造一个又一个人间奇迹的重要精神动力。

4. 自强不息

中华民族之所以能在五千多年的历史进程中历经挫折而不屈，屡遭坎坷而不馁，靠的就是一种自强不息的精神。自强不息是中华民族生生不息的力量源泉，具体体现为"夸父追日""精卫填海""大禹治水""愚公移山"等不屈不挠的精神，体现为"因时而变""随时而制""与时偕行""与日俱新"等与时俱进的精神。自强不息体现了中华民族勇于进取的精神境界，激励着一代代中国人发愤进取、不懈奋斗。

在中华民族的辉煌历程中，团结统一、爱好和平、勤劳勇敢、自强不息的民族精神，都贯穿着爱国主义这一主题，爱国主义在理念和行动上都发挥了核心作用。以爱国主义为核心的民族精神，是在历史的发展过程中逐渐形成的，也会随着中华民族的历史延续而变得更加厚重并显示出旺盛的生命力。

（二）爱国主义的科学内涵

爱国主义体现了人们对自己祖国的深厚感情，反映了个人对祖国的依存关系，是人们对自己故土家园以及民族和文化的归属感、认同感、尊严感与荣誉感的统一。它是调节个人与祖国之间关系的道德要求、政治原则和法律规范，也是民族精神的核心。"没有国哪有家，没有家哪有我。"这看似平常的话语，道出了最深刻的爱国理由：国家是小家的寄托，更是个人的寄托；国家是物质利益的寄托，更是精神家园的寄托。失去祖国母亲的保护，人们就是无家可归的游子。爱国是每个人都应当自觉履行的责任或义务，是对祖国母亲的报答。

1. 爱祖国的大好河山

祖国的河山在人们的心中占据着至高无上的地位。祖国的山山水水滋养哺育着她的子子孙孙。"禾苗离土即死，国家无土难存"，祖国的大好河山，不只是自然风光，还是主权、财富、民族发展和进步的基本载体。因此，每一个爱国者都会把"保我国土""爱我家乡"、维护祖国领土的完整和统一，作为自己的神圣使命和义不容辞的责任。

2. 爱自己的骨肉同胞

对骨肉同胞的爱，反映的是对整个民族利益共同体的自觉认同占中华民族的利益是我国各族人民的共同利益、长远利益和最高利益，这种利益高于各个民族内部的、局部的、暂时的利益。爱自己的同胞就是爱人民群众。对人民群众感情的深浅程度，是检验一个人对祖国忠诚程度的试金石。爱自己的骨肉同胞，最主要的是培养对人民群众的深厚感情，始终紧紧地同人民群众站在一起。

3. 爱祖国的灿烂文化

文化传统常常被称为国家和民族的胎记，是一个国家民族得以延续的精神基因，是培养民族心理、民族个性、民族精神的摇篮，是民族凝聚力的重要基础。在现实生活中，人们或许会背井离乡，或许会彼此隔绝，但对祖国灿烂文化和历史传统的认同总会把彼此的心连在一起。

爱祖国的灿烂文化，要认真学习和真正了解祖国的历史，从中理解祖国优良的历史文化传统。

（三）爱国主义的时代价值

千百年来，鼓舞中华民族艰苦奋斗、继往开来的精神支柱，就是深深融入民族意识之中的爱国主义传统。全体中华儿女都应该为自己是中华民族的成员而感到无比自豪，承担起实现中华民族伟大复兴的历史责任，以自己的努力为中华民族发展史续写新的光辉篇章。

1. 维护祖国统一和民族团结的纽带

中华民族是一个多民族的统一体，除了汉族之外，还有众多少数民族，而汉族本身也是在历史发展的过程中由许多民族融合而成的。祖国统一和民族团结，始终代表了中国社会历史的发展方向，代表了中国各族人民的共同心愿。什么时候团结统一，国家就强盛安宁；什么时候分裂内乱，国家就积贫积弱。在中华民族的发展史上，爱国主义对于维护祖国统一和民族团结有着十分重要的作用。维护国家主权和领土完整，是国家的核心利益。在反对分裂、维护国家统一这个重大原则问题上，中国人民从未有丝毫犹豫和退让。

2. 实现中华民族伟大复兴的动力

辉煌灿烂的中华古代文明，曾经长期处于世界领先地位，并且远播海外，为人类文明的发展做出了重要贡献。进入近代以来，长期的内忧外患，外国列强的侵略和奴役，阻碍了中国的发展，导致山河凋敝、国力日衰，几乎到了亡国的边缘。无数爱国志士发愤图强，努力探索和寻求民族复兴的道路。在中国共产党的领导下，中国人民以马克思主义为思想武器，经过艰苦卓绝的长期奋斗，实现了民族独立和解放，建立了社会主义新中国，为中华民族的伟大复兴奠定了坚实的基础。新中国成立以来特别是改革开放以来，中国人民的爱国主义热情空前高涨，爱国主义在推动祖国的全面发展和进步方面，发挥着越来越重要的作用。"人心齐，泰山移"，只要全体中华儿女万众一心，奋发图强，艰苦奋斗，就一定能战胜任何艰难险阻，多少代人所企盼的中华民族伟大复兴的目标就一定会实现。

3. 实现人生价值的力量源泉

爱国主义体现了每一个中华儿女对祖国的责任。这种责任是社会发展的客观要求，也是每个人自身发展的客观需要。一个人能够成为什么人，应该成为什么人，在很大程度上要依赖于社会，依赖于生于斯、长于斯的祖国。祖国给个人的成长发展创造条件，对个人创造的成果做出评价，为个人实现人生价值提供舞台、指明方向。伟大的人生目标往往产生于对祖国深厚的爱。一个人对祖国爱得越深，历史责任感就越强烈，人生目标就越明确，人生信念就越坚定。

（四）新时期的爱国主义

新时期的爱国主义，既承接了爱国主义的优良传统，又体现了鲜明的时代特征，内涵更加丰富。在经济全球化条件下，必须继续坚持和弘扬爱国主义精神，坚持爱国主义与爱社会主义的统一，把维护祖国统一放在突出位置，献身于中国特色社会主义伟大事业。

1. 爱国主义与经济全球化

经济全球化是当今时代发展的重要趋势。它的发展使世界各国在经济上的联系日益紧密，同时影响到世界各国的政治和文化，对爱国主义也提出了挑战。在经济全球化背景下，科学技术的发展和利用是跨国界的，商品在全世界销售，资本跨国界流动，信息跨国界共享。各国经济交往中需要遵循共同规则，跨国公司本土化的程度不断提高，不仅会利用当地的自然资源，而且还会充分利用当地的人力资源。各国公民在世界范围内流动，一个国家的公民可能工作和生活在另一个国家，并对另一个国家产生感情。这种情况使有的人对自己的归宿感产生了困惑,甚至认为爱国主义在今天已经过时了。

事实上,爱国主义并没有也不会过时。经济全球化是一把双刃剑,既是机遇,又是挑战。现实情况表明,在经济全球化背景下,发展中国家在获益的同时,也要面对经济、政治和文化等多方面的挑战。西方发达国家利用经济、科技和军事等方面的优势,竭力输出自己的政治观、价值观、文化观和生活方式,力图主导经济全球化进程,把发展中国家纳入西方的发展模式和发展轨道。在经济全球化的条件下,只有勇于和善于参与经济全球化的竞争,才能加快我国经济的发展,不断增强国家的经济实力和综合国力。在这种情况下,更需要大力弘扬爱国主义,以宽广的眼界观察世界,以积极而理性的姿态参与经济全球化进程,实施互利共赢的开放战略,促进国民经济又好又快发展。爱国主义不是狭隘的民族主义,也不是大国沙文主义。要正确处理热爱祖国与关爱世界、为祖国服务与尽国际义务、维护世界和平与促进共同发展的关系。

对大学生来说,在如何把握经济全球化趋势与爱国主义的相互关系问题上,需要着重树立以下三个观念:

(1) 人有地域和信仰的不同,但报效祖国之心不应有差别。在经济全球化背景下,无论你是生活在国内还是在国外,无论你的政治立场和宗教信仰如何,也无论你在何种所有制企业中工作,作为中华儿女,都可以以自己的方式来报效祖国。应当说,经济全球化趋势为个人报效祖国消除了许多障碍或阻隔,开辟了更多的渠道和更大的空间。

(2) 科学没有国界,但科学家有祖国。科学是人类智慧的结晶,是属于全人类的财富,理应为全人类服务。科学无国界,但科学事业的发展和科学家的命运都与自己的祖国有密切的关系;科学知识是无国界的,但科学知识的运用却不可能离开具体的国家。钱学森是功勋卓著的科学家,又是心系祖国母亲的赤子。新中国成立后,他抛弃国外优越的生活与工作条件,历尽千难万险,回到祖国的怀抱,投身到祖国的建设中。钱学森作为"两弹一星"的功臣,受到国家的表彰。在荣誉面前,他说:"说是表彰我对中国火箭导弹技术、航天技术和系统工程论方面所做的一些工作。我想这里面'中国'两个字是最重要的。"当今世界综合国力的竞争,集中体现为科技的竞争和人才的竞争。自然科学家和社会科学家都对国家的繁荣富强负有重大的责任。

(3) 经济全球化是世界经济发展的必然趋势,但不等于全球政治、文化一体化。在经济全球化的条件下,国家仍然是民族存在的最高组织形式,是国际社会活动中的独立主体。只要国家继续存在,爱国主义就有坚实的基础和丰富的意义。我们在参与经济全球化的过程中,必须坚定地捍卫自己国家的利益,这就更需要爱国主义的支撑。在经济全球化背景下,西方一些人极力鼓吹政治一体化和文化一体化。这是别有用心的,实际上是企图借经济全球化推行西方的政治制度和价值观念,损害别国的主权和尊严。世界是丰富多彩的,不能以一个或几个国家的政治制度、价值观念和意识形态来衡量多样性的世界。用一种政治制度、价值观念和意识形态去统一世界,不仅是对别国的侵害,而且也是根本行不通的,只会危害世界的和平与发展。在参与经济全球化的过程中,一定要保持清醒的认识,既充分利用经济全球化所提供的机遇发展自己,又坚决维护国家的主权和尊严,按照本国国情坚持和发展自己的政治制度和民族文化。

2. 爱国主义与爱社会主义

爱国主义与爱社会主义具有一致性。在当代中国,爱国主义首先体现在对社会主义中国的热爱上,这是中华人民共和国每一个公民都必须坚持的立场和态度。爱国主义与爱社会主义的统一是中国历史发展的必然结果。社会主义制度的建立,为祖国的繁荣发展提供了可靠的保障。社会主义在中国不是一句空洞的口号,而是集中代表着、体现着、实现着国家、民族和人民的根本利益。

我国社会主义建设所取得的伟大成就有目共睹。特别是进入改革开放新时期以来,中国人民以一往无前的进取精神和波澜壮阔的创新实践,谱写了自强不息、顽强奋进的新的壮丽史诗,社会主义中国的面貌发生了历史性变化。中国的发展,不仅使中国人民稳步走上了争取实现全面小康的广阔道路,而且为世界经济发展和人类文明进步做出了重大贡献。我国早已不是任人宰割、民生凋敝、满目疮痍的旧中国,而是充满了生机和活力,为世界所瞩目的繁荣昌盛的社会主义国家。中国的历史和现实充分证明,只有社会主义才能救中国,只有改革开放才能发展中国、发展社会主义。

3. 爱国主义与拥护祖国统一

爱国主义与拥护祖国统一也是一致的,这不仅是对生活在中国内地的中国公民的要求,也是对全体中华儿女包括港澳台同胞以及海外侨胞的基本要求。

在爱国主义与爱社会主义这个问题上,爱国与否是最基本的政治原则。邓小平曾经指出:"港澳、台湾、海外的爱国同胞,不能要求他们都拥护社会主义,但是至少也不能反对社会主义的新中国,否则怎么叫爱祖国呢?"① 作为港澳、台湾、海外的中华儿女,不能损害社会主义祖国的利益,不能不拥护祖国统一。只要承认世界上只有一个中国,承认台湾是中国领土不可分割的组成部分,就能够求维护祖国统一之同、存意识形态之异。在中华民族的爱国主义发展史上,维护祖国统一、反对祖国分裂是中华儿女爱国情怀的重要体现,也是对国家主权、领土完整及民族感情的认同。任何旨在制造国家分裂、损害国家主权和领土完整的言行,都会遭到具有强烈爱国主义精神的海内外中华儿女的坚决反对。

由于历史和现实的一些原因,生活在祖国内地之外的一些同胞对内地缺乏了解,对于他们的行为应当具体分析、具体对待。只要站在拥护祖国统一的原则立场上,深明中华民族的大义,就能够在政治上求同存异,在爱国主义的旗帜下团结起来,共同为祖国的统一大业而奋斗。

(五) 做忠诚的爱国者

爱国既需要情感的基础,也需要理性的认识,更需要实际的行动。爱国不是简单的情感表达,应当是一种理性的行为,要讲原则、守法律,以合理合法的方式来进行。只有把国家的安全、荣誉和利益放在高于一切的地位,始终做到爱国的深厚情感、理性认识和实际行动相一致,与祖国同呼吸、共命运,才是真正的爱国者。

1. 推进祖国统一

维护和推进祖国统一,是中华民族走向伟大复兴的历史必然。保持香港、澳门长期繁荣稳定的大好形势,解决台湾问题、实现祖国完全统一,是不可阻挡的历史进程,也是全体中华儿女的共同心愿。

推进祖国统一,必须保持香港、澳门长期繁荣稳定。香港、澳门与祖国内地的命运始终紧密相连,实现中华民族伟大复兴的中国梦,需要香港、澳门与祖国内地坚持优势互补、共同发展,需要港澳同胞与内地人民坚持守望相助、携手共进。要坚定不移贯彻"一国两制"方针,把坚持一国原则与尊重两制差异有机结合起来,求同存异,增进团结;必须遵循宪法和基本法的规定,在法治的轨道上循序渐进,推进民主;必须坚持发展这一永恒主题,把发挥祖国内地坚强后盾作用和提高港澳自身竞争力有机结合起来,发展经济,改善民生,维护

---

① 邓小平:《邓小平文选》,人民出版社 1994 年版,第 392 页。

港澳社会求稳定、谋发展、促和谐的主流，防范和遏制外部势力干预港澳事务，促进港澳同胞在爱国爱港、爱国爱澳旗帜下的大团结。

和平统一最符合包括台湾同胞在内的中华民族的根本利益。要从中华民族整体利益的高度把握两岸关系大局，在认清历史发展趋势中把握两岸前途，坚持增进互信、良性互动、求同存异、务实进取，促进两岸关系发展取得更多的积极成果，努力增进两岸人民福祉，增进对两岸命运共同体的认知，不断拓宽两岸关系和平发展的道路。

2. 促进民族团结

多民族是我国的一大特色，也是我国发展的一大有利因素。各民族共同开发了祖国的锦绣河山、广袤疆域，共同创造了悠久的中国历史、灿烂的中华文化，造就了我国各民族在分布上的交错杂居、文化上的兼收并蓄、经济上的相互依存、情感上的相互亲近，形成了你中有我、我中有你、谁也离不开谁的多元一体格局。中华民族和各民族的关系，是一个大家庭和家庭成员的关系；各民族的关系，是一个大家庭里不同成员的关系。处理好民族问题、促进民族团结，是关系祖国统一和边疆巩固的大事，是关系到民族团结和社会稳定的大事，是关系国家长治久安和中华民族繁荣昌盛的大事。大学生都要像爱护自己的眼睛一样维护民族团结，像爱护自己的生命一样维护社会稳定，自觉做民族团结进步事业的建设者、维护者、促进者。

认清各种分裂主义势力的险恶用心和反动本质，坚持原则、明辨是非、不信谣、不传谣，不受分裂分子挑拨煽动，不参与违法犯罪活动，与破坏民族团结的行为做坚决斗争。在危急关头、关键时刻，要立场坚定、挺身而出，敢于同各种分裂活动做斗争，坚决捍卫民族团结进步、共同繁荣发展的大好局面，筑牢各族人民共同维护祖国统一、维护民族团结、维护社会稳定的钢铁长城。

3. 确立总体国家安全观

国家安全一般是指一个国家不受内部和外部的威胁、破坏而保持稳定有序的状态。当前，我国国家安全的内涵和外延比历史上任何时候都要丰富，时空领域比历史上任何时候都要宽广，内外因素比历史上任何时候都要复杂，必须坚持总体国家安全观，以人民安全为宗旨，以政治安全为根本，以经济安全为基础，以军事、文化、社会安全为保障，以促进国际安全为依托，走出一条中国特色国家安全的道路。确立总体国家安全观，必须既重视外部安全，又重视内部安全；既重视国土安全，又重视国民安全；既重视传统安全，又重视非传统安全；既重视发展问题，又重视安全问题。要坚持走和平发展道路，既重视自身安全，又重视共同安全，打造命运共同体，推动世界朝着互利互惠、共同安全的目标相向而行。

"振兴中华，从我做起"，这是改革开放初期大学生喊出的响亮口号。这个口号鼓舞着无数青年学子投身祖国的现代化建设事业，在各自的工作岗位上建功立业。在新的历史时期，大学生应当高扬爱国主义旗帜，做到立报国之志、增建国之才、践爱国之行，为国家和民族做出应有的贡献。

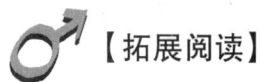【拓展阅读】

一位留美女生的铮铮傲骨

1996年9月2日，陈磊到达位于美国东北部佛蒙特州的米德尔伯里大学，开始了为期四年的大学留学生活。

开学不到一个月，美籍教授那米诺从经济学理论方面谈到了中国："中国是一个非常贫穷、非常闭塞的小国家，那里的人非常愚昧，非常守旧，经济也不发达，科学技术更落后，而且，那里没有平等自由，也没有人权。"陈磊马上火了，她连手也没有举，便从座位上站了起来，大声地质问道："请问那米诺教授，你到过中国吗？"那米诺一怔，继而十分不屑地回答道："我没有去过中国，可是，这与我讲的话有什么关系？""当然有关系，"陈磊毫不示弱地质问："请问那米诺教授，你既然没有到过中国，那么，你对中国的评价是从哪里来的？"

那米诺一下呆住了，半响，才无可奈何地承认："我是从报刊上看来的，我从别人那里听来的。"陈磊不禁大笑起来："那米诺教授，我记得你说过，只有实践才能出真知。可是，你既没有去中国亲眼看看，也没有经过认真调查，只是翻翻报刊，听听流言蜚语，便对中国和中国人民下这样的结论，你不觉得可笑吗？"

"那米诺教授，我想告诉你，你所说的一切都是不真实的，中国的经济在飞速发展，中国的科学技术在快速进步，中国的法律和法规，更在逐渐地完善，中国人民的权利，已经得到了足够的保障。"陈磊环视了一眼四周的同学，"你所说的那些，不过是西方社会对中国的偏见，或者是西方某些政府出于某种目的而编造的谎言而已。"教室里100多名学生听了陈磊的讲话，先是寂静无声，继而，响起了一阵热烈的掌声。

陈磊等掌声停了，又义正词严地说道："那米诺先生，请你当着大家的面，向中国和中国人民道歉。否则，我将拒绝再选修你的课程，并且，还将永远都不再原谅你。"米德尔伯里大学有一个规定，如果某个学生放弃了一门必修课，那么，他必须完成三门与此类似的选修课的课程，才能算通过。陈磊刚到美国不久，放弃一门课程去改学三门课程，其困难可想而知。她见那米诺并没有半点忏悔和道歉的意思，于是不顾其他同学的劝说和阻拦，昂首挺胸地走出了教室。

期末考试，陈磊选修的三门课程都得了"A+"。之后，陈磊在校园里遇见了那米诺。陈磊不理他，可是，那米诺却跑了过来："陈，有你这样的中国人，我知道中国是什么样子了。也许，我真的错了。"陈磊的回答掷地有声："不是也许，是肯定，你肯定错了！"

1997年11月的一天，陈磊忽然发现校园里出现了很多身着喇嘛服的喇嘛。经了解，这些喇嘛都是达赖集团的人，他们正在为分裂祖国做宣传。

陈磊急忙返回宿舍，把其他七八名中国留学生召集在一起。那一夜，中国留学生谁也没有睡，他们查找资料，连夜编辑打印出一些小册子。小册子上收录了西藏解放以后繁荣发展的情况，党和政府对西藏的无限关怀，还有全国各族人民无偿捐助西藏的大量事实。此外，小册子里还有1947年一位英国记者采写的《西藏印象记》和1995年一位美国作家写的《西藏之今日》。

第二天，天刚蒙蒙亮，中国留学生便走出宿舍，四处散发他们编印好的小册子。达赖集团的喇嘛们见有人和他们对着干，还一针见血地揭穿了他们的阴谋，便改变了策略。他们挑选了几名能说会道的年轻喇嘛，分头在米德尔伯里大学的出入口进行演讲。

在校园大门口的一个喇嘛演讲点，陈磊打断了他的话："请问，你是中国人吗？"小喇嘛想也没想就十分干脆地回答："我是中国人。"陈磊马上针锋相对地问："既然你承认自己是中国人而且居住在西藏，那么，你也就等于承认西藏是中国领土不可分割的一部分。作为一名中国人，你为什么要分裂祖国？这不是卖国吗？"小喇嘛被问得哑口无言。

正在这时，美籍同学杰克·拉顿带着他的一群美国朋友来了。杰克·拉顿一见到陈磊，就把一本厚厚的美国版的《中国历史》塞到了她的手里，指着说："昨天晚上，我们看了一整夜。现在我们明白了,自古以来,西藏就是中国领土不可分割的一部分,而且,你的国家把西藏建设得很好!"说着,杰克·拉顿走上了讲台,喊道:"达赖集团说的都是大假话,大家不要相信他们,让他们滚出校园吧!"杰克·拉顿的同学和朋友们也跟着喊起来:"让说假话的人滚吧!"小喇嘛和他身后的那几个人见势不妙,慌慌张张地溜走了。

[选自《泉州晚报(海外版)》2001年6月14日]

三、以改革创新为核心的时代精神

时代精神是在新的历史条件下形成和发展的,体现民族特质并顺应时代潮流的思想观念、行为方式、价值取向、精神风貌和社会风尚的总和,是一种对社会发展具有积极影响和推动作用的集体意识。时代精神是时代发展的产物,是人类文明在每一个时代的精神体现。随着改革开放和中国特色社会主义事业的不断发展,改革创新已成为当代中国的最强音,改革创新精神也由此成为时代精神的核心。当代大学生应胸怀祖国、放眼世界,勇做时代精神的弘扬者和改革创新的实践者。

(一)时代精神及其主要体现

时代精神是民族精神的时代性表达,体现了社会在一定历史时期的思想观念、价值取向、精神风貌和社会风尚。它反映社会进步的发展方向,引领时代的进步潮流,是社会的主旋律和时代的最强音。改革开放是党在新的历史条件下带领人民进行的新的伟大革命,是决定当代中国命运的关键一招,也是新时期最鲜明的特点。改革开放30多年来,党带领人民在继承和弘扬伟大民族精神的基础上,立足新的时代条件,赋予民族精神以新的时代内涵,形成了以改革创新为核心的时代精神。

改革创新精神既是对中华民族革故鼎新优良传统的继承弘扬,也是中国人民在改革开放伟大实践中体现出来的精神品格和精神特征。改革是破除社会发展障碍、激发社会发展活力的引擎,创新则是民族进步的灵魂、国家兴旺发达的动力。改革开放新时期,党带领人民破除阻碍发展的思想观念、体制机制,取得世人瞩目的巨大成就,靠的就是这种大胆改革、锐意创新、不断进取的精神。改革创新作为时代精神的核心,正是在紧紧围绕时代主题、把握时代特征、体现时代要求的基础上形成和发展起来的。这一精神是马克思主义与时俱进的理论品格、中华民族富于进取的思想品格与改革开放和现代化建设实践相结合的伟大成果,已经深深地融入我国经济、政治、文化、社会建设的各方面,成为各族人民不断开创中国特色社会主义事业新局面的强大精神力量。

以改革创新为核心的时代精神体现为突破陈规、大胆探索、敢于创造的思想观念,勇于打破与社会和历史发展规律不相吻合的思维方式、行为规范的束缚,从不合实际、不合规律的观念和体制的束缚中解放出来,从错误和教条式的思想观念中解放出来;体现为不甘落后、奋勇争先、追求进步的责任感和使命感,不自甘落后、故步自封,也不满足于取得的成就,躺在代表历史的功劳簿上自满自足、裹足不前,而是以"落后就会挨打"的危机感和忧患意识自我警醒,以"一万年太久,只争朝夕"的奋发精神和竞争意识自我激励;体现为坚忍不拔、自强不息、锐意进取的精神状态,有"敢啃硬骨头""敢涉险滩"的闯劲,有"咬定青山不放松"的韧劲,有"生命不息,奋斗不止"的拼劲。

伟大的实践孕育伟大的精神,改革开放30多年的伟大实践孕育了以改革创新为核心的伟大时代精神。这一精神生动反映了中国人民推进改革开放的每一步实践过程中的精神风

貌。如，在抗击自然灾害的过程中形成的九八抗洪精神、抗震救灾精神，在筹备和举办重大活动中形成的奥运精神，"特别能吃苦、特别能战斗、特别能攻关、特别能奉献"的载人航天精神，"爱岗敬业、争创一流、艰苦奋斗、勇于创新、淡泊名利、甘于奉献"的劳模精神。这些精神代表着时代的最强音和社会发展的大潮流，是中华民族精神在新时代的充分展示和生动体现，是极为宝贵的精神财富。

（二）改革创新的重要意义

改革是全面的改革，既包括经济体制改革，也包括政治体制、文化体制、社会体制以及其他方面的改革；创新也是全面的创新，既包括理论创新，也包括制度创新、科技创新、文化创新以及其他各方面的创新。在当代中国，社会发展离不开改革创新，改革创新是社会发展的重要动力。

1. 进一步解放和发展生产力的必然要求

唯物史观认为，生产力与生产关系的矛盾、经济基础与上层建筑的矛盾是社会发展的基本动力。这一规律不仅表现为通过暴力革命手段实现新社会制度代替旧社会制度，也表现为在社会基本制度不变的前提下，通过改革实现社会的自我调整和改善。社会主义现代化必须建立在发达的生产力基础之上。实现社会主义现代化，最根本的就是要通过改革创新，不断促进先进生产力的发展。改革是社会主义制度的自我完善和自我发展。党的十一届三中全会以来，中国共产党带领人民以巨大的政治勇气不断推进改革开放伟大事业，决心之大、变革之深、影响之广前所未有，成就举世瞩目。实践发展永无止境，解放思想永无止境。面对新形势新任务，全面建成小康社会，进而建成富强民主文明和谐的社会主义现代化国家、实现中华民族伟大复兴的中国梦，必须大力弘扬改革创新精神，为推动改革的全面深化提供不竭的精神动力。

2. 全面深化改革、推动经济社会全面发展的重要条件

当前，我国发展进入了新阶段，改革进入了攻坚期和深水区。只有通过全面深化改革，才能加快转变经济发展方式，推进经济结构战略性调整，坚持走中国特色新型工业化、信息化、城镇化、农业现代化道路，推动经济社会持续健康发展，使广大人民共享改革和发展的成果。推动改革事业的全面深化，一个重要的因素就在于是否有敢于"改"的精神和敢于"破"的勇气。发扬改革创新的时代精神，对于最大限度集中全党全社会智慧，最大限度调动一切积极因素，以更大决心冲破思想观念的束缚、突破利益固化的藩篱，推动经济社会持续快速健康发展，开创中国特色社会主义事业发展的新局面，具有至关重要的推动作用。

3. 建设社会主义创新型国家的迫切需要

我国的国情决定了不可能选择资源型和依附型的发展模式，必须通过全面的改革创新，坚持走中国特色自主创新道路，建设社会主义创新型国家。实施创新驱动发展战略，最根本的是要增强自主创新能力，最紧迫的是要破除体制机制障碍，最大限度地解放和激发科技作为第一生产力所蕴含的巨大潜能。面向未来，增强我国自主创新能力，加快创新型国家建设步伐，必须大力弘扬以改革创新为核心的时代精神，以改革释放创新活力，在全社会积极营造鼓励大胆创新、勇于创新、包容创新的良好氛围，把创新驱动的新引擎全速发动起来，为我国经济社会发展提供前所未有的强劲动力。

以改革创新为核心的时代精神，是当代中国人民精神风貌的集中写照，是激发社会创造活力的强大力量。中国特色社会主义事业是一项前无古人的创造性事业，只有坚持弘扬以改革创新为核心的时代精神，才能使全体人民始终保持昂扬向上的精神状态，不断推进中国特色社会主义伟大事业。

思想道德修养与法律基础

（三）做改革创新的实践者

新时期的大学生置身于实现中华民族伟大复兴的时代洪流之中，应当以时代使命为己任，把握时代脉搏，迎接时代挑战，增强创新创造的能力和本领，勇做改革创新的实践者，将弘扬改革创新精神贯穿于实践中、体现在行动上。

1. 树立改革创新的自觉意识

陈规陋习最易束缚人的思维和手脚，未知常常令人心生怯意，创新创造的过程往往充满艰辛。改革创新，首先要求人们必须树立敢于突破陈规、大胆探索未知、勇于创新创造的思想观念，在实践中有直面困难的勇气，有突破难关的精神，锐意进取，奋力前行。

一是树立突破陈规陋习的自觉意识。敢于大胆突破陈规甚至常规，敢于大胆探索尝试，善于观察发现、思考批判，不唯书，不唯上，只唯实，这是大学生在学习与实践中创新创造的重要前提。

二是树立大胆探索未知领域的信心和勇气。未知领域可能是人类认识的盲区，也可能是人类实践的处女地，未知领域往往蕴含着发现的沃土和创新的机遇。仁者无忧，智者无惑，勇者无惧。

三是树立以创新创造为目标的志向。创新是在常规中闯出新路，创造是从无到有，是零的突破。青年应是最少保守、最少守旧的，也应是常为新、敢创造的，理当勇于开风气之先，做改革创新的生力军。

2. 培养改革创新的责任感

改革创新表现为一种不甘落后、奋勇争先、追求进步的责任感和使命感。在时代大潮中，有人选择安于现状、不思进取、随波逐流，有人则意气风发、力争上游、拼搏进取。这两种不同选择的根源，除了信心和勇气外，更在于是否具有为推动社会发展进步贡献力量的责任感和使命感。

古往今来，每一项改革创新中都充满艰辛、奉献甚至牺牲，没有一种推动社会进步、造福苍生的强烈责任感和使命感，很难支撑人们克服和战胜改革创新过程中的艰难困苦、曲折磨难。李大钊曾写下"铁肩担道义，妙手著文章"的警语，"铁肩道义"就是其"妙手文章"中的责任与使命。当代大学生正值创新创造的人生时期，理当培养起以改革创新推动社会进步，在改革创新中奉献服务社会、实现人生价值的崇高责任感和使命感。

3. 增强改革创新的能力本领

改革创新不是不切实际的空想玄谈，而是必须付诸实际的实践实干，既需要树立勇于改革、锐意创新的思想理念，也需要培养和增强将改革创新的思想理念转化为实际行动的能力和本领。大学生作为改革创新的生力军，应从扎实系统的专业知识学习起步和入手，而不能好高骛远、空谈改革、坐论创新，而应勇做改革创新的实践者和生力军，努力走在全社会创新创造的前列。

【拓展阅读】

沈洽金创业：敢坚持，敢尝试

沈洽金，嘉应学院第一个带领项目和团队去北京创业的 2012 届毕业生。从 2009 年创立创E网络联盟开始,到现在做一登"人脸识别",创业已有8个年头。在这8个年头里,沈洽金带领的团队,历经了创业的九死一生,最终坚持了下来,并在2015年拿到了2000万元的A轮。在沈洽金看来,能走到这一步只是因为"我们很敢坚持,很敢去试"。两个"敢"字,概括了沈洽金身上那股打不败的创业热情。

沈洽金是自信的。他不会因为你说他不行,他就怀疑自己。他会用自己的实际行动告诉你我就是能做到。当初在校内中办创E社团的时候,人家都告诉他说:"算了吧,你搞不定的。"但他"侥幸"搞定了。还有在第一次招新的时候,没有经费的他通过团队成员"集资",凑了三四百元,做了张海报,换了种宣传手法成功招收了一百多位新成员,比老牌科技类社团还要多20人。沈洽金在这次从0到1的经历中,慢慢懂得不要去怀疑自己,人在逼急的时候总能创造出让自己意想不到的惊喜,即使平凡的你也可以搞定很多你以为搞不定的事情。

当然,他的自信并不盲目,而是建立在对自己的充分认识上。在做一件事情之前,他不是简单地说做就做。他会根据自身条件和外在因素来决定该如何做。就如当初决定创业时一样,看到几个自己很欣赏的师兄创业失败时,会剖析他们失败的原因,再根据自己的实际情况来分析如果自己创业是否有胜算。

这种自信也来源于他清楚自己要什么。从高中开始,沈洽金就非常喜欢互联网。"能够做与互联网相关的工作会让自己觉得很快乐,对我来说,这是一件非常有价值的事情。"对互联网的热爱以及对互联网的信心,从做创E开始,沈洽金便注定与互联网结下了不解之缘,直到现在小有成就。

团队于沈洽金而言,始终是他坚持创业最坚实的砥柱。他和另一位合伙人郭宇翔从2009年创立创E开始就一直合作。他们两人曾一起熬了两个通宵,现学现卖地做成了一个网站,完成了他们的第一个项目。如今更是用了8年时间,以现实的案例诠释了何谓"中国合伙人"。现在一登核心的五六个人都来自嘉应学院,一起经历了创业过程中的风风雨雨,却没有一个人离开过。

沈洽金真正懂得团队的重要性,告诉自己不要怀疑自己的团队,是在创E的第一批干事做出让他意想不到的事情之后。沈洽金觉得第一次招回来的干事很烂,而正是"很烂"的他们在德龙会堂举办了一场座无虚席,连走道都站满人的超大型"MY SHOW"原创视频大赛。自此,沈洽金从中懂得,"团队是一个很有意思的东西,你应该相信你的团队。人跟机器不一样,机器使用过一段时间后会生锈,然后你只能把它扔了。但人是会变的,再平凡的人只要他有机会,只要他愿意学习,他会变得很强,并且能够做出非常厉害的事情来"。

于沈洽金而言,不相信别人说的不可能,因为他们做过很多不可能的事。他始终相信:"很难的事情其实也是有机会做起来的,看你敢不敢去做而已。"大家都认为嘉应学院的学生只能拿"挑战杯"广东大学生创业计划竞赛银奖,金奖都是中山大学的,我们嘉应学院的学生去玩玩就好了。而沈洽金不这么认为,凭什么金奖是别人的?就是凭着这股倔强的不服输的自信,拿下了2012年"挑战杯"广东大学生创业计划竞赛的金奖,他个人也在此次"挑战杯"中获得"优秀首席执行官"称号。

沈洽金说:"不要认为一件事很难就不去做,在退无可退的时候,你会发现原来你可以做好的。而在这些所谓的不可能的事一件一件都成功后,我们更加坚信不会有不可能的事。这种信念也让我们在后来的创业过程中,打破了很多限制。"

(选自《嘉应学院校报》2016年4月8日)

学习思考

1. 中国精神的主要内容是什么？如何弘扬中国精神？
2. 在经济全球化条件下为什么要弘扬爱国主义精神？
3. 新时期的爱国主义有哪些主要内容？如何做一个忠诚的爱国者？
4. 结合自身实际，谈谈大学生应如何真正成为改革创新的生力军。

第三章　领悟人生真谛　创造人生价值

**教学目标**

通过本章教学，使学生掌握人生观、价值观理论，正确认识人生目标对人生实践的重要作用，明确为人民服务的人生观是科学的人生观；端正人生态度，正确把握评价人生价值的标准和实现人生价值的条件，立志在实践中创造有价值的人生。正确对待人生环境，协调自我与各方面的关系。

大学时代，是大学生形成正确人生观的关键时期。在这个时期，系统学习人生观理论，结合个人实际和社会现实，深入思考人的本质是什么，人生为了什么，怎样的人生更有意义等问题。明辨是非、善恶、美丑的界限，对于同学们领悟人生真谛、创造人生价值至关重要。

一、树立正确的人生观

人的生命过程不同于其他动物的生命过程，它不仅是一个自然过程，还包含着极为丰富的社会内容。人不仅活着，还要生产、交往、创造，形成一定的人生价值目标，以一定的人生观指导自己的行为，赋予人生这样或那样的意义。成就什么样的人生，是服务人民、奉献社会、事业有成，还是庸碌无为、贪图私利甚至卑鄙邪恶，在很大程度上取决于人们有什么样的人生观。

（一）人生与人生观

领悟人生真谛，就需要对"人是什么"或"人的本质是什么"有一个科学的认识。人对自我的认识，既是一个古老的问题，又是一个常新的问题。在中外思想史上，许多思想家对此都从不同的角度提出了自己的见解，其中不乏真知灼见，为科学揭示人的本质提供了大量的思想资料。马克思运用辩证唯物主义和历史唯物主义的立场、观点和方法，揭开了人的本质之谜。他指出："人的本质不是单个人所固有的抽象物，在其现实性上，它是一切社会关系的总和。"① 这一论断，使人的本质问题在人类历史上第一次得到了科学的说明。

任何人都是处在一定的社会关系中从事社会实践活动的人。社会属性是人的本质属性，人的自然属性总是深深打上了社会属性的烙印。每一个人从他来到人世的那天起，就从属于一定的社会群体，同周围的人发生各种各样的社会关系，如家庭关系、地缘关系、业缘关系、经济关系、政治关系、法律关系、道德关系等。这些社会关系的总和决定了人的本质。人们正是在这种客观的、不断变化的社会关系中塑造自我，成为真正现实的、具有个性特征

---

① 中共中央马克思恩格斯列宁斯大林著作编译局编译：《马克思恩格斯选集》第 1 卷，人民出版社 2012 年版，第 135 页。

的人。在实际生活中，人们不断面对各种各样的问题，逐渐地认识和领悟人生，形成与自己的生活阅历、实际体验密切相关的人生观。

人生观是人们在实践中形成的对于人生目标和意义的根本看法。它决定着人们实践活动的目标和人生道路的方向，也决定着人们行为选择的价值取向和对待生活的态度。因此，有什么样的人生观就会有什么样的人生。

人生观是世界观在对待人生问题上的具体体现，是世界观的重要组成部分。作为人们对生活在其中的世界以及人与世界的关系的总体看法和根本观点，世界观决定人生观，有什么样的世界观，就有什么样的人生观。正确的世界观是正确人生观的基础，人们对人生意义的正确理解，需要建立在对世界发展客观规律正确认识的基础之上。在这个意义上可以说，人生观从属于世界观，没有正确的世界观，也就不可能有正确的人生观。同时，人生观又对世界观的巩固、发展和变化起着重要的作用。如果一个人的人生观发生变化，往往会导致其世界观发生变化。现实生活说明，一个人如果受到拜金主义、享乐主义、极端个人主义等错误思想和腐朽观念的侵蚀，不能树立正确的人生观，那么，其世界观也往往会随之变化。

（二）人生观的主要内容

人生观的主要内容包括人生目标、人生态度和人生价值三个方面。这三个方面相互联系、相辅相成，统一为一个有机整体。

1. 人生目标

人生目标是指生活在一定历史条件下的人，对"人为什么活着"这一人生根本问题的认识和回答，是人在人生实践中关于自身行为的根本指向和人生追求。人生目标是人生观的核心，在人生实践中具有重要的作用。

（1）人生目标决定人生道路。一方面，人生目标规定了人生活动的大方向，对人们所从事的具体活动起着定向的作用；另一方面，人生目标又是人生行为的动力源泉，为实现人生目标，人们会注重培养能力、磨炼意志、奋发进取、努力拼搏。

（2）人生目标决定人生态度。人生道路崎岖不平，面对各种各样的矛盾和斗争，不同的人生目标会使人采取不同的人生态度。正确的人生目标可以使人无所畏惧、顽强拼搏、积极进取、乐观向上；错误的人生目标则会使人或是投机钻营、铤而走险、违法犯罪，或是虚度人生、游戏人生、放纵人生，或是悲观消沉、看破红尘、厌世轻生。

（3）人生目标决定人生价值标准。正确的人生目标会使人懂得人生的价值首先在于奉献，从而在工作中尽心、尽力、尽责；错误的人生目标则会使人把人生价值理解为向社会或他人进行索取，从而把追逐个人私利视为有价值、有意义的人生，把对国家、社会、集体和他人尽义务视为无价值、无意义的人生。

可见，人生目标是人生的航标，它指引着人生的航向。不同的人生目标会有不同的人生选择，不同的人生选择决定着不同的人生追求，不同的人生追求决定着不同的人生价值。高尚的人生目标集中体现了人生的真、善、美。同学们应认真学习科学理论，努力提高明辨是非、善恶、美丑的能力，自觉追求崇高的人生目标，在服务人民和奉献社会的实践中实现有意义的人生。

2. 人生态度

所谓人生态度，是指人们通过生活实践形成的对人生问题的一种稳定的心理倾向和基本意愿。人生态度是人生观的重要内容。一个人有什么样的人生观就会有什么样的人生态度，当一个人对自己的人生观做出了某种明确的选择，实际上就在主要方面决定了他将如何对待生活，决定了他在实践中将以怎样的方式处理各种人生问题。反过来,一个人对人生的态度如何,往往又制约着他对整个世界和人生的看法,从而对个人的世界观、人生观产生重要的影响。

人生态度是人生观的表现和反映。一个人如果不思考人的生命应有的意义,对什么事都显得无所谓,当一天和尚撞一天钟,这实际上是庸碌无为的人生观的表现。一个人如果抱着"浮生如梦""及时行乐""今朝有酒今朝醉"的混世态度,其背后必然是低俗、庸碌和沉沦的人生观。一个人如果看破红尘,满眼只见烦恼、痛苦和荒谬,以悲怨愤懑、心灰意冷的倦怠态度对待生活,其背后必然是消极悲观的人生观。与上述情况相反,一个人如果满怀希望和激情,热爱生活,珍视生命,勇敢坚强地战胜困难并不断开拓人生新境界,其背后一定有正确的人生观作为精神支柱。

(1) 人生须认真。以认真的态度对待人生,就是要严肃思考人的生命应有的意义,明确生活目标和肩负的责任,既要清醒地看待生活,又要积极认真地面对生活。虽然人生道路很长,但关键处只有几步;虽然人生问题很复杂,但要害在于把握住最基本的东西。

(2) 人生当务实。要从人生的实际出发,以科学的态度看待人生,以务实的精神创造人生,以求真务实的作风做好每一件事,从小事做起,从身边的事做起,脚踏实地、一步一个脚印地实现人生目标。

(3) 人生应乐观。乐观向上、热爱生活、对人生充满自信,体现了对自己、对社会、对生活的积极态度,这种态度是人们承受困难和挫折的心理基础。人生是丰富多彩的,也充满了各种矛盾和问题。要始终保持乐观向上的人生态度,不能因为没满足自己的期望或者遇到困难和挫折,就消极悲观、畏难退缩,甚至颓废堕落、自暴自弃,更不能因此而轻生。

(4) 人生要进取。人生实践是一个创造的过程。要适应历史发展的趋势,以开拓进取的态度迎接人生的各种挑战,发扬自强不息、敢为人先、百折不挠、坚忍不拔的精神,始终保持蓬勃朝气、昂扬锐气,充分发挥生命的创造力,在为他人谋福利、为社会做贡献中努力提升生命的价值,在创造中书写人生的壮丽篇章。

3. 人生价值

价值观是人们关于什么是价值、怎样评判价值、如何创造价值等问题的根本观点。价值观的内容,一方面表现为价值取向、价值追求,凝结为一定的价值目标;另一方面表现为价值尺度和准则,成为人们判断事物有无价值及价值大小、光荣还是可耻的评价标准。思考价值问题并形成一定的价值观,是人们使自己的认识和实践活动达到自觉的重要标志。

作为一种社会意识,价值观集中反映一定社会的经济、政治、文化,代表了人们对生活现实的总体认识、基本理念和理想追求。实际生活中,社会的价值观念系统十分复杂,在经济社会深刻变革、思想观念深刻变化的条件下,往往会呈现出多元化、多样性、多层次的格局。然而,任何一个社会在一定的历史发展阶段上,都会形成与其根本制度和要求相适应的、主导全社会思想和行为的价值体系,即社会核心价值体系。社会核心价值体系是社会基本制度在价值层面的本质规定,体现着社会意识的性质和方向,不仅作用于经济、政治、文化和社会生活的各个方面,而且对每个社会成员价值观的形成都具有深刻的影响。人生价值是一种特殊的价值,是人的生活实践对于社会和个人所具有的作用和意义。选择什么样的人生目标,走什么样的人生道路,如何处理生命历程中个人与社会、现实与理想、付出与收获、身与心、生与死等一系列人生中的重大问题,人们总是有所取舍、有所好恶,对于赞成什么、反对什么、认同什么、抵制什么,总会有一定的标准。人生价值就是人们从价值角度考虑人生问题的根据。大学生只有正确地理解人生价值的内涵,明是非、辨善恶、知荣辱,才能在实践中最大限度地创造人生的价值,成就人生的辉煌。

（三）正确认识人生矛盾

丰富而复杂的人生，是一个充满矛盾的过程。大学生在确立人生目标、端正人生态度、实现人生价值的过程中，还要正确认识人生面对的各种矛盾和问题，树立正确的得失观、幸福观、生死观。

1. 树立正确的得失观

正确认识人生发展过程中的得与失这对矛盾，是人生的常态，它体现着一个人的智慧和修养。大学生要以积极的态度去面对人生中的得与失。首先，不要惧怕一时的失。人生不会一帆风顺，在失意之际坚持不懈，在坎坷之时不断努力，这样的人生才能更有意义。其次，不要满足于一时的得。满足于一时的得，往往会放弃接下来的努力，以致造成最后的失败，历史上很多事件都诠释了这条人生道理。最后，不要拘泥于个人利益的得失。只有跳出对狭隘利益的计较，追求高尚的道义，才能赢得他人和社会的尊重，实现作为一个大写的人的社会价值。

2. 树立正确的幸福观

什么是人生的真正幸福，追求什么样的幸福，通过什么样的方式实现幸福，是大学生应该认真思考的人生课题。首先，幸福是一个总体性范畴，它意味着人总体上生活得美好、家庭和睦、职业成功、行为正当、人格完善等都是幸福的重要因素。追求幸福的过程就是不满足于现状、不断追求和创造更美好生活的过程。其次，个人幸福与社会整体幸福和他人幸福相互联系，个人幸福只有在社会整体幸福不断增长中才会有保障。在追求幸福的过程中，只有在为社会做贡献、为他人服务的过程中，我们才能获得幸福所需要的环境和条件，产生更大的幸福感，实现个人幸福与社会整体幸福、他人幸福的相互促进。最后，实现幸福离不开一定的物质条件，物质需要的满足、物质生活的富足是幸福的重要方面，但人的幸福并不能仅仅局限于物质方面，精神需要的满足、精神生活的充实是幸福更重要的方面。我们要在追求物质生活水平提高的同时，更加注重追求德行和人格的高尚，注重追求健康、高尚的精神生活。

3. 树立正确的生死观

生命的历程是一个从生到死的过程，有生必有死，这是恒常不变的自然现象。生与死是贯穿人生始终的一对基本矛盾。从一定意义上说，正是因为人终有一死，生命短促而无常，才更体现出人生观的重要意义。如何正确认识、对待生与死，体现了一个人人生境界的高低。大学生要意识到生命宝贵、人生紧迫，珍惜、保护自己和他人的生命，合理地规划，不让时间无谓地流逝。还要认识到，生死相依，只有"生的伟大"，才能"死的光荣"。人的生命只有投入到实现社会价值的过程之中，才能开发出生命所蕴藏的巨大潜能。大学生应当正确理解人生的意义和价值，确立高尚的人生价值追求，创造自己的精彩人生。

（四）用科学高尚的人生观指引人生

由于人们在现实社会关系中的地位不同，经济利益和政治立场不同，生活经历、人生境遇、认识水平不同，人们对人生的看法也不同。特别是在社会变革、利益关系调整和各种文化思潮碰撞激荡给人们思想观念带来深刻影响的社会条件下，人生观领域呈现出复杂多变、多元多样的状态。不同的人生观往往意味着不同的生活道路和生活方式，并赋予人生以不同的意义。因此，在科学的理论和方法的指导下，树立正确的人生观，摒弃错误的人生观，是大学生应该严肃对待的重大人生课题。

在人类历史长河中涌现过形形色色的人生观,只有以为人民服务为核心内容的人生观,才是科学高尚的人生观,才值得终生尊奉和践行。

在马克思主义发展史上,从马克思和恩格斯提出的"为绝大多数人谋利益",到列宁提出的"为千千万万劳动人民服务",再到毛泽东精辟概括的"为人民服务",反映了为人民服务思想和命题的形成及发展过程,反映了无产阶级人生观与道德观的形成、发展和完善过程。在不同的历史时期,中国共产党人结合革命、建设和改革的实践,阐述了为什么要树立为人民服务人生观的深刻道理。为人民服务作为无产阶级的人生观、道德观,不论在革命战争年代,还是在和平建设时期,都产生了广泛而深远的影响,熏陶、感染了一代代革命者和建设者。在中国共产党人的影响下,越来越多的人树立起为人民服务的人生观,这对中国社会主义事业的发展产生了重要的推动作用。大学生应当自觉以为人民服务的人生观指引人生,在服务人民、奉献社会的实践中创造人生的价值。

一个树立了为人民服务人生观的人,就能对人生目标有更为深刻的理解,时时处处为人民着想,助人为乐,造福人民,成为受人民群众欢迎的人。一个人的能力有大小、职业有不同、职位有高低,但只要科学认识人生目标,切实把人民利益放在首位,以人民利益为重,坚持把实现个人追求与实现党和国家的奋斗目标、人民利益紧密联系起来,不为狭隘私心所扰,不为浮华名利所累,不为低俗物欲所惑,就能够不断实践高尚的人生价值。全心全意为人民服务的精神,毫不利己、专门利人的精神,应当成为我们时代最崇高的精神。

一个树立了为人民服务人生观的人,就能以正确的人生态度对待人生、对待生活,始终对祖国和人民具有高度的责任感,在服务人民、奉献社会中实现自己的人生价值。人的一生总会遇到各种各样的境遇,有得意有失意,有顺利有挫折,有成功有失败,只有树立起为人民服务的人生观,才能以积极的心态看待人生,把个人的努力与人民的事业结合起来;胸怀远大理想,积极投身社会实践,热爱生活,珍视生命,用坚忍不拔的意志勇敢战胜生活、学习和工作中的种种困难和挫折,在不断开拓人生更高境界中领会生活的美好。

树立为人民服务的人生观,要坚决抵制各种错误思想的影响。由于受国内外各种错误思潮、腐朽观念等各种因素的影响,现实中还存在拜金主义、享乐主义和极端个人主义等对人生目标的错误看法。这些错误的思想观念容易侵蚀大学生的纯洁心灵,不利于大学生树立科学高尚的人生观和价值观。大学生应当顺应时代潮流,在科学理论的指导下,认清这些错误思想和腐朽观念的实质,选择并追求高尚的人生目标,在奉献社会和服务人民的人生实践中完善自我、创造人生的美好价值。

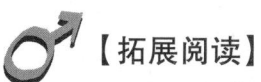
【拓展阅读】

香港梅州联会十年捐资 1079.80 万元资助嘉应学院学子

惠爱十载心系嘉园,化作爱心天使恩泽客都大地;树人百年情牵家乡,堪当育人楷模光耀万里神州。12月26日下午,由香港梅州联会和我校联合主办的"爱心传送·桑梓结情"2015年香港梅州联会爱心传送文艺演出在亮胜客家艺术中心隆重举行。在爱心传送文艺演出的捐赠仪式上,香港梅州联会再次捐赠134.50万港元资助我校269名优秀贫困学生,并向我校赠送了爱心传送十周年特别纪念品;我校回赠"香港梅州联会爱心传送十年颂"牌匾,"香江浩浩,沧海茫茫;风土信美,故园难忘",牌匾上的每一个字都饱含了嘉园师生和受资助学子对联会善长们的敬意和感恩。

在文艺演出现场,受助学生代表向善长们献上了满载感激之情的芬芳鲜花。本年度受助学生代表带着泪花,用一句"善长们,谢谢您,您的爱为我的生活洒下了一片阳光"表达了269名受助学生无以言表的感激之情。"点亮一盏灯,点亮一份爱;传递一盏灯,传递一份爱",在"点灯—传灯"环节,那盏满载爱心与希冀的灯第十次被点亮。

爱心传送文艺演出前,香港梅州联会永远荣誉顾问余国春先生、余鹏春会长、林光如主席等逾40名善长与今年受资助的269名我校贫困学子,在田家炳师范学院大楼举行了真情恳谈会。各位善长与受助学子进行面对面交流,详细了解受助学子的学习、生活情况,分享自己的人生历程,耐心解答学生们关于人生、就业、创业等方面的困惑,勉励贫困学子把所受的苦难转化为奋斗的动力,认真学习,脚踏实地,做一个有价值的人,把爱心传递下去。多名已毕业的受助学子心怀感恩来到现场,毕业多年的叶同学将三年前未送出的礼物亲自送到"恩人"手上;现在五华中学任教的胡同学分享了自身受助经历和任教经历,并表示将"传递爱心,回报社会"作为自己的宗旨;应届毕业生马同学表示爱心不是逗号,也不是句号,而是一连串的省略号,一定会延续和永存。受助学子纷纷表示,将时刻铭记善长们的教诲,珍惜学习机会,心存感恩,学会奉献,遵循校训和香港梅州联会的宗旨,用行动传递爱心。

仁泽故里,善爱嘉园。自2006年起,香港梅州联会已连续10年发动乡贤集腋成裘,慷慨解囊,至今共筹得爱心善款人民币1079.80万元,资助了我校2701名贫困学子。秉承着"传一盏灯,传一份爱"的慈善理念,自2010年起,在香港梅州联会和我校的倡议下,众多刚踏出校园的受助毕业生以各位善长们为榜样,尽己所能,自愿回捐,回馈善恩。六年来,我校共筹得回捐善款人民币187755.11元,此笔善款到目前为止共资助了26名贫困学子。

(选自嘉应学院广播台广播稿)

二、创造有价值的人生

人生的意义,需要从人生价值的角度进行审视和评价。人们只有找到自己对生活意义的正确答案,才会自觉地朝着选定的目标努力,以全部的情感、意志、信念去创造有价值的人生。

(一)人生的自我价值与社会价值

人生价值内在地括了人生的自我价值和社会价值两个方面。人生的自我价值,是个体的人生活动对自己的生存和发展所具有的价值,主要表现为对自身物质和精神需要的满足程度。人生的社会价值,是个体的人生活动对社会、他人所具有的价值。衡量人生的社会价值的标准是个体对社会和他人所做的贡献。

人生的自我价值和社会价值,既相互区别,又密切联系、相互依存,共同构成人生价值的矛盾统一体。人总是生活在社会之中的,离开了社会的个体就无法生存和发展;社会是由众多个体构成的有机体,离开了个体的社会是不可思议的。一方面,人生的自我价值是个体生存和发展的必要条件,人生自我价值的实现是个体为社会创造更大价值的前提。个体的人生活动不仅具有满足自我需要的价值属性,还必然地包含着满足社会需要的价值属性。个体通过努力提高自我价值的过程，也是其创造社会价值的过程。另一方面，人生的社会价值是社会存在和发展的必然要求，人生社会价值的实现是个体自我完善、全面发展的保障。没有社会价值，人生的自我价值就无法存在。人是社会的人，这不仅意味着个体物质和精神的需要必须在社会中才能得到满足，还意味着以怎样的方式和在多大程度上得到满足，这些都是由社会决定的。在社会主义社会，一个人的需要能不能从社会中得到满足，在多大程度上得到满足，取决于他的人生活动对社会和他人的贡献，即他的社会价值。

（二）人生价值的标准

正确对待人生价值，不仅要正确认识人生价值的内涵和特征，还要正确认识和把握评价人生价值的客观标准。

人是社会的人，总是生存和活动于各种各样的社会关系中，并受到一定社会关系的制约。在实际生活中，人们会选择自己的人生道路，通过一定的方式实现自己的人生目标，以独特的思想和行为赋予生活实践以个性特征。不过，任何个体的人生意义都只能建立在一定的社会关系和社会条件的基础之上，并在社会中才能得以实现。离开一定的社会基础，个人就不能作为人而存在，当然也无法创造人生价值。人的社会性决定了人生的社会价值是人生价值的最基本内容。一个人的生活具有什么样的价值，从根本上说是由社会所规定的，而社会对于一个人的价值评判，也主要是以他对社会所做的贡献为标准。个体对社会和他人的生存和发展贡献越大，其人生的社会价值也就越大；反之，人生的社会价值就越小。

人生价值评价的根本尺度，是看一个人的人生活动是否符合社会发展的客观规律，是否通过实践促进了历史的进步。劳动以及通过劳动对社会和他人做出的贡献，是社会评价人生价值的普遍标准。一个人对社会和他人所做的贡献越大，他在社会中获得的人生价值的评价就越高。劳动和贡献的尺度作为社会评价人生价值的基本尺度，正是对人生价值评价根本尺度的一种具体化。在我们今天所处的社会主义社会中，衡量人生价值的标准，最重要的就在于看一个人是否以自己的劳动和聪明才智为中国特色社会主义真诚奉献，为人民群众尽心尽力服务。

（三）人生价值的评价

比较客观、公正、准确地评价社会成员人生价值的大小，除了要掌握科学的标准外，还需要掌握恰当的评价方法。

第一，坚持能力有大小与贡献须尽力相统一。每个人的职业不同、能力大小不同，对社会贡献的绝对量也不同，不能简单地认为能力大的人就实现了人生价值，能力小的人就没有实现人生价值。考察一个人的人生价值，要把个人对社会的贡献同他的能力以及与能力相对应的职责联系起来。任何人，只要在自己的岗位上尽职尽责，兢兢业业，就应该对其人生价值给予积极肯定的评价。

第二，坚持物质贡献与精神贡献相统一。人的生产劳动是物质生产劳动和精神生产劳动的统一及两种生产劳动成果的相互转化，社会的发展与进步是物质文明和精神文明的共同发展与进步。评价人生的价值，应承认人们对社会的物质贡献和精神贡献都是社会发展和进步的推动力量，既要看一个人对社会做出的物质贡献，也要看其对社会做出的精神贡献，同时还要充分肯定从事物质生产劳动的人同样可以对社会做出巨大的精神贡献。

第三，坚持完善自身与贡献社会相统一。人生的社会价值是实现人生自我价值的基础，评价人生价值的大小主要应看一个人对社会所做的贡献，但这并不意味着要否认人生的自我价值。社会是人类创造并由其个体组成的，人的自我完善和全面发展、人生自我价值的实现将使个体为社会创造更大价值。

（四）人生价值的实现条件

人们根据自己的价值标准选择人生目标，在实践中努力实现自己的人生价值。但是，人们的实践活动从来都不是随心所欲的，任何人都只能在一定的条件下，运用恰当的方法去实现自己的人生价值。因此，正确把握人生价值实现的条件和方法至关重要。

首先，实现人生价值要从社会客观条件出发。人生价值是在社会实践中实现的，人的创造力的形成、发展和发挥都要依赖于一定的社会客观条件。在人类历史上，许多有抱负有才能的人之所以未能实现自己的人生价值目标，就是因为缺乏实现人生价值的社会客观条件。一般说来，随着社会的进步，人生价值实现的社会客观条件也在不断改善。社会主义核心价值观集中体现了当代中国的根本价值追求，为人们确定和实现人生价值目标提供了基本遵循。大学生要珍惜难得的历史机遇，把自己的人生价值目标建立在正确把握当今中国社会发展所提供的条件的基础上，建立在与社会主义核心价值观相一致的基础上，努力实现自己的人生价值。

其次，实现人生价值要从个体自身条件出发。个体自身条件主要包括一个人的思想道德素质、科学文化素质、生理心理素质等方面的要素。每个人的自身条件都会与其他人有一定的差异，某一个具体的价值目标，对这个人来说是恰当的、比较容易实现的，而对另一个人来说却未必如此。因此，应当实事求是地根据自身的条件来确定自己的人生价值目标。

最后，不断增强实现人生价值的能力和本领。人在自然天赋上有各种各样的差异，在实现人生价值的过程中不可避免地要受到自身条件的限制，但这并不是说，人的主观努力不起作用。个人的主观努力，在相当大的程度上决定着其人生价值实现的程度。人的能力具有累积效应，能够通过学习、锻炼而得到强化。大学生可塑性强，正处于增长知识才干的关键时期，可以通过各种方式和途径，全面提高自身的综合素质和能力，努力创造实现人生价值的良好条件。

（五）在实践中创造有价值的人生

美好的人生价值目标要靠社会实践才能转化为现实。人生价值目标的实现是一个实践的过程，人生价值的评价就是对实践及其成果的评价。人生之所以有价值，是因为人能够自觉地、有意识地认识和改造客观世界与主观世界，创造物质财富和精神财富，通过创造性的社会实践把人生提升到一个更高的境界。因此，社会实践是人生价值真正的源头活水，是实现人生价值的必由之路。对于大学生而言，在实践中创造有价值的人生具有特殊的要求。

（1）走与人民群众相结合的道路。人民群众是历史的创造者，是国家的主人。大学生要在为人民群众服务、实现人民群众利益的过程中实现人生价值。只有走与人民群众相结合的道路，向人民群众学习，从人民群众中汲取营养，做中国最广大人民利益的维护者，才能使自己的人生大有作为。"人的一生只能享受一次青春，当一个人在年轻时就把自己的人生与人民的事业紧密相连，他所创造的就是永恒的青春。"[①]

（2）走与社会实践相结合的道路。古往今来，凡成大事者，无不经过社会实践的历练和艰苦环境的考验。社会实践是科学理论、创新思维的源泉，是检验真理的试金石，也是青

---

① 江泽民：《江泽民文选》第3卷，人民出版社2006年版，第483—484页。

年锻炼成长的有效途径。当今世界,科技进步日新月异,知识更新步伐加快,我国现代化建设呼唤大批高素质人才。同学们要把勤奋学习作为人生进步的重要阶梯,把深入社会实践作为成长成才的必由之路。

人生价值的实现就在尽职尽责、奋发努力的过程中。人生价值终究要通过自己所从事的事业展现出来。不是每个人都能成为爱因斯坦,但是每个人都能在自己的岗位上脚踏实地、埋头苦干,发挥聪明才智,为社会做出贡献,实现自己的人生价值。好高骛远,畏惧劳苦,贪图安逸,最终只能虚度年华,抱憾终生。

时间之河川流不息,每一代青年都有自己的际遇和机缘,都要在自己所处的时代条件下谋划人生、创造历史。在当今中国,最重要的社会实践,就是全面建成小康社会,加快推进社会主义现代化,实现中华民族伟大复兴的实践。同学们要坚持理论联系实际,积极投身社会实践,在基层一线砥砺品质,在同人民群众的密切联系中锤炼作风,在实践中发现新知、运用真知,在解决实际问题的过程中增长才干,不断提高实践能力、创新创业能力,与时代同步伐、与祖国共命运、与人民齐奋进,实现最大的人生价值,创造无悔的青春。

【典型案例】

大学生救人溺亡引发关于人生价值讨论

2009年10月24日,湖北省荆州市沙市区宝塔湾。"救命啊!"一阵急促的呼救声打破了欢乐与平静。2名少年不慎落水,不远处的十余名长江大学学生闻讯后,手拉手结成人梯扑进江中营救,两名落水者最终获救。但是陈及时、何东旭、方招3名大学生不幸被江水吞没,英勇献身,均年仅19岁。人们对大学生结梯救人的英雄行为表示了深深的敬意,很多新闻媒体和网友将这些大学生堪比为"狼牙山五壮士的英雄群体,新时代的精神楷模"。但是一段时间以来,一些网友在探讨这一行为是否"值得",出现了这样的疑问:"为了救两个少年,牺牲了三个大学生,值得吗?"

点评:

大学生群体结成"人梯"舍己救人的英雄事迹,足以震撼每一个人的心。在他们带着一种责任奋起救人那一刻,在见义勇为的千钧一发之际,为了挽救他人的生命而忘掉自身安危的选择,诠释了人性中最崇高、最珍贵的精神。大学生英雄群体现象,用事实见证了当代大学生群体见义勇为、助人为乐、奋发向上、自觉担当社会责任,奉献社会、关爱他人的崇高精神,展现出当代大学生崭新的精神风貌和优秀的整体形象。他们舍身救人的行为给社会提供的精神价值、道德价值无法用金钱衡量,是其他经济价值无法比拟的,是值得的。

三、科学对待人生环境

创造有价值的人生,总是在一定的环境中进行的,人生价值能否实现以及实现的程度,与如何对待人生环境有重要关系。所谓人生环境,就是人们的社会实践活动所赖以展开的各种关系的总和。科学对待人生环境，主要就是要促进自我身心的和谐、个人与他人的和谐、个人与社会的和谐、人与自然的和谐等。

（一）促进自我身心的和谐

每个人都有身、心两个基本方面。一般说来，身是心的物质基础，心为身的精神机能，二者相互作用，作为有机统一体对人的生活实践产生重要影响。一个健康的人，不仅要有健康的生理，还要有良好的心理，即所谓"身心健康"。协调好身心关系以及身心与外部环境的关系以保证人自身系统的健康和活力，是保持身心健康的关键环节。

1. 树立正确的世界观、人生观、价值观

正确的世界观、人生观、价值观，能够使大学生正确认识社会发展规律，认识国家的前途命运，认识自己的社会责任，从而为大学生的人生提供导向，也为其心理活动提供定位系统，为培养良好的心理素质奠定基础。同时，正确的世界观、人生观、价值观也直接为大学生提供思想和行为的指引，能够使大学生在困难的时候看到希望，在逆境中找到办法，化阻力为动力。因此，正确的世界观、人生观、价值观有助于大学生坚定自信心，并产生悦纳自我的情感体验，在积极进取中磨砺自己的意志品质，获得承受挫折和适应环境的能力，从而提高心理素质，保持心理健康。

2. 掌握应对心理问题的方法和知识

人一旦遇到困惑或问题，就要敢于正视它们，切不可采取逃避应付的态度，这就需要学会客观地认识问题、分析问题，掌握科学的思维方法，从而正确地解决问题。当面对众多困难和挫折时，要分清轻重缓急、先后主次，抓住主要矛盾及矛盾的主要方面，各个击破，消除焦虑彷徨情绪，增强对自己的信心，增强对前途的期盼与希望。同学们还可以通过听心理健康课或讲座、阅读心理卫生书刊以及寻求心理咨询人员的帮助等途径，学习心理健康知识，提高心理健康意识，并将其运用于自己的生活之中，自觉维护自身的身心健康。对于心理障碍较严重甚至出现心理疾病的同学来说，不能讳疾忌医，应及时进行心理治疗。

3. 积极参加集体活动，增进人际交往

集体活动可以锻炼大学生的组织能力、表达能力、创造能力和交际能力，大学生可以通过集体活动增进同学之间的相互了解和理解，并在此基础上增进友谊。健康的人际交往有利于交往各方的学习进步、个性完善和情绪稳定。同时，健康的人际关系也可以使同学们获得一个社会支持系统，当遇到个人一时解决不了的心理问题时，就可以及时向他人求助。

此外，积极参加体育锻炼，保持身体健康，也是促进心理健康的重要途径。

（二）促进个人与他人的和谐

每个人在社会生活中都要与他人打交道，与他人形成各种各样的关系。个人与他人的关系是每个人都必须面对的，是人与社会关系直接而具体的体现。明确个人在与他人关系中的定位，促进个人与他人的和谐，才能为人生价值的实现创造良好的人际环境。

个人与他人的关系，在本质上是社会关系尤其是社会利益关系的表现形式。人类要生存，首先必须满足各种需要。任何需要都是一定主体在一定的生产关系的基础上，在一定的客观条件下，对一定对象的需要，都必然通过一定的社会关系才能实现。因此，处理个人与他人的关系，关键是要处理好个人与他人的利益关系。

在大学校园里，同学之间可能有不同意见或矛盾，但没有根本的利益冲突。要自觉维护同学之间的和睦和团结，自觉做到在名利面前让一步，在工作和困难面前抢一步，尊重他人利益和集体利益。同时，协调人际关系，必须坚守做人做事的原则，以国家利益、集体利益为重，以原则促团结，而不是奉行"好人主义"，当"好好先生"。要明确是非标准，光明磊落，一身正气，踏踏实实做事，堂堂正正做人。只有这样，才能真正处理好个人与他人的关系。要讲正气，重大义，而不要搞江湖义气；要交诤友，而不要交酒肉朋友。心胸坦荡，坚持原则，直言规劝有错误的朋友，才能获得真正的友谊，才能真正促进个人与他人的和谐。

正确处理竞争与合作的关系。从形式上看，竞争与合作是对立的，而从本质上看，二者又是相互伴随、相互统一的。竞争离不开合作，竞争获得的胜利，通常总是某一群体内部或多个群体之间通力合作的结果；合作也离不开竞争，没有竞争的合作就缺乏活力。竞争促进合作的广度和深度，合作又增强竞争的实力，正是这种竞争中的合作和合作中的竞争，推动着人类社会不断发展和进步。要鼓励竞争、提倡竞争、保护竞争，同时又要提倡合作，提倡互相关心、互相爱护、互相帮助。

（三）促进个人与社会的和谐

人生的内容是由复杂多样的社会关系和社会活动构成的。个人与社会不可分离，社会是个人生存和发展的基础，个人是构成社会的前提。正如马克思所说："人是最名副其实的政治动物，不仅是一种合群的动物，而且是只有在社会中才能独立的动物。"① 个人与社会既是对立的又是统一的。只有科学地把握个人与社会的辩证关系，促进个人与社会的和谐，才能为人生价值的实现创造良好的社会环境。促进个人与社会的和谐，关键在于把握个人在社会中的定位。

1. 正确认识个人需要与社会需要的统一关系

人作为独立的个体存在，有维持个体生存和发展的基本需要。但是，人的需要不同于动物的需要，即使是人的本能需要，也深深地打上了社会历史的印记，成为一种社会性的需要。人的需要的满足，只能借助于社会，凭借一定的社会关系，通过一定的社会方式实现。因此，个人需要不纯粹是个人的，它或多或少是社会需要的反映，受社会物质和精神文化发展水平的制约。社会需要也不是脱离个人需要独立存在的，社会需要是个人需要的集中体现，是社会全体成员带有根本性、全局性需要的反映。孤立地、不联系社会需要来考虑个人需要，将使个人需要失去基础和条件，还可能导致个人欲望、个人需要的无限膨胀，最终不仅不能使个人需要得到满足，甚至还可能使个人走上危害社会、违法犯罪的道路。

2. 正确认识个人利益与社会利益的统一关系

个人与社会的关系，归根到底是个人利益与社会整体利益的关系。个人与社会都有生存和发展的需要，个人生存和发展的需要体现在社会关系中就是个人利益，社会生存和发展的需要体现在社会关系中就是社会整体利益。在社会主义社会中，个人利益与社会整体利益在根本上是一致的，社会利益离不开个人利益，个人利益也离不开社会利益。社会整体利益不是个人利益的简单相加，而是所有人利益的有机统一。它体现了作为社会成员的个人的根本利益和长远利益，是个人利益得以实现的前提和基础，同时它也保障着个人利益的实现。个人应自觉维护社会的整体利益。当个人利益与社会利益发生矛盾时，个人利益要自觉服从社会利益。

3. 正确认识享受个人权利与承担社会责任的统一关系

个人的权利是在社会中获得的，没有社会，个人的权利无从谈起。离开了个人对社会所

---

① 中共中央马克思恩格斯列宁斯大林著作编译局编译：《马克思恩格斯选集》第2卷，人民出版社2012年版，第684页。

承担的责任，个人的权利也就无从实现。因此，享受个人权利与承担社会责任是统一的。但是承担社会责任并不与享受个人权利简单对应，在道德要求上，不应把是否享受个人权利作为承担社会责任的先决条件。承担社会责任，为社会做贡献，是社会存在和发展必不可少的前提。只有人人承担起自己应尽的责任，为社会多做贡献，社会的财富才能不断增加，才能为人们享有权利提供雄厚的物质基础。在我们社会主义社会里，既尊重个性、承认物质利益，更倡导互助友爱、崇尚奉献精神。一个人如果不能正确处理集体和个人、奉献和索取的关系，片面强调个人设计，过于追求个人利益，他的人生道路只会越走越窄。一个人只有勇于担当、甘于奉献，才能真正体验到人生的快乐和幸福，成为品德高尚、精神充实的人，自我价值也才能得到充分体现。

（四）促进人与自然的和谐

1. 正确认识人对自然的依存关系

在漫长的物种进化过程中，人从自然界脱颖而出，成为当之无愧的万物之灵。但无论人如何进化，都改变不了这样的事实：人来源于自然界又依存于自然界，人永远是自然界的有机组成部分。物质资料的生产和再生产以及人自身的生产和再生产，都是以自然界的存在和发展为前提条件的，没有自然界就没有人本身。

2. 科学把握人对自然的改造活动

人与其他自然存在物不同，人是有意识、有意志、能动的自然存在物，人并不是消极地依赖自然界生活，而是根据自身的需要利用和改造自然，人类本身也在对自然的改造活动中不断发展自己。但是，人对自然的改造也有两面性，即人类在推进工业化的过程中，一方面创造了丰富的物质财富，另一方面也存在掠夺自然资源、只考虑当前需要而忽视后代利益、先污染后治理、先开发后保护等问题。人与自然之间关系的不和谐也与日俱增：水源、空气、土壤受到严重污染，大量的动物和植物濒危乃至灭绝，土地荒漠化，森林和湿地迅速减少，可利用资源日益短缺甚至面临枯竭，全球气候变化深刻影响人类生存和发展，成为各国共同面临的重大挑战。人类正饱尝着因无节制地向自然开战和索取而造成的恶果。人类改造自然的目的在于使人的生活更加美好，但事与愿违，大自然早已在无情地报复人类。人类如果再不改善与自然的关系，必将遭受更大的灾难。因此，促进人与自然的和谐，在促进经济发展的同时保护好人类赖以生存的自然环境，是人类以及人类的每个个体持续、健康发展的重要条件。

3. 自觉珍爱自然，保护生态

"生态兴则文明兴，生态衰则文明衰。"生态文明是人类在社会发展过程中保护和改善生态环境形成的文明成果，它表现为人与自然和谐程度的进步。生态文明建设事关实现"两个一百年"奋斗目标，事关中华民族永续发展，是建设美丽中国的必然要求。我们要牢固树立尊重自然、顺应自然、保护自然的生态文明理念，坚持节约优先、保护优先、自然恢复为主的方针，把生态文明放在突出地位，不断提高生态环境承载能力，为人民创造良好的生产生活环境。我们每个人都要清醒认识保护生态环境、治理环境污染的紧迫性和艰巨性，清醒认识加强生态文明建设的重要性和必要性，以自己的实际行动，营造爱护生态环境的良好风气，努力建设美丽中国。

和谐是中国特色社会主义的价值追求。和谐始自人的内心，培育和谐精神，用和谐的思想认识人生环境，用和谐的态度对待人生实践，使崇尚和谐、维护和谐内化为自己的思想意识和行为习惯，才能促进个体的身心健康与和谐，推动人与人之间、人与社会之间融洽相处，实现人与自然之间友好共生，努力在中国特色社会主义的实践中创造自己的人生价值。

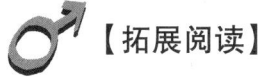【拓展阅读】

崔永元战胜抑郁症

据悉,美国心理学家史培勒曾说:"抑郁症往往袭击那些最有抱负、最有创意、工作最认真的人。"古今中外,有许多名人曾患过抑郁症,或者有过抑郁症倾向,有的甚至因此走上自杀的道路。

盛名背后的孤独是不被人理解的,大家看到的都是名人头顶的光环。看看身边,似乎也有越来越多的成功人士,遭受到了抑郁症的折磨。西方学者经过研究发现,功成名就与精神疾病之间,确实有不可忽视的联系。著名主持人崔永元就是典型的案例。

"抑郁症离我很近,近得像亲兄弟。"这句话是著名主持人崔永元受抑郁症折磨时说过的。崔永元的抑郁来自于压力和责任。他曾经对媒体坦言,做《实话实说》以后,天天绷在心里的念头都是"知耻而后勇"。更苦的是,到演播室的嘉宾都才华横溢,不要说对话,就连能听懂对方说什么都不易,毕竟隔行如隔山。2002年,崔永元突然离开《实话实说》,很久之后,他才公布原因:得了重度抑郁症。到目前为止,他也是为数不多的公开自己病情,并且呼吁大家关注抑郁症的名人之一。在一篇名为《大话抑郁》的博客日记中,崔永元说:"医书上描绘的大部分病症,我都具备了,还有即兴发挥的部分。差不多有四五年的时间,我抑郁并活着。虽然国家GDP每年都增加,可我就是高兴不起来,满脑子都是极限运动。抑郁症病人有多苦,不说也罢。"

尽管如此,崔永元对自己的病情还是很有信心。他坚持看过两年心理医生,还不定期去医院复查,积极配合治疗。"我去医院看医生。我一五一十地说,医生一把一把地开药,我一天三顿地吃。坚持了两年,太阳又从东边升起。"崔永元如是说。

病情最重时,崔永元住进医院,接受了两个月的系统治疗,当时需全天候陪护,他甚至一度想过自杀。崔永元的幸运是,遇到了一位好的心理医生。即使他在无数个不眠之夜,遇到最严重的心理危机,医生都告诉他"一个有文化的人要学会向别人求救"。

2007年,崔永元出现在上海举行的一个心理治疗大会的论坛上。他以一位抑郁症病愈者的身份,讲述自己的"黑色"经历。他称自己的抑郁症已经痊愈了,而他当初之所以将病情公之于众,是为了使中国抑郁症患者的境遇得到改善,他做到了,也成功了。

崔永元的案例激励抑郁症患者不要被抑郁症打倒,要积极与病魔做斗争才能重获新生。

(选自凤凰中医网2012年11月30日)

学习思考

1. 大学生应该确立怎样的人生目的?
2. 如何正确认识人生矛盾?
3. 怎样理解人生的自我价值与社会价值的关系?
4. 如何正确评价人生的价值?
5. 如何促进自我身心的和谐?

第四章 注重道德传承 加强道德实践

 **教学目标**

通过学习道德的基本理论知识以及中华民族优秀道德传统和社会主义道德,帮助学生深刻认识道德在社会生活中的重要作用,自觉继承中华民族优良道德传统和人类道德文明的优秀成果,弘扬社会主义道德,增强在市场经济的发展过程中辨别是非、善恶、荣辱的能力,恪守公民基本道德规范,努力提高道德修养的自觉性,积极投身崇德向善的道德实践。

大学时期是个体道德意识形成和发展的一个重要阶段。在这个时期形成的道德观念对同学们一生影响很大。加强道德修养,知荣辱,讲正气,做奉献,促和谐。做一个讲道德、尊道德、守道德的人,是党和人民的殷切期望,也是大学生自身全面发展、健康成长的重要条件。大学生要认真学习道德理论,继承和弘扬中华传统美德和中国革命道德,准确把握社会主义道德建设的核心和原则,培养正确的道德判断力,增强道德责任感,提高道德实践能力尤其是自觉践行能力,努力锤炼良好的道德品质。

一、道德及其历史发展

道德属于上层建筑的范畴,是一种特殊的社会意识形式。它是以善恶为评价方式,主要依靠社会舆论、传统习俗和内心信念来发挥作用的行为规范的总和。了解道德的起源、本质、功能、作用及历史发展,有助于大学生加强道德修养、锤炼道德品质。

(一)道德的起源与本质

道德作为一种社会现象,其产生有多方面的条件。首先,社会关系的形成是道德赖以产生的客观条件。道德是社会关系的产物,只有形成了人与人、人与社会之间的相互关系,才会产生道德。其次,人类自我意识的形成与发展是道德产生的主观条件。当人们意识到自己作为社会成员与其他动物的根本区别,意识到自己与他人或集体的不同利益关系以及产生了调节利益矛盾的迫切要求时,道德才得以产生。应该看到,道德产生所需要的主客观条件是统一于生产实践的。劳动创造了人和人类社会,是人类道德起源的第一个历史前提。

道德的形成经历了一个漫长的历史过程。人类最初的道德以风俗习惯等形式表现出来。随着社会生产力的发展和社会生活的日益复杂化、多样化,特别是随着人类文明时代的开始,道德逐渐从风俗习惯中分化出来,成为一种相对独立的社会意识形式。

道德是社会经济关系的反映,归根到底是由经济基础决定的。一方面,社会经济关系的性质决定着相应的道德体系的性质,它所体现的利益关系决定着道德的基本原则和主要规范。社会经济关系的变化必然引起道德的变化。在阶级社会中,社会经济关系主要表现为阶级关系,因此道德或多或少地会打上阶级的烙印。另一方面,道德对社会经济关系的反映不是消极被动的，而是积极能动的。

（二）道德的功能与作用

1. 道德的主要功能

道德的功能集中表现为，它是处理个人与他人、个人与社会之间关系的行为规范及实现自律完善的一种重要精神力量。道德的主要功能包括认识功能、规范功能和调节功能等。

道德的认识功能是指道德反映社会关系特别是反映社会经济关系的功效与能力。道德往往借助于道德观念、道德理想、道德准则等形式，帮助人们正确认识社会道德生活的规律和原则，认识自己对社会、他人、家庭的道德义务和责任，使人们的道德选择、道德行为建立在明辨善恶的道德认识基础上，从而正确选择自己的道德行为，积极塑造自身的善良道德品质。

道德的规范功能是指在正确善恶观的指引下，规范社会成员在职业领域、社会公共领域、家庭领域的行为，并规范个人品德的养成。从道德的特征来说，道德和法律一样，都是人类把握世界的特殊的实践精神，也就是通过规范人的行为发挥作用。

道德的调节功能是指道德通过评价等方式，指导和纠正人们的行为和实践活动，协调社会关系和人际关系的功效与能力。道德评价是道德调节的主要形式，社会舆论、传统习惯和人们的内心信念是道德调节所赖以发挥作用的力量。道德的调节功能主要是不断调节社会整体和个人的关系，调节个人与个人的关系，使个人、社会与他人的关系逐步完善和谐。在社会生活中，道德调节并不是孤立进行的，而是和其他社会调节手段，主要是法律和纪律密切配合、共同发挥调节效用。

2. 道德的社会作用

道德功能的发挥和实现所产生的社会影响及实际效果，就是道德的社会作用。道德的社会作用主要表现在：道德为经济基础的形成、巩固和发展服务，是一种重要的精神力量；道德对其他社会意识形态的存在有着重大的影响；道德通过调整人们之间的关系维护社会秩序和稳定；道德是提高人的精神境界、促进人的自我完善、推动人的全面发展的内在动力；在阶级社会中，道德是调节阶级矛盾和对立阶级之间开展阶级斗争的重要工具。

在看到道德具有重大社会作用的同时，也必须看到道德发挥作用的性质并不都是一样的。道德发挥作用的性质与社会发展的不同历史阶段相联系，由道德所反映的经济基础、代表的阶级利益所决定。只有反映先进生产力发展要求和进步阶级利益的道德，才会对社会的发展及其历史发展和人的素质的提高产生积极的推动作用，否则，就不利于甚至阻碍社会的发展和人的素质的提高。

道德的功能和作用彰显了道德的力量。道德的力量是广泛的、深刻的，它深刻地影响着人们的意志、行为和品格，也深刻地影响着社会的存在和发展；道德的力量随着时代的发展而发展，是推动人类文明不断向前发展的重要力量。

（三）道德的历史发展

道德不是千古不变的，同其他社会意识形态一样，道德也有自己的发生发展过程。迄今为止，人类社会先后经历了五种基本社会形态，与此相适应，出现了道德发展的五种历史类型，即原始社会的道德、奴隶社会的道德、封建社会的道德、资本主义社会的道德、社会主义社会的道德。每一个社会都有与其经济基础相适应的占统治地位的道德；在同一社会形态中，不同的阶级或人群还会有不同的道德。在阶级社会中，占社会统治地位的道德是统治阶级的道德,而同时存在着的其他阶级的道德则总是处于从属地位。

人类道德的发展是一个曲折上升的历史过程。道德发展的规律是人类道德发展的历史过程与社会生产方式的发展进程大体一致。虽然在一定时期可能有某种停滞或倒退现象,但道德发展的总趋势是向上的、前进的,是沿着曲折的道路向前发展的。

人类道德进步的主要表现是:道德在社会生活中所起的作用越来越重要,对于促进社会和谐与人的全面发展的作用越来越突出;道德调控的范围不断扩大,调控的手段或方式不断丰富,更加科学合理;道德的发展和进步成为衡量社会文明程度的重要尺度。

社会主义和共产主义道德,是人类道德合乎规律发展的必然产物,是人类道德发展史上的一种崭新类型的道德,是对人类道德传统的批判继承,并必然随着社会的进步和实践的发展而与时俱进。

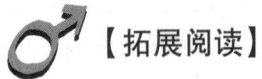【拓展阅读】

万俊人:道德何以兴国立人?

习近平总书记近期在山东考察时语重心长地谈到,"国无德不兴,人无德不立"。这不仅是对两千多年前孔子等先贤以德治国、以德兴业、以德立人等传统政治伦理理念的现实回应,也是针对当今中国社会,具有现实关切和文化战略意义的深远洞见,它直接而积极地回答了两个相互关联且具有根本意义的社会问题:人类社会为什么需要道德?人为什么要有道德地生活?

以社会而文明的方式生活,是人类的必然选择,也是其超拔于其他生命种类,在"万类霜天竞自由"的生物世界脱颖而出且赖以兴盛赓续的根本。然而,人类社会何以形成、发展?人类自身何以获得其自身文明与社会文明?工具的制造和运用,创造性的劳作,以及由此逐渐发展起来的人类的自觉意识、智慧,基于语言文字发明所创造的文化,继而基于法律、道德、宗教信仰体系所建立起来的社会基本制度、秩序和精神价值,是人类社会得以逐渐形成、分化、成长的基本因素,也是人类自身在改造客观世界的同时不断改造主观世界,从而不断获得文明进步的根本原因或条件。这其中,法律与道德无疑是两个最具基础意义和恒久作用的主要因素。

然而古往今来,人们对于立法建国、依法治国并无异议,可是,人们对于以德治国、以德兴国、以德立人的认识却多存分歧,有些人甚至不以为然,尤其是在人类社会从传统跨入现代门槛之后。一种常见的看法认为,随着现代社会日趋开放、公共化,公共生活领域与私人生活领域的分界也日趋明显。在公共生活领域里,起基本规范作用的只能是法律或者法制化的制度体系,而道德则只能限定在私人生活领域,隶属于私人事务,而且在人们生活的公共化程度不断提高的情况下,私人化的道德及其效用越来越取决于个人的主观意愿而不必附加过高的人为要求或客观强制。其实,这是一种误判,至少是把问题简单化了。

法律或法制当然是立国之基、治国之本,现代国家更是具有法治国家的特点,这是毋庸置疑的。问题是,对立国、治国和兴国来说,仅仅依靠法律或法制是否足够?历史的经验教训告诉我们,纯粹的律法主义远不足以解释人类社会文明甚至政治文明本身,现代国家的合法正当性不仅需要健全的法律或法制,而且也需要健全而高尚的道德伦理和文化精神。也就是说，法制是建国立国的必要条件，而道德伦理和文化是建国立国和兴国的充分必要条件。《汉谟拉比法典》和《秦律》堪称两千多年前的法律典范，可终究无法确保古巴比伦文明和秦王朝千秋万代。更重要的是，治国还只是人类社会政治的起码要求或底线期待，兴国、强国才是国家和国人的高度期待和政治理想。诚如社会与个人休戚相关、不可分割一样，治国与成人、兴国与立人也是息息相关、不可分离的。

以德兴国、以德立人不单是对道德伦理的积极理解，也是对国家和人自身的积极理解，是一种人类精神理想的确认与确信，一种积极的人类文化价值追求。那么，究竟道德何以兴国立人？要很好地回答这个问题，不仅需要把握国家和人的本质，而且也需要把握道德伦理的本质。

约略而论，道德既具体体现为人类社会风俗、礼仪、习惯的总和，也是人类把握世界意义和自身价值的精神方式。它一般内含三个基本层次或价值向度，即作为人类理想信念的道德（境界），与之相应的是所谓"信念伦理"；作为人类行为普遍规范的道德（原则、规范或准则、范畴），与之相应的是所谓"规范伦理"；作为个人品格德行的美德，与之相应的是所谓"美德伦理"。在这三个层面中，信念伦理具有社会意识形态的构成性特征，规范伦理属于社会隐性制度或"软制度"和社会基本秩序的范畴，而美德伦理则集中体现为文明个人的道德卓越和美德成就。道德的三个层面指明三个不同而又相辅相成的价值向度，即理想信念——伦理精神、行为规范——伦理秩序、个人美德——人格完善。理想信念——伦理精神是统摄社会和个人的价值目标或目的性价值体系，表达着民族国家和人类社会对社会理想目标的价值认同和每个人对幸福人生的至善追求。

因此，无论对于民族、国家和社会，还是对于人类个体，它都具有终极目的性，是社会理想和个体人生的精神支柱，没有这种精神信念的支撑，民族国家和人类社会不仅难以获得不断进取和持续发展的精神动力，而且连基本的社会团结和集体行动也不可能，因而其生存发展便不可持续。历史反复证明，理想信念和伦理精神是一个民族、一个国家的精神能量之所在，是社会文化软实力的灵魂与核心，是社会核心价值观或核心价值体系的根基和支柱。对个人而言，信念伦理同样具有生命根基和理想支柱的意义，没有理想和精神追求的人生不可能优雅幸福。古希腊哲人德谟克里特说过，如果物质欲望的满足代表幸福，那么猪才是最幸福的。这说明，人的生命意义和高尚价值与其精神理想的高度成正比，崇高理想和高尚精神的支撑是人得以立地顶天的根本力量所在。因此可以说，虽然信念理想和伦理精神是隐性的、无形的，但它却是支撑性、超越性和终极性的。如果说精神、心力和意志是强国和立人的根本，那么，理想信念或伦理精神无疑是国之心力和人之精神品格的内在源泉。此乃德可兴国、德可立人之解答的积极理解之一。

行为规范——伦理秩序是维系人类社会生活秩序的基本维度之一。它既是现代社会法制秩序的主要支援体系，又具有刚性的法制秩序所不及的独特作用和内在力量，还具有诸种宗教信仰体系所难以企及的公共普遍化效用，在中国传统社会里，它甚至同时具有法理和伦理的双重功能。微观来看，它内至道德个体的自律，外至家庭伦理秩序、邻里和社区或社群交往规范，都具有不可或缺的地位；宏观来看，它自下可至广阔的社会公共生活领域，向上可达国家政治之上层建筑和意识形态，发挥着不可替代的价值引领和行为规导作用。正是道德规范或规范伦理所具有的这种几乎无所不及的普遍广泛的行为规导作用，才使得道德成为与法律或法制相提并论、相辅相成的两大社会秩序规约体系之一。如果说秩序和稳定是社会生存、发展和繁荣的基本前提，那么，道德作为行为规范所创造和维护的社会伦理秩序就是这一基本前提中的主要构成部分，也是最具积极意义的部分，因而也是社会繁荣发展的主要资源和条件。同理,如果说道德自律是人的道德主体性的集中体现,那么,规范伦理的真正力量和最高目标正在于引导和培植人们的道德自律,而非仅仅约束人们的行为。从积极的意义上说,道德自律才是规范伦理所追求的最高境界,也是个人道德自觉、自律和自为的最高表现。此乃德可兴国、德可立人之解答的积极理解之二。

个人美德——人格完善是美德伦理的核心主题。所谓美德,即人的德行的卓越成就和德行的完善。它与每一个人的身份角色、生活目的和主体努力相关,同时也与个人所处的社会情境密切关联,如社群或社区一类的道德共同体、人的社会关系、职业工作及其技艺技能。易言之,美德既是个人德行和德行在社会生活世界的完美实现,也通过社会个体美德的卓越成就而体现其所在社会或道德共同体之道德文化和社会文明的发展高度。因此,作为一种强道德目的论意义上的价值追求和实践,美德及其实现不仅表现了美德者的卓越挺立和人生高度,同时也反映了社会国家所能达到的文化或文明高度。美德伦理并不排斥和否定人类的平凡道德和公共底线伦理,但它拒绝平庸、媚俗和堕落。这是德可兴国、德可立人的积极理解之三。

总之,关于道德能够兴国立人的上述三种积极理解,集中而较为充分地解答了道德何以兴国立人的问题。需要指出的是,这三种积极理解并不是答案的全部,它们之间也不是截然分离的。恰恰相反,三种积极理解是相互支撑、相互攀缘、相互助生的。信念伦理是建构和确立规范伦理的价值依据和终极目的,同样也是美德伦理的目的论基础;反过来说,美德伦理在某种意义上也是规范伦理的内化和自律之主体性证明,更为信念伦理提供了道德实践潜能和可能的人格化明证,三者共同支撑着文明社会的不断进步和文明人自身完善的不断追求。这其实是一个无须反复宣扬和复杂证明的真理,只是因为我们正处在社会急剧转型的过程之中,因为我们自觉或不自觉地、或多或少地忽视了这一最切近我们人生和我们生活世界的道理,因为我们和我们的社会已然面临一些道德问题。所以,习近平总书记强调"国无德不兴,人无德不立"便有如大吕洪钟,振聋发聩,回荡于神州大地和国人心中。斯人斯语,与命与仁,善莫大焉!

(选自《光明日报》2013年12月13日)

二、继承与弘扬中华传统美德

人类道德的发展具有内在的规律性,人们的道德修养也有其客观要求,都是在继承和弘扬优良道德传统的基础上不断发展和进步的。中华传统美德是中华文化的精髓,蕴含着丰富的思想道德资源。大学生应当自觉继承和弘扬我国人民在长期实践中培育和形成的传统美德,努力成为传播中华美德、中华优秀文化的主体。

(一)中华传统美德的当代价值

中国传统道德是中国历史上不同时代人们的行为方式、风俗习惯、价值观念和文化心理的集中体现,是对中华民族道德实践经验的总结、提炼和概括。中华传统美德中倡导的讲仁爱、重民本、守诚信、崇正义、尚和合、求大同的精神和良好行为规范,是中国传统道德的精华。今天,弘扬中华传统美德,具有重大的现实意义。

1. 社会主义现代化建设的需要

在实现现代化的过程中,任何一个国家都会面临如何对待传统文化和传统道德的问题。世界各国都有各自的历史和文化道德传统,这是它们在实现现代化的过程中保持自己特色、走出自己道路的重要基础。世界各国现代化的实践充分说明，现代化的模式可以多种多样，但都不能脱离自身的民族性。中国的现代化进程也是如此，如果离开对中华传统美德的继承和弘扬，就会失去历史的基础而难以更好地推进。道德的力量是巨大的，中华传统美德蕴含真善美，在马克思主义的指导下，经过创造性转化和创新性发展，中华传统美德就能汇入中国特色社会主义道德体系，成为中国特色社会主义道德体系的有机组成部分。

2. 加强社会主义道德建设的需要

我国社会主义道德不是凭空产生的，而是继承中华传统美德并结合时代发展的要求而形成的。加强社会主义道德建设，必须继承和弘扬中华传统美德。继承和弘扬中华传统美德，能够提高民族自尊心和民族自信心，增强民族自豪感和民族责任感；能够使社会主义道德体系具有更丰富的内容，具有更能为广大群众所喜闻乐见的民族形式；能够使爱国主义、集体主义和社会主义思想更加深入人心，人际关系更加和谐，经济社会更好发展。

3. 大学生成长成才的需要

人总是需要精神力量支撑的，总是在一定的道德环境中成长的。中华优秀传统文化和传统美德是中华民族的历史之根，也是每一个中国人的历史之根，代表着中华民族独特的精神标识。继承和弘扬中华传统美德，有利于中华民族共有精神家园的构建，也有利于我们每个人的道德修养。优良道德传统的熏陶和润泽，能够不断丰富我们的精神世界，完善我们的道德品质，成为个人成长成才的重要推进力量。

（二）中华传统美德的基本精神

中华传统美德内涵丰富、博大精深，是中华传统文化中不可分割的组成部分，是人类文明发展的重要精神财富，是我国社会主义道德建设的源头活水。

1. 重视整体利益、国家利益和民族利益，强调责任意识和奉献精神

在中国传统道德的发展演化中，始终注意义利之辨、理欲之辨、公私之辨，而核心和本质是公私之辨。"公义胜私欲"是中国传统道德的根本要求。正是从国家利益和整体利益的原则出发，中国古代思想家强调在"义"和"利"发生矛盾时，应当"义以为上""先义后利""见利思义""见义勇为"，主张"义然后取"，反对"重利轻义尹"和"见利忘义"。这种义利观不但在中华民族的长期发展中起到积极的作用，而且对当前提高我国社会成员的道德水平仍有重要意义。

2. 推崇"仁爱"原则，追求人际和谐

中华传统美德一向尊重人的尊严和价值，崇尚"仁爱"原则，主张"仁者爱人"，强调要"推己及人"，关心他人。从仁爱精神出发，古人主张"和为贵"，提出了"亲仁善邻，国之宝也"的思想，强调社会和谐，讲求和睦友善，倡导团结互助，追求和平共处。在人际相处上，中国人历来主张与人为善、推己及人，建立和谐友爱的人际关系；在民族关系上，中华各民族互相交融、和衷共济，建设团结和睦的大家庭；在对外关系上，中华民族倡导亲仁善邻、协和万邦，与世界其他民族在平等相待、互相尊重的基础上发展友好合作关系。推崇仁爱、崇尚和谐、爱好和平是中华民族的优良传统和高尚品德。

3. 讲求谦敬礼让，强调克骄防矜

中国自古就有"礼仪之邦"的美誉，谦敬礼让是中华传统美德的重要体现。在中国传统道德文化中，谦敬既是个人修养的美德，也是为人处世的道德要求。谦即自谦，虚以处己；敬即敬人，礼以待人。中国传统道德文化认为，礼是人与其他动物相区别的标志。"凡人之所以为人者，礼义也。"礼也是人的立身之本。中国传统道德在提倡谦敬礼让的同时，

提醒人们不骄不矜、戒骄戒躁。

4. 倡导言行一致，强调恪守诚信

在中国古人看来，诚是指一种真实无妄、表里如一的品格，也是道德的根本，故"养心莫善于诚"。信是指一种诚实不欺、遵守诺言的品格。"人而无信，不知其可也""民无信不立"。在中国传统社会，诚信的内容和要求是多方面的，但最基本的是以诚为本，取信于人，"与朋友交，言而有信"；为人思诚，信以行义，"信近于义，言可复也"。诚信之德在于言行一致，表里如一，讲究信用，遵守诺言。

5. 追求精神境界，重视道德需要

中国传统道德文化强调，人之所以不同于其他动物，是因为人有道德。人们除了有物质需要外，还有精神需要，而一切精神需要中最高尚的需要就是道德需要。孟子说，人之所以异于禽兽的根本点就在于人能够"明于庶物，察于人伦"，即能本着"仁义"行事。荀子也说，人之所以能够保持群体性特征，归根结底是由于人能够遵守礼仪，否则人就会由于争斗而发生祸乱，祸乱发生就会造成人与人的彼此分离而变得弱小，就不能胜物。总之，中华传统美德始终强调道德是人之为人的根本，弘扬彰显人的道德精神，以崇高的道德境界来激发人的道德主体性。

6. 强调道德修养，塑造理想人格

中国古代的思想家大都认为，在塑造理想人格的过程中，最重要的就是要奋发向上、切磋践履、修身养性。孔子说，"仁远乎哉？我欲仁，斯仁至矣""有能一日用其力于仁矣乎？我未见力不足者"，认为"仁"这种道德品质和道德境界，对人们来说，并不是遥不可及的，人们应当"吾日三省吾身"。荀子认为，"道虽迩，不行不至；事虽小，不为不成"。墨家也非常重视"修身"，强调"察色修身"和"以身戴行"，注重社会环境对人的道德品质的影响。

此外，中华传统美德还体现在宽厚待人、艰苦朴素、勤劳节俭、孝敬父母、尊老爱幼、尊师敬业、廉洁自律，以及刚健有为、舍生取义、见义勇为、奋发图强等方面。在长期的历史发展中，中华传统美德已经深入全民族的思维方式、价值观念、行为方式和风俗习惯之中。中华民族虽然历经无数磨难与困苦，但始终能屹立于世界民族之林，应当说，这是同中国的优秀传统文化特别是传统美德的作用分不开的。

（三）中华传统美德的创造性转化和创新性发展

中国传统道德是一个矛盾体，具有鲜明的两重性。属于精华的部分，表现出积极、革新、进步的一面；属于糟粕的部分，则表现出消极、保守、落后的一面。中华传统美德作为中国传统道德的精华部分，为今天的道德建设提供了丰富的资源，要在去粗取精、去伪存真的基础上坚持古为今用、推陈出新，努力实现中华传统美德的创造性转化和创新性发展。

1. 加强对中华传统美德的挖掘和阐发

任何道德都是具体历史时代的产物。中华传统美德是经过漫长的社会发展而形成的，不可避免地打上了传统社会的印记，在内容和形式上或多或少地存在着与今天的现实生活不相适应的地方。弘扬中华传统美德，必须通过科学的分析和鉴别，把其中带有阶级和时代局限性的成分剔除出去，把其中具有当代价值的道德精神发掘出来，总结传统美德中丰富的思想道德资源，对中华传统美德的德目、观点进行新的诠释和激活，结合现代生活赋予其新的时代内涵，努力推动中华传统美德的创造性转化和创新性发展。

2. 用中华传统美德滋养社会主义道德建设

要结合时代要求，按照是否有利于推动中国特色社会主义事业，是否有利于建设社会主义道德体系,是否有利于培育和践行社会主义核心价值观的标准,坚持古为今用、推陈出新的原则,为社会主义道德建设提供丰厚的道德资源,赋予社会主义道德和共产主义道德以鲜明的民族特色。要立足于面向大众、服务人民,发挥中华传统美德人伦日用的化育功能,使传统美德与日常生活水乳交融,让传统美德中蕴含的伦理精神点点滴滴地导入人们的生活生根发酵,产生化育的功能,不断丰富人们的精神世界,增强人们的精神力量。

3. 以开放的胸怀和视野吸收借鉴人类文明的有益道德成果

当今任何民族或国家的文明发展和道德进步,都不可能不受到其他民族或国家的文化和道德文明成果的影响,都不可能脱离人类文明发展的大道。世界上许多民族在人类发展的不同时期,对人类文明都做出过贡献。西方许多思想家对道德的起源和本质、道德的原则和规范、道德品质、道德评价、道德教育和修养等进行的探讨,其中不乏真知灼见,极大地丰富了人类社会共同的文明成果。要坚持马克思主义的立场、观点和方法,坚持以我为主、为我所用的原则,既反对全盘西化、机械加搬,又反对全盘否定、盲目排外,在批判的基础上借鉴吸收其对今天的中国有积极意义的精华。

在对待中国传统道德、弘扬中华传统美德的问题上,要反对历史虚无主义和全盘复古论两种错误观点。历史虚无主义是对传统道德不加分析地全盘否定,甚至主张"全盘西化"。全盘复古论则对传统道德中的局限性缺乏科学辨别,刻意拔高传统道德特别是儒家传统道德,主张完全以传统道德代替社会主义道德。这两种观点割断了道德的历史与发展的关系,否定了道德的历史进步性。从中国历史发展的过程来看,无论是历史虚无主义还是全盘复古论,都对社会的发展特别是道德文化的进步造成十分消极的影响。我们要树立高度的文化自觉和文化自信,维护民族文化基本元素,加强对优秀传统道德传承体系的建设,使中华传统美德成为新时代鼓舞人民前进的精神力量。

【拓展阅读】

实现中华传统美德的创造性转化

2013年年底,习近平总书记在考察曲阜孔府和孔子研究院时说,"国无德不兴,人无德不立",必须加强全社会的思想道德建设。近来他再次指出,要"在去粗取精、去伪存真的基础上,坚持古为今用、推陈出新,努力实现中华传统美德的创造性转化、创新性发展。""实现中华传统美德的创造性转化"是一重要而又宏大的命题,如何理解?如何实现?我们邀请专家撰文探讨了这些问题。

新道德建设,离不开变化了的社会生活实践这个源,同样也离不开传统美德这个流

主持人:创造性转化中华传统美德,何以可能?

肖群忠:任何一个民族的道德进步总是在对自己的传统道德资源进行批判继承的基础上前进的。实现传统美德的创造性转化这样一个提法,我理解,就是要把传统道德作为当代中国社会主义道德的重要资源和凭借,实现我们的新道德与传统美德的直接继承和延续。我们的新道德建设,一方面离不开变化了的社会生活实践这个源,但同样也离不开传统美德这个流。

根据这样的思路,我们对我国传统道德资源这个流,能继承的和要继承的,主要是抛弃

其封建国家政治伦理的糟粕，转化个体道德、家族道德与社会道德中的合理成分，以指导现代社会民众的日常生活。由于我们几十年来在民众的日常生活道德建设方面是欠缺的，传统道德资源的相关内容的绝大部分我认为还是可以直接为今天所用的。如传统社会生活中讲忠诚于事、忠诚于人的精神，行业道德的讲究信誉、勤勉敬业精神，讲究人际之间的诚信精神，家族道德中的讲究亲情孝道、和睦团结的精神，个体道德中的讲究个人修养、追求美德的精神，全社会的讲究礼仪、维护秩序的精神等等都是可以批判继承的。涉及人类基本道德的一些普遍资源更是可以直接继承的，如"己所不欲，勿施于人""己欲立而立人，己欲达而达人"的忠恕之道，仁爱他人，讲究义务责任，天下为公等等。

唐凯麟：不可否认，传统道德与现代社会存在着冲突。我们在社会主义现代化过程中所遇到的种种阻力和问题，其中不少就与传统伦理的消极影响有着直接或间接的关系，如人情大于法律、关系经济，忽视经济效益，规范意识不强，地方封闭和保护主义，竞争意识淡薄，等等。但是，传统伦理道德是一个包含着多层次的复杂体系，不同层次在现代社会中的作用和意义是不一样的。就儒家伦理的内容而言，大致可分为三个层次：一是其核心精神即"仁"学，这是儒家关于人及人与人之间关系的最一般的价值精神；二是其特定的社会伦理价值观层次，如三纲五常、家族本位、忠孝等等；三是日常生活中为人处世的一般的行为准则，如义、智、恭、宽、信、敏、中庸等等。在这三个层次中，第二个层次是与封建社会形态联系最为密切的，因而其具体内容是陈腐消极的，与现代社会是根本对立的，但这一层次中的某些东西就其抽象的形式而言也是可以通过扬弃和转换为现代社会所容纳，如忠与孝的形式等。第三个层次作为日常生活中为人处世的一般准则，当然不能不受历史条件的制约，但人类行为是个性与共性的统一，不论任何时代的人都存在着一些为人处世的共同要求和准则，传统伦理中所包含的这些日常生活的为人处世的准则，在一定程度上体现了千百年来中华民族生活实践和处理为人处世的准则，体现了千百年来中华民族生活实践和处理人际关系的优良传统，其中所包含的积极意义理所当然地仍然可以为我们今天的日常行为和处理一般人际关系时所汲取运用。

要把那些日用而不知的仁爱忠信、仁义礼智等道德资源加以保护、拓展

主持人：有人说，太多的不良风气表明中华优秀道德传统已被完全丢失了。客观来说，传统优秀道德资源在我们的社会中还有多少？

肖群忠：在社会日常生活中，我们号称是"礼仪之邦"，但实际上我们在与韩国等儒学文化圈的人打交道时，觉得恰恰是他们更好地保留了中国传统文化中的"礼乐文明"，而我们则是将传统道德与礼仪的优良传统丢失了。就在今年两会期间，王岐山同志参加代表团讨论时说起了时下最热门的韩剧《来自星星的你》，他说："韩剧走在咱们前头。韩剧的内核和灵魂，恰恰是历史传统文化的升华。仔细想想韩剧，讲的就是家长里短、婆媳关系、伦理纲常，就像当年的电视剧《渴望》，恰恰反映的是一种传统文化，是在生活富裕后的一种回归升华。"今年新年伊始，习近平主席因发表新年贺词，其办公室的几张照片被细心的媒体曝光，当人们看到习主席推着轮椅上的父亲，挽着母亲的手散步，以及和妻子、女儿的照片，深为他的孝子、贤夫、慈父形象所感动，他是践行中华传统美德的楷模。

郭齐勇：在我国民间广泛流传着信义兄弟的故事。湖北孙水林兄弟俩每年都会在年前给农民工结清工钱，年底哥哥孙水林为赶在年前给农民工结清工钱，在返乡途中遭遇车祸遇难。弟弟孙东林为了完成哥哥的遗愿，在大年三十前一天，将工钱送到了农民工的手中，兄弟俩的诚信之举深深打动了全中国的人。这样的人很多，比如，蹬三轮的白芳礼老人；最美女教师张丽莉；以仁爱作为医务工作者良知的桂希恩教授。从这些人物及其事迹可知，在我们的民间社会中，仍有很多普通的老百姓都遵守着"仁、义"这样一些最基本的生活信念。它充分说明了，信义、忠孝之心仍可以存于现代社会，化为诚实守信，孝敬父母，老吾老以及人之老，幼吾幼以及人之幼的行为，化为对人类、民族、国家、社会、团体的奉献精神。持守道义，主持公道，讲求信用，言行一致，仍是我们做人的准则。我们要认识到，仁、义、礼、智、信等价值仍在老百姓的生活与生命之中，极具草根性，只要我们有文化自觉，善于启导，协调整合，仍然会成为我国发展的软实力。我们要把这些日用而不知的民间留存的仁爱忠信、仁义礼智信等道德资源加以保护、拓展。

传统道德实现创造性转化，要形成与现代社会的互补优化

主持人：传统美德创造性转化，怎么体现出对现代社会发展的实际效果？

唐凯麟：传统道德伦理实现创造性转化和发展，一个理想效果是实现与现代社会的互补优化，主要表现有以下几个方面：

一是义与利的互补优化。求利是无可厚非的，是推动现代经济发展的基本动力。但这种求利的取向，也可以助长一些人唯利是图、见利忘义、损人利己、为富不仁的思想和行为，从而不仅会败坏社会风气，也会破坏整个社会运行的正常秩序。因此，对经济活动中人们的求利趋向应该加以引导和规范。而这种引导和规范最主要的就是"义"，即适宜、正当、高尚的观念和行为的提倡和弘扬。传统伦理重义轻利，其轻利的观点固不足取，而其反对"不义而利"，强调"以义驭利"的思想却是有积极意义的。

二是和与争的互补优化。社会竞争乃是一把双刃剑，它既是社会发展的动力，也可以带来某种消极的作用，如一定社会资源的无效损耗，一定程度经济秩序的失常，以及因为人的心理的过分紧张而导致的精神危机和人格异化，等等。竞争的消极作用，从一定意义上说乃是由于竞争参与者之间缺少必要协调与合作引起的。而传统"贵和"思想正在这方面可以给竞争以补益。孔子说："礼之用，和为贵。"《中庸》提出："和也者，天下之达道也。"认为"和则相生""致中和"就可以"天地位焉，万物育焉"。追求和谐，注重合作。如果把贵和思想引入社会竞争机制中，以和的生成性来补益争的损耗性，以和的规范性来调节争的失序性，以和谐的心态来淡化争的紧张与异化，达到以和济事，和争互补，就可以使竞争争而不乱，争而无伤，既充满活力，又健康有序地发展。

三是群与己的互补优化。一些西方思想家像亚当·斯密、孟德维尔认为，在市场经济条件下"私恶即公德"，即人们追求自己利益的行为最终将促进整个社会福利的最大化。然而，市场运行的事实并不像斯密等人所想象的那么美好，对个人利益的追求，既有激发市场的活力，也可能甚至必然导致损人利己、唯利是图的利己主义的倾向的发生，如欺行霸市、假冒伪劣、钱权交易，以及经济学中的"求租""搭便车"和"机会主义行为"等。要实现经济的良性运行和协调发展，注重社会群体利益的思想和行为是必不可少的。在这方面，传统的群体本位伦理思想是可以发挥积极作用的。在传统伦理中，重群克己是基本要求，要求人们要以"公义胜私欲"，提倡"国尔亡家，公尔亡私""至公无私"。在现代市场经济条件下，如果把重群克己思想的积极因素融汇于个人意识中，群己互补、公私结合，就可能促成人们在发挥个人能动性的同时，又抑制利己主义的泛滥。

四是现实性与超越性的互补优化。现代社会利益机制驱动着人们忙碌于现实的功利追求中，重实际，讲实效，只有金钱才是可靠的。这种实用主义的现实观可能使人变得浅薄和物化，以致精神堕落，心态失常。一些大款一掷数十万、数百万争奢斗富，一些政府官员抱着"有权不用过期作废"的心态大肆以权谋私，一些人存在及时行乐的倾向，都是这种庸俗的现实观的典型表现。与现代市场机制驱动着人们迷恋现实性不同，中国传统伦理提倡一种对现实的超越的追求和理想精神。儒家提出"内圣外王"的人生理想,倡导"立功、立德、立言"三不朽的人生价值。董仲舒提出"明其道不计其功",认为只有对"道"的追求才是有价值的。这种重精神理想轻实际功利的倾向,当然有其片面性和消极方面,但其对理想的高扬却体现了"人之异于禽兽"的一个根本特征,是人类发展与完善不可须臾有缺的内在动力。把这种追求超越和理想的精神引入社会运行过程,则将有利于促成人们从利欲魔圈中解脱出来,摆脱心灵的空虚与精神的惶惑,以更宏大的气概、更从容的态度去获得更大的成功。

(选自《北京日报》2014年3月10日)

三、继承与弘扬中国革命道德

中华传统美德和中国革命道德是一脉相承的。继承和发扬中国革命道德既是弘扬中华传统美德的应有之义,是加强社会主义道德建设的客观需要,也是激励大学生锤炼优良道德品质的必然要求。

(一)中国革命道德的形成与发展

中国革命道德是指中国共产党人、人民军队、一切先进分子和人民群众在中国新民主主义革命和社会主义革命、建设与改革中所形成的优良道德。它是马克思主义与中国革命、建设和改革的伟大实践相结合的产物,是对中国优良道德传统的继承和发展,是中华传统美德新的升华和质的飞跃,是中华民族极其宝贵的道德财富。中国革命道德萌芽于五四运动前后,发端于中国共产党成立以后蓬勃发展的伟大工人运动和农民运动,经过土地革命战争、抗日战争、解放战争以及社会主义革命、建设与改革的长期发展,逐渐形成并不断发扬光大。

中国共产党始终非常重视继承和发扬革命道德传统。早在革命战争年代,毛泽东就曾经指出,是否发扬革命传统,是我国民主革命能否取得胜利的重要因素。邓小平多次提出,要恢复和发扬党和人民的革命传统,培养和树立优良的道德风尚,为建设高度发展的社会主义精神文明做出积极的贡献。江泽民强调要把弘扬革命道德传统同努力创建人类先进的精神文明结合起来,弘扬中国古代优良道德传统和革命道德传统,吸取人类一切优秀道德成就,努力创建人类先进的精神文明。胡锦涛强调,要保持和发扬革命战争时期的那么一股劲、那么一股革命热情、那么一种拼命精神,沿着建设中国特色社会主义道路,继续把革命前辈开创的伟大事业推向前进。站在新的历史起点上,习近平强调,我们永远不能忘记自己是从哪里走来的,永远都要从革命的历史中汲取智慧和力量,把理想信念的火种、红色传统的基因一代代传下去,让革命事业薪火相传、血脉永续。

中国革命道德作为一种精神力量,从它形成的时候起,就对中国的革命和建设事业发挥着极其重要的作用。在革命战争时期,中国共产党之所以能够在非常困难的情况下奋斗出来,能够战胜千难万险取得革命的胜利,能够保证革命事业的发展和壮大,就是因为有革命的理想和信念,有革命的精神。20世纪50年代,我国社会主义建设之所以取得了举世瞩目的成绩,一个重要原因就是由于继承和弘扬了中国革命道德的传统,广大党员和人民讲理想、讲纪律、讲为人民服务,爱党、爱国家、爱社会主义。同样,在20世纪60年代的困难时期,中国共产党之所以能够带领全党和全国人民团结奋斗、渡过难关,也正是由于继承和弘扬了革命道德传统。历史经验表明,革命传统特别是革命道德传统,是克服前进道路上一切困难的重要精神支柱，是战胜千难万险的重要力量源泉。

弘扬中国革命道德，要同弘扬中华传统美德相结合。中华传统美德是中国革命道德的渊源之一，从一定意义上来说，没有中华传统美德的长期发展和丰厚积淀，就不可能有中国革命道德的形成和发展。中国革命道德继承了中国传统道德的精华，摒弃了传统道德的糟粕，是中国优良传统道德的延续和发展，是超越了中华传统美德的时代局限而形成的一种崭新的道德。

（二）中国革命道德的主要内容

中国革命道德具有丰富而独特的内涵，既包括革命道德的原则、要求、态度、修养、风尚等方面，也包括理想、思想意识方面的"应当"。在长期革命实践中，以中国共产党人为主要代表的革命者，以自己的行动甚至以鲜血和生命，成为率先践履革命道德的典范。

1. 为实现社会主义和共产主义理想而奋斗

列宁指出："为巩固和完成共产主义事业而斗争，这就是共产主义道德的基础。"① 坚持社会主义、共产主义理想和信念的不屈不挠的精神，是革命道德的灵魂。无数革命先烈，正是为了实现这样一个崇高的理想，毫不犹豫地献出了自己的生命。夏明翰在《就义诗》中写下"砍头不要紧，只要主义真。杀了夏明翰，还有后来人"这样的豪言壮语，方志敏在《可爱的中国》中发出"敌人只能砍下我们的头颅，决不能动摇我们的信仰"的坚定誓言。这些革命先烈之所以能够排除万难、坚持斗争、无私无畏、不怕牺牲，就是因为他们有坚定的社会主义、共产主义的理想和信念。

2. 全心全意为人民服务

真心实意为群众谋利益是一切革命人民和先进分子的自觉要求。早在1939年毛泽东就提出，是否"为人民服务"是区别革命道德和一切剥削阶级道德的根本分界线。1944年，他在纪念革命战士张思德时，明确以"为人民服务"作为对张思德及一切革命者的崇高品质的概括，强调一切革命者都要想到大多数人民的利益，彻底地为人民的利益工作。"全心全意为人民服务"作为贯穿中国革命道德始终的一根红线，是中国共产党在中国革命实践中的一个伟大创造，对中国的革命、建设事业和道德建设，产生了极其重大的推动作用。

3. 始终把革命利益放在首位

共产党人和革命者从事革命活动的目的就是要为革命利益而奋斗，在个人利益与革命利益发生矛盾时，要"以革命利益为第一生命，以个人利益服从革命利益"。② 正如邓小平所说："为了国家和集体的利益，为了人民大众的利益，一切有革命觉悟的先进分子必要时都应当牺牲自己的利益。"③ 始终把革命利益放在首位，极大地激发了革命者为集体而献身的斗志，革命队伍形成了前所未有的向心力和凝聚力。

4. 树立社会新风，建立新型人际关系

任何道德规范都要面向生活实践。树立社会新风，建立新型人际关系，体现了中国革命道德在社会生活层面上的重要意义。中国革命道德的传扬，破除了等级观念和特权思想，破除了鄙视劳动和劳动人民的旧道德观念，树立了平等意识，保护了妇女、儿童和老人的合法权益，引导建立新型家庭关系和培育良好家风，对于提升人民群众的文明水准和道德风貌，树立社会新风尚，发挥了重要的作用。

---

① 中共中央马克思恩格斯列宁斯大林著作编译局编译：《列宁选集》第4卷，人民出版社2012年版，第292页。
② 毛泽东：《毛泽东选集》第2卷，人民出版社1991年版，第361页。
③ 邓小平：《邓小平文选》第2卷，人民出版社1994年版，第337页。

5. 修身自律，保持节操

中国共产党非常重视党员的个人道德修养，把加强个人道德修养看成是能够影响革命成败的大事，因而践履中国革命道德的重要环节就是共产党人修身自律、保持节操。具体来说，就是要以中国革命事业为重，严于律己，谦虚谨慎；淡泊名利，清正廉洁；襟怀坦荡，光明磊落；始终保持高风亮节，展现出高尚的人格力量。

（三）发扬光大中国革命道德

中国革命道德内容丰富、历久弥新，对中国革命、建设和改革事业发挥着极其重要的作用。在协调推进"四个全面"战略布局、实现"两个一百年"奋斗目标、实现中华民族伟大复兴的中国梦的过程中，大力弘扬中国革命道德仍然具有极其重要的现实意义。

1. 有利于加强和巩固社会主义和共产主义的理想与信念

一个思想空虚、精神萎靡的人，难免要被各种错误思想和观点牵着鼻子引入邪路。如果没有精神、理想和信念的支持，一个人的一生，只能庸庸碌碌、无所作为，甚至会造成对国家和社会的危害。在社会主义初级阶段，我们既要正视人民群众的物质利益，不断提高和改善人民的物质生活，又要进行理想和信念的教育，充实人民群众的精神生活，决不能使人们陷入只知谋取私利的误区之中。弘扬中国革命道德，有利于树立和培养人民群众的社会主义和共产主义的理想与信念，有利于坚持社会主义道路，有利于建设一个消灭剥削、消除两极分化、最终达到共同富裕的美好社会。

2. 有利于培育和践行社会主义核心价值观

牢固的核心价值观，都有其固有的根本。抛弃传统、丢掉根本，就等于割断了自己的精神命脉。在中国革命、建设和改革中形成的中国革命道德，是先进价值观在道德领域的集中体现，蕴含着培育和践行社会主义核心价值观的丰富思想道德资源。不忘本来才能开辟未来，善于继承才能更好创新。在新的历史条件下，继承和弘扬中国革命道德，对于帮助人们深刻理解社会主义核心价值观的科学内涵和历史渊源，增强价值观认同，为中国特色社会主义事业提供攻坚克难的强大精神支撑，具有重要意义。

3. 有利于引导人们树立正确的道德观，积极投身于社会主义建设事业

历史告诉我们：一个革命者唯有牢固树立并自觉坚持革命道德观，才能在革命事业的艰难困苦中经受严峻考验；才能在身处顺境时保持清醒的头脑，身处逆境时仍然坚忍不拔，保持应有的革命节操；才能视国家和民族的利益为最大价值而为之不懈努力、奋斗终生。在今天，发扬光大革命道德能够引导人们正确对待个人利益和社会利益、国家利益，能够帮助人们在深刻把握历史、认识社会、审视人生的基础上，正确处理人生矛盾，以极大的热情投身到社会主义建设事业中去。

4. 有利于培育良好的社会道德风尚，抵制腐朽思想的侵蚀

改革开放以来，我国的经济建设取得了举世瞩目的成就，人们的精神面貌也发生了极大的变化，道德生活领域的主流积极、健康、向上。但是，社会道德面貌和社会风尚的改观等方面，与我国的经济发展速度不相适应，仍然存在着诸如金钱至上、诚信缺失、奢侈浪费、贪污腐败这样一些不容忽视的问题，并严重损害群众利益，腐蚀人的灵魂，污染社会风气，阻碍社会发展。要解决这些问题，就要充分发挥革命道德的精神力量，培育良好的道德风尚，净化社会人际关系，抵制各种腐朽思想，树立浩然正气，凝聚向上向善的正能量。

中国革命道德是一种继往开来的强大的精神力量。大学生要深入了解中国社会和中国革命的历史，了解中国共产党人和广大人民群众的革命斗争及社会主义建设和改革的艰苦实践，真正体会中国革命道德的本质内涵、历史意义和当代价值，自觉同各种歪曲历史、诋毁英雄的历史虚无主义思潮做斗争，以自己的实际行动传承和发扬中国革命道德。

四、加强社会主义道德建设

社会主义道德是对中华传统美德的传承与升华，是对中国革命道德的继承和发展。新中国成立以来特别是改革开放以来，社会主义道德建设不断取得进展，社会主义道德建设的核心、原则和公民基本道德规范都已经逐步确立。践行和弘扬社会主义道德，对提高全社会尤其是大学生的思想道德素质具有重要意义。

（一）着眼"四个全面"战略布局、加强道德建设

社会主义不能仅仅理解为生产力的高度发展，还必须有高度发展的精神文明。实现我们的发展目标，不仅要在物质上强大起来，而且要在精神上强大起来。社会主义道德建设作为精神文明建设的重要内容，对于推进"四个全面"战略布局具有重要的支撑作用。

1. 全面建成小康社会，需要切实加强道德建设

人民向往的美好生活，不仅是"仓廪实衣食足"的物质生活，还需要"知礼节知荣辱"的社会风气。实现全面建成小康社会的目标，意味着国家物质力量和精神力量都得到增强，全国各族人民物质生活和精神生活都得到改善。也就是说，全面建成小康社会是一个经济社会全面发展的目标，并不是以经济发展为唯一的目标，全民族道德素质的提高，是全面建成小康社会的重要内容和标志。加强全社会的思想道德建设，激发人们崇德向善的正能量，引导人们向往和追求讲道德、尊道德、守道德的生活，是全面建成小康社会的重要条件。

2. 全面深化改革，需要社会主义道德的价值引领

当前改革已进入深水区攻坚区，意味着要破解的难题更多，来自各方面的风险和挑战更大，遇到的困难和阻力会更大。顺利推进改革的全面深化，需要有社会主义道德的价值引领，协调好现实生活中的各种利益关系，妥善处理好当前利益和长远利益、局部利益和全局利益、个人利益和集体利益的关系，引导人们理性合理表达改革诉求，最大限度地凝聚社会共识，营造安定团结的社会氛围。

3. 全面依法治国，需要法律和道德共同发挥作用

全面依法治国、建设社会主义法治国家，要坚持依法治国和以德治国相结合，一手抓法治、一手抓德治，以道德滋养法治精神，实现法律和道德相辅相成、法治和德治相得益彰。同时，健全的法律体系的建设和落实，需要立法、司法、执法各个环节的从业者具有较高的道德素质，更好地实现科学立法、严格执法、公正司法、全民守法，这样才能将全面依法治国落到实处。

4. 全面从严治党，需要加强党员干部的思想道德建设

风清则气正，气正则心齐，心齐则事成。一个没有道义担当的政党，是无法得到人民群众的信任的，更不可能成为最广大人民群众利益的代表。全面从严治党，不断提高党的先进性和纯洁性，必须在思想上和行动上筑牢拒腐防变的道德防线，通过加强道德建设来坚定党员干部的理想信念，锤炼党员干部的道德品质。

（二）社会主义道德建设的核心与原则

社会主义道德建设要以为人民服务为核心、以集体主义为原则，这既符合我国社会主义

初级阶段道德建设的现实状况，也是社会主义精神文明建设的客观要求。

1. 为人民服务是社会主义道德建设的核心

道德建设的核心决定并体现着社会道德建设的根本性质和发展方向，规定并制约着道德领域中的种种道德现象。道德建设核心的问题，实质上是"为什么人服务"的问题。在改革开放和社会主义现代化建设的新时期，在发展和完善社会主义市场经济的条件下，在协调推进"四个全面"战略布局的过程中，强调社会主义道德建设以为人民服务为核心，具有深刻的理论依据和坚实的实践基础。

为人民服务是社会主义经济基础和人际关系的客观要求。在我国社会主义初级阶段基本经济制度的条件下，每个社会主义的劳动者和建设者都在为社会、为他人同时也是为自己而劳动和工作。各行各业的劳动者和建设者，只是社会分工不同，没有高低贵贱之分。在以公有制为主体的经济基础上，在全体人民共同利益的基础上，在整个社会生产和生活的过程中，逐步形成了团结互助、平等友爱、共同进步的人际关系。

为人民服务是社会主义市场经济健康发展的要求。我们说社会主义市场经济的本质要求为人民服务，不仅在于人们在一切经济活动中应正确处理个人与社会、竞争与协作、效率与公平、先富与共富、经济效益与社会效益等关系，形成健康有序的经济和社会生活规范，更在于强调在国家的宏观调控和社会主义精神文明的引导、制约下，每个市场主体都要有为人民服务的思想，更自觉、更积极、更规范地在自主的基础上为人民、为社会服务，使市场主体把自身的特殊利益同国家和人民的共同利益结合起来。

为人民服务体现着社会主义道德建设的先进性要求和广泛性要求的统一。为人民服务并非高不可攀、遥不可及，而是可以通过不同层次、不同形式表现出来。毫不利己、专门利人、无私奉献是为人民服务；顾全大局、先公后私、爱岗敬业、办事公道是为人民服务；热心公益、助人为乐、见义勇为、扶贫济困、帮残助残是为人民服务；遵纪守法、诚实劳动并获取正当的个人利益，同样也是为人民服务。事实证明，在我们的社会中，不论从事何种职业、处于何种岗位，也不论能力大小、职务高低，每个人都能够通过不同形式实践为人民服务的道德要求。

为人民服务作为社会主义道德建设的核心，是社会主义道德区别和优越于其他社会形态道德的显著标志。应当在给为人民服务的要求注入新的时代内涵的同时，在全社会大力弘扬为人民服务的精神，大力倡导和积极实践为人民服务的道德。

2. 集体主义是社会主义道德建设的原则

在社会主义道德体系中，集体主义原则是指导人们行为选择的主导性原则。公有制为主体、多种所有制经济共同发展的社会主义初级阶段基本经济制度，为集体主义的实施创造了经济前提；人民民主专政的国体和人民代表大会制度的政体，为集体主义的实施创造了政治前提；以马克思主义为指导的社会主义先进文化，为集体主义的实施创造了文化前提。总之，在社会主义社会，人民当家做主，国家利益、社会整体利益和个人利益根本上的一致性，使得集体主义应当而且能够在全社会范围内贯彻实施。长期以来，集体主义已经成为调节国家利益、社会整体利益和个人利益关系的最重要的原则。

社会主义集体主义强调国家利益、社会整体利益和个人利益的辩证统一。在社会主义社会中，国家利益、社会整体利益体现着个人根本的、长远的利益，是所有社会成员共同利益的统一。同时，每个人的正当利益，又都是国家利益、社会整体利益不可分割的组成部分。国家社会的兴衰与个人利益得失息息相关。在现实生活中，国家利益、社会整体利益和个人利益是相辅相成的，不是靠抑制一方来发展另一方，而是要力求做到共同发展、相互增益、相得益彰。

社会主义集体主义强调国家利益、社会整体利益高于个人利益。在实际生活中，个人利益和国家利益、社会整体利益难免会发生矛盾。社会主义集体主义强调，在个人利益与国家利益、社会整体利益发生矛盾冲突，尤其是发生激烈冲突的时候，必须坚持国家利益、社会整体利益高于个人利益的原则，即个人应当以大局为重，使个人利益服从国家利益、社会整体利益，在必要时做出牺牲。集体主义要求个人为国家、社会做出牺牲并不是任意的，只有在不牺牲个人利益就不能保全国家利益、社会整体利益的情况下，才要求个人为国家利益、社会整体利益做出牺牲。

社会主义集体主义强调重视和保障个人的正当利益。社会主义集体主义促进和保障个人正当利益的实现，使个人的才能、价值得到充分的发挥。这不但与集体主义不矛盾，而且正是集体主义思想的应有之义。只有在国家、社会中个人才能获得全面发展，只有在国家、社会中才可能有个人自由。对于集体主义来说，只有个人的价值、尊严得到实现，个人的正当利益得到保证，集体才能有更强大的生命力和凝聚力。

（三）积极投身崇德向善的道德实践

"纸上得来终觉浅，绝知此事要躬行。"良好道德的养成关键在于实践，重在行动，贵在坚持。大学生要积极投身道德实践活动，修身律己、崇德向善，讲道德、尊道德、守道德，以高尚的道德品质与境界引领社会道德风尚。

1. 践行社会主义荣辱观

社会主义荣辱观是社会主义核心价值体系的重要组成部分，对大学生成长成才具有重要的规范、激励和指导作用，也是大学生投身崇德向善的道德实践的重要渠道。大学生应该准确把握社会主义荣辱观的基本内涵，坚持知与行的统一，坚持自律与他律的统一，坚持知荣与明耻的统一，时时处处对照检查自己的言行举止，自省自警、自珍自爱，知荣求善、知耻改过。经过反复的实践和逐步的养成，将社会主义荣辱观转化为自己内在的道德品质和行为习惯，成为自己生存发展的内在需要和为人处世的基本准则，在为家庭谋幸福、为他人送温暖、为社会做贡献的过程中，体验光荣、领悟崇高。

2. 参加志愿服务和学雷锋活动

参加志愿服务活动，弘扬和传承雷锋精神，有利于大学生更好地深入社会、体察民情、关注民意、改善民生，牢固树立为人民服务的思想观念，在实践活动中更好地锤炼道德品质，提升个人能力。大学生应该弘扬奉献、友爱、互助、进步的志愿精神，多关注空巢老人、留守儿童、农民工及其子女、残疾人等特殊群体，多关注农村地区、偏远地区、少数民族地区，广泛参与教育、科技、文化、卫生等帮扶行动，参与城乡清洁、绿色出行、低碳环保、保护环境、美化家园等志愿服务，为营造"我为人人、人人为我"的社会氛围做出贡献，努力做传播文明、引领风尚、营造和谐的时代先锋。

3. 培养诚实守信的良好品质

诚实守信既是中华民族的传统美德，也是对每一位公民的道德要求。诚实即真实无欺，既不自欺，也不欺人；守信就是重诺言、讲信誉、守信用。当前，从总体上看，大学生的诚信状况是好的，但在少数大学生身上也出现了诚信缺失的现象，如心态浮躁、对他人和社会的责任意识淡薄、是非辨别能力较差等。大学生要以诚信为本、操守为重、守信光荣、失信可耻为基本要求，把诚信作为高尚的人生追求、优良的行为品质、立身处世的准则，自觉做到言必信、行必果，诚心做事、诚实做人，言行一致、表里如一，努力培养诚实守信的优良品质。

4. 养成节俭节约的良好习惯

"历览前贤国与家，成由勤俭败由奢。"节俭节约是中华民族的优良品德，是每一位大学生应有的社会责任和道德素养。大学生要积极参与节俭养德、全民节约行动，大力倡导节约一粒粮、一滴水、一张纸、一度电，从我做起，从现在做起，从身边小事做起，把节俭节约的理念渗透到日常行为和人际交往中来。例如，积极参与"光盘行动"，杜绝"舌尖上的浪费"，批判和抵制铺张浪费的行为，破除讲排场、比阔气等不良风气，养成爱惜粮食、节约粮食的好习惯。

5. 自觉学习道德模范

榜样的力量是无穷的。大学生积极投身崇德向善的道德实践，要认真学习道德模范的先进事迹，激励自己崇德向善、见贤思齐，弘扬真善美，传播正能量。同学们要学习道德模范助人为乐、关爱他人的高尚情怀，在关心他人、帮助他人的过程中创造人生价值；学习他们见义勇为、勇于担当的无畏精神，在危难和考验关头挺身而出；学习他们以诚待人、守信践诺的崇高品格，老老实实做人、踏踏实实做事；学习他们敬业奉献、勤勉做事的职业操守，干一行爱一行，钻一行精一行；学习他们孝老爱亲、血脉相依的至美真情，常怀感恩之心、敬爱之情。要时时处处以道德模范为榜样，多做举手之劳的好事，多办惠及他人的实事，在公共场所、邻里相处、行路驾车、外出旅游、网上交流等不同的场合做到遵德守礼、遵规守法，养成良好的道德习惯。

【典型案例】

河北保定市有一家食品小店，店老板刘洪安，人称"油条哥"。2012年年初，通过媒体了解到，食用油反复加温会产生大量有害物质，会对人体造成很大危害。于是他便每天坚持使用一级大豆色拉油炸油条，不用一滴复炸油。为了让顾客监督，刘老板还挂出"安全用油、杜绝复炸"的大标语，他的油条被大家赞为"良心油条"。虽然刘老板的油条比其他店铺的要贵1元（每斤），但他的生意却非常"火爆"。刘洪安的事迹在网上流传之后，大家对他的做法大加赞赏，亲切地称呼他为"油条哥"，2013年刘洪安被评为第四届全国道德模范——全国诚实守信模范。受"油条哥"刘洪安走红的影响，全国各地也纷纷借势推出自己的"油条哥"，"良心豆腐联盟""良心餐饮联盟"等行业诚信组织相继涌现。

点评：

时代进步需要健康向上的道德风尚来引领，社会发展需要道德楷模的力量来推动。崇尚道德模范，弘扬良好道德风尚，是一个社会健康向上的标志，也是一个社会文明进步的动力。像"油条哥"刘洪安等群众身边看得见、摸得着、学得到的"平民英雄"，他们或助人为乐，或见义勇为，或诚实守信，或敬业奉献，或孝老爱亲……他们的"善举"在给我们带来温暖的同时，也为社会的和谐传递出了更多的正能量。

"善人者，人亦善之。"每个人向刘洪安等榜样学习，都能从自己做起，从身边的小事做起，讲文明、重公德、奉献善意，如此善之循环，那么，公众的文明程度和道德水平也将进一步提高。

? 学习思考

1. 道德的本质、功能和作用是什么？
2. 中华传统美德的基本精神体现在哪些方面？
3. 谈谈加强社会主义道德建设对于落实"四个全面"战略布局的重要意义。
4. 结合全国道德模范的先进事迹，谈谈大学生如何投身崇德向善的道德实践。

第五章 遵守道德规范 锤炼高尚品格

 **教学目标**

通过学习公共生活、职业生活、家庭生活和个人品德养成中的基本道德要求,帮助学生深刻认识道德在公共生活、职业生活、婚姻家庭生活和个人品德养成中的重要作用。树立自觉遵守社会公德,树立正确的职业道德,正确对待婚姻家庭问题,在现实社会实践中,养成良好的文明行为习惯,自觉遵守相关行为规范,不断提升个人的道德素养。

公共生活、职业生活与婚姻家庭生活,是人们社会生活的重要领域,也是个人品德形成的重要领域。大学生学习和掌握公共生活领域的道德规范,加强道德修养,注重道德实践,锤炼高尚品格,可以为应对和解决走向社会、立业成家等人生重大课题打下良好的基础。

一、社会公德

社会公德与公共生活密切相关,公共生活需要道德规范来约束和协调。自觉遵守公共生活中的道德规范,养成良好的行为习惯,是锤炼高尚品格的重要途径。

(一) 公共生活与公共秩序

一般而言,公共生活是相对于私人生活而言的,二者既相互区别,又相互联系。私人生活往往以家庭内部活动和个人活动为主要领域,具有一定的封闭性和隐秘性。在公共生活中,一个人的行为,必定与他人发生直接或间接的联系,具有鲜明的开放性和透明性,对他人和社会的影响更为直接和广泛。

当今世界,公共生活的领域更为广阔,公共生活的重要性更加凸显。现代交通工具的便捷快速,使以前难以想象的洲际交往成为普通的事情。现代传媒手段的普及和推广,信息技术、互联网的迅猛发展正在把地球变成一个"村落",人类公共生活进入了一个崭新的阶段。

当代公共生活的特征主要表现在四个方面:一是活动范围的广泛性。公共生活的场所和领域不断扩展、空间不断扩大,特别是网络使公共生活进一步扩展到虚拟世界。二是活动内容的开放性。公共生活是最普遍、最基本的社会生活,是由社会成员共同参与、共同创造的公共空间,它涉及的内容是开放的。三是交往对象的复杂性。随着科学技术的迅猛发展,人们在公共生活中的交往对象不再局限于熟识的人,而是进入公共场所的任何人,增加了人际交往信息的不对称性和行为后果的不可预期性,从而造成了交往对象的复杂性。四是活动方式的多样性。当代社会的发展使人们的生活方式发生了新的变化,也极大地丰富了人们公共生活的内容和方式。人们可以根据自身的需要及年龄、兴趣、职业、经济条件等因素,选择和变换参与公共生活的具体方式。公共场所的增加和公共设施的完善,也为公共生活内容和方式的丰富提供了良好的条件。

1. 公共生活需要公共秩序

秩序是由社会生活中的规范来制约和保障的。任何一个社会都有它的公共生活规范和要求。公共生活领域越扩大，对公共生活秩序的要求就越高。公共秩序是由一定规则维系的人们公共生活的一种有序化状态，如工作秩序、教学秩序、营业秩序、交通秩序、娱乐秩序、网络秩序等。在当代社会，维护公共秩序对经济社会健康发展的重要意义更加突出。

2. 有序的公共生活是社会生产活动的重要基础

在社会公共生活领域日益扩大的今天，生产活动与日常生活出现了越来越多的交叉重合现象，从而使公共秩序对社会生产活动产生了直接的影响。忽视公共生活领域的和谐与公共秩序的稳定，经济社会发展将会遭到干扰甚至破坏。

3. 有序的公共生活是促进社会和谐的重要条件

安定有序是社会治理水平的重要体现，也是促进社会和谐的必要条件。一个社会安定有序，本身就是不同利益群体各显其能、各得其所而又和谐相处的表现。如果人们在社会公共生活中随心所欲、各行其是，社会就会处于无序的混乱状态，社会和谐也就无从谈起。

4. 有序的公共生活是提高社会成员生活质量的基本保障

追求更高的生活质量是全体社会成员的共同要求。在温饱问题基本解决以后，人们会更加重视生活的品质和品位，更需要良好的社会风气和舒适的生活环境，这些都需要有序的公共生活来保障。

5. 有序的公共生活是社会文明的重要标志

人们在公共生活领域的秩序意识和文明程度，是社会文明发展的重要表现。如果公共生活中存在公德缺失、混乱无序的现象，必将损害公共生活秩序和社会文明风尚，进而影响整个社会的文明进步。

（二）公共生活中的道德规范

公共生活中的道德规范，即社会公德，是指人们在社会交往和公共生活中应该遵守的行为准则，是维护公共利益、公共秩序、社会和谐稳定的起码的道德要求，涵盖了人与人、人与社会、人与自然之间的关系。包括大学生在内的每一个社会成员，都应遵守以文明礼貌、助人为乐、爱护公物、保护环境、遵纪守法为主要内容的社会公德。

1. 文明礼貌

文明礼貌是调整和规范人际关系的行为准则，与我们每个人的日常生活密切相关。文明礼貌是路上相遇时的微笑，是与人相处时的尊重，是沟通感情的桥梁。它反映着一个人的道德修养，体现着一个民族的整体素质。大学生应当自觉讲文明、懂礼貌、守礼仪，塑造真诚待人、礼让宽容的良好形象。

2. 助人为乐

助人为乐是社会主义道德建设的核心和原则在公共生活领域的体现，也是社会主义人道主义的基本要求。我国自古就有"君子成人之美""为善最乐""博施济众"的优良传统，把帮助别人视为自己应做之事看作自己的快乐。大学生应当尽自己的努力帮助他人，积极参与公益事业，以力所能及的方式关心和关爱他人，并在对他人的关心和帮助中收获实现人生价值的快乐。

3. 爱护公物

对社会共同劳动成果的珍惜和爱护，既显示出个人的道德修养水平，也是每个公民应该承担的社会责任和义务。大学生要增强社会主人翁责任感，珍惜国家、集体财产，爱护公物,坚决同损害公共财产、破坏公物的行为做斗争。

4. 保护环境

生态环境保护是功在当代、利在千秋的事业。建设生态文明关系人民福祉,关系人民未来。从根本上说,它是对全人类的生存发展利益的维护,也是对子孙后代应尽的责任。大学生要身体力行,从小事做起,增强节约意识、环保意识、生态意识,带头宣传和践行环境道德要求,为留下天蓝、地绿、水清的生产生活环境,为建设美丽中国做出自己应有的贡献。

5. 遵纪守法

遵纪守法是社会公德最基本的要求,是维护公共生活秩序的重要条件。在社会生活中,每个社会成员既要遵守国家颁布的有关法律法规,也要遵守特定公共场所的有关规定。大学生应当全面了解公共生活领域中的各项法律法规,牢固树立法治观念,自觉遵纪守法。

公共生活与每个人都密切相关,每个人都应自觉遵守社会公德。大学生是宣传和践行社会公德的重要力量,更应该在遵守社会公德方面做出表率。

6. 认真学习社会公德规范

认真学习社会公共生活中的道德规范,是自觉遵守社会公德的前提和基础。大学生要通过学习明确社会公德规范的基本内涵、要求,在公共生活中自觉规范、调整自己的行为方式,以良好的风范和人格影响他人。

7. 自觉培养社会公德意识

一个具有社会公德的人,不仅要熟知社会公德规范,更要有自觉遵守、维护社会公德的意识。培养良好的社会公德意识,要在形成正确道德认知的基础上,增强社会责任感和使命感,养成履行社会公德的行为习惯。

8. 努力提高践行社会公德的能力

"勿以恶小而为之,勿以善小而不为。"社会公德需要在点点滴滴的日常小事中践行。大学生参与社会公德实践活动可以真切地体会到什么是符合社会公德规范的言行,什么是不符合社会公德规范的言行,从而在实践中不断提高自身的社会公德素养,并带动他人、影响他人。

(三) 网络生活中的道德要求

随着信息技术的迅猛发展,互联网开始构筑起一种全新的工作、学习和生活方式,成为重要的信息平台与交流工具。从本质上说,网络交往仍然是人与人的现实交往,网络生活也是人的真实生活,因而也必须遵守道德规范。网络生活中的道德要求,是人们在网络生活中为了维护正常的网络公共秩序而需要共同遵守的基本道德准则,是社会公德规范在网络空间的运用和扩展。大学生应当坚持文明上网,养成健康的上网习惯,成为净化网络空间的积极力量。

1. 正确使用网络工具

网络是一个内容庞杂、覆盖面广的信息共享平台,人们可以通过网络便利地浏览新闻、查询资料、下载数据。随着网络技术特别是无线网络的发展,网络工具从计算机等传统的固定终端,日益转为手机、平板电脑等新的移动终端。人们通过网络获取信息的方式更加便捷、渠道更加多样,大部分人特别是年轻人越来越依靠网络获取信息。但与此同时,网上也充斥着越来越多的虚假、低俗甚至反动、淫秽和暴力等信息内容,特别是一些有组织的网上恶意攻击和思想渗透行为,更是严重影响了网络生活秩序。大学生应当正确使用网络,提高对网络内容和信息的鉴别力,积极运用网络传播正能量,使网络成为开阔学习视野、提高学习能力的重要工具。

2. 健康进行网络交往

网络已成为人际交往的重要媒介和工具。QQ、飞信、微信、微博、陌陌等为人们提供了邮件收发、即时讯息、实时聊天、网上交友、网络购物等途径。大学生应通过网络开展健康有益的人际交往，积极参与网络文化的建设与管理，进行有利于个人身心健康和品德培养的网络交往。同时，要树立自我保护意识，不要轻易相信网友、与网友约会，避免受骗上当，避免给自己的人身和财产安全带来危害。

3. 自觉避免沉迷网络

适度上网对学习和生活是有益的，但长时间沉迷于网络对人的身心健康有极大损害。现实中存在着一些青少年上网成瘾、沉迷于网络不能自拔进而导致耽误学业甚至放弃学业的现象。沉迷于网络尤其是网络游戏，已成为近年来青少年刑事犯罪率升高的重要原因之一。大学生应当从自己的身心健康出发，合理安排上网时间，理性对待网络。

4. 养成网络自律精神

网络的虚拟性以及行为主体的隐匿性，不利于发挥社会舆论的监督作用，使道德规范所具有的外在约束力明显降低。在这种情况下，个体的道德自律成为维护网络道德规范的基本保障。大学生应当在网络生活中培养自律精神，做到自律而"不逾矩"，促进网络生活的健康与和谐。

近年来，互联网在成为信息传播和交流的便捷手段的同时，也成为不法分子实施违法犯罪活动的新型工具。我国已经出现了各种以互联网为工具的新型违法犯罪行为。为促进互联网的健康发展，维护国家安全和社会公共利益，保护个人、法人和其他组织的合法权益，我国出台了许多互联网管理的法律法规。大学生应当自觉学习和遵守有关互联网的法律规定，坚守法律法规底线、社会主义制度底线、国家利益底线、公民合法权益底线、社会公共秩序底线、道德风尚底线和信息真实性底线，这也是遵守网络道德的要求。

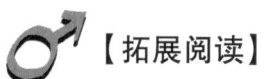

【拓展阅读】

"公共文明"标注社会成熟度

"中国人为什么会这样？"前段日子，一张中国游客罗浮宫前水池泡脚的照片，曾引来关于国人文明素养的热烈讨论。耐人寻味的是，当人们发现许多金发碧眼的游客也在同样行事，就有声音立即"再反思"：为什么外国人可以泡，中国人泡就要背上"低素质"的污名？

"别人可以，我为什么不行？"这样的提问方式，显示了国人个体意识、权利意识的觉醒。但放在罗浮宫的语境下，却少了些说服力：景观水池里泡脚，既有碍观瞻，也难言卫生，何况旁边还有禁止戏水的标牌。即便有一些"同道"，充其量证明别人和我都错了，而非我做得对。遇事只逞一己之愿，不求反躬自身，强调个人而忽略他人、强调自己而忽略社会，这样的思维方式，实乃阻碍国人提升公共意识、形塑公共文明的重要原因。

可叹的是，一些令人反感的陋习，往往被理解成与他人无关的个人选择，甚至被视为不可侵犯的"权利"。殊不知，走入公共场合，再彪悍的个人权利也有边界，绝非可以随心所欲、"我的地盘我做主"。大声说话固然是你的权利，但安静显然是更多人所需；开车打远光灯能看得更清，但对面来车也要有同样的视野。视恶习为权利，恰恰是弄反了权利的概念：权利不仅是"我可以"，更是作为"我"的他人也可以。只有认识到这一点，"人人相善其群"，才能涵养人们的公共意识。

公共意识的背后，是在现代化之路上困扰中国百余年的国民素质大考题。传统中国遭遇现代文明时，早有外国传教士写成《中国人的素质》一书，提出中国人缺乏公德、不守时间、不懂礼貌诸多弱点，更有前贤先哲痛心疾首于"国人的词典里没有公共精神"，痛定思痛于"为未来改造国民性"。遗憾的是，直到今天，我们还在为景观水池中泡脚争论、为颐和园绿地上小便辩护。当我们自豪地宣称"用100年走过了欧美国家300年的路"，也应该更深切地记住美国社会学家英格尔斯在《人的现代化》一书中的论断：国家的现代化，首先是国民的现代化。我们所追求的现代化，不应仅是经济现代化，更应当是现代文明秩序的构建。

"欲维新吾国，当维新吾民"，从梁启超到孙中山再到中国共产党，所有社会的进步力量，无不把"国民素质"作为发展的根本。正如梁启超所说，"苟有新民，何患无新制度，无新政府，无新国家"。而所谓"素质"，并不仅是会英语、会电脑的现代技能，更不是会穿衣、会玩乐的现代生活，而是价值尺度、思维方式、行为规则的"观念现代化"。处理个人和社会关系的公共意识，可说是最根本的现代公民意识。在个人之外，谨记还有社会；在私人领地之外，敬畏公共空间。当我们全力以赴孜孜于从传统社会向现代社会转型之际，不能忘了只有培育规则意识、提升文化追求、涵养公共精神，才能获得几代国人梦寐以求的"现代性"，重塑一个文明古国的时代尊严。

经过多年追赶，我们终于可以和世界"坐在一起喝咖啡"了。2012年，内地居民出境人数达到8300多万人次，而英国人口也不过6000多万，可说"凡有井水处，皆能闻汉语"。然而，如果只是抢购打折奢侈品、当世界的"金主"，得到的将只是"可以从后门进出做生意，但不要从前门进出用晚餐"的待遇。说到底，只有遵循现代文明的普遍性规则，才能更好地融入世界。如果我们留给世界的，只是夹塞排队的混乱，只是"中国人就餐区"的标牌，这样的文明形态不但不能"对人类有较大贡献"，或有可能面临"开除球籍"的危险。

鲁迅先生曾言："列国是务，其首在立人，人立而后凡事举。"在五千年中华迈向现代社会的关键节点，"立人"之要在于培育公共精神、涵养公共文明。公共文明的程度，标注着现代社会的成熟程度。只有公共意识这一观念的水位越来越高，曾让先贤们横眉冷对的"国民性"才会向"现代性"不断进发，走向复兴的"中国梦"也才能重塑一个民族的精神高地。

（选自《人民日报》2013年8月7日）

二、职业道德

职业生活是人类社会生活中最普遍、最基本的活动方式。随着现代社会分工的发展和专业化程度的提高，市场竞争日趋激烈，整个社会对从业人员职业观念、职业态度、职业纪律和职业作风的要求越来越高。职业生活中的道德规范，不仅对各行各业的从业者具有引导和约束作用，而且也是促进社会持续健康、有序发展的必要条件。

（一）职业生活中的道德规范

职业道德，是指从事一定职业的人在职业生活中应当遵循的具有职业特征的道德要求和行为准则，涵盖了从业人员与服务对象、职业与职工、职业与职业之间的关系。社会主义职业道德主要包括爱岗敬业、诚实守信、办事公道、服务群众、奉献社会等内容。

1. 爱岗敬业

爱岗敬业反映的是从业人员对待自己职业的一种态度，也是一种内在的道德需要。它体现的是从业者热爱自己的工作岗位、对工作极端负责、敬重自己所从事的职业的道德操守，是从业者对工作勤奋努力、恪尽职守的行为表现。爱岗敬业就是要干一行爱一行、爱一行钻一行，精益求精，尽职尽责。

2. 诚实守信

诚实守信既是做人的准则，也是对从业者的道德要求。它不仅是从业者步入职业殿堂的通行证，体现着从业者的道德操守和人格力量，也是在行业中扎根立足的基础。职业道德中的诚实守信，要求从业者在职业活动中诚实劳动、合法经营、信守承诺、讲求信誉。

3. 办事公道

以公道之心办事，是职业活动所必须遵守的道德要求。办事公道，就是要求从业人员做到公平、公正，不损公肥私，不以权谋私，不假公济私。在社会主义制度下，从业者之间以及从业者与服务对象之间都是平等的。他们的职业差别只是所从事的工作不同，而不是个人地位高低贵贱的象征。在职业生活中，无论对人对己都要出于公心，遵循道德和法律规范来处事待人。

4. 服务群众

为人民服务是社会主义道德建设的核心，各行各业的从业人员都要以服务群众为宗旨。在社会主义社会，每个人无论从事什么工作、能力如何，都应该在本职岗位上通过不同形式为群众服务。如果每一个从业人员都能自觉遵循服务群众的要求，社会就会形成人人都是服务者、人人又都是服务对象的良好秩序与和谐状态。

5. 奉献社会

奉献社会就是要求从业人员在自己的工作岗位上树立奉献社会的职业精神，兢兢业业地为社会和他人作贡献。这是社会主义职业道德中最高层次的要求，体现了社会主义职业道德的最高目标指向。爱岗敬业、诚实守信、办事公道、服务群众，都体现了奉献社会的精神。

（二）自觉遵守职业道德

职业生活是否顺利，是否成功，既取决于个人的专业知识和技能，更取决于个人的职业道德素质。人们在职业活动中的道德状况如何，直接关系着各行各业乃至整个社会的道德状况。大学生是青年人中的佼佼者，要深刻认识提高职业道德素质的重要性，注重这方面的修养和锻炼。

1. 学习职业道德规范

通过学习职业道德规范，明确职业活动的基本规范和目的，从而提高自己的职业认知能力、判断能力和正确的价值理念，对青年人来说尤为重要。大学是为择业、就业、创业准备知识、品德、能力的阶段。大学生应学习的职业道德知识是多方面的，既包括一般的职业道德知识，也包括特定行业的职业道德知识。同学们应当将职业道德修养纳入学习成才的规划中，进行有计划有目的的学习，为今后走上工作岗位打下良好的基础。

2. 提高职业道德意识

大学生要提高自己的职业道德素质，不应当停留在对道德知识的记忆和背诵的层面上，仅仅成为一个装载知识的容器，而应当将其内化为自身的素质，提高到自觉意识的层面。虽然大学生尚未正式进入职业领域，但是仍然可以在学习生活中找到提高职业道德意识的路径。长期以来，我国各行各业涌现了"铁人"王进喜、"宁肯一人脏、换来万家净"的时传祥、"新时代雷锋"徐虎等一大批职业道德模范，铸就了"爱岗敬业、争创一流、艰苦奋斗、勇于创新、淡泊名利、甘于奉献"的劳模精神。大学生应当以职业道德模范为榜样，培养积极进取、甘于奉献、服务社会的良好职业道德意识，为未来的职业生活做准备。

3. 提高践行职业道德的能力

大学不是与社会隔绝的象牙塔，而是通过多种渠道与社会紧密联系。在大学学习虽然不是一种职业，但是也可以通过勤工助学、兼职、实习等途径体验职业生活。许多青年志愿者走进西部、走进社区、走进农村，用知识和爱心为需要帮助的困难群众热情服务。他们在服务他人、奉献社会中收获了成长和进步，也为将来顺利走向工作岗位积累了实践经验。大学生应当积极利用各种机会开展社会实践，多参与社会志愿服务活动，使自己学到的知识在服务社会的过程中得到升华和提高。

【典型案例】

王顺友，四川省凉山彝族自治州木里藏族自治县邮政局的一个普通的苗族乡邮员，1984年参加工作至今，一直从事木里县城至白碉乡、三桷桠乡和倮波乡的马班邮路投递工作，往返里程584公里，月投递2班，一个班期为14天。邮路上高山气候恶劣，空气稀薄，道路险恶，行走困难，经常还会遇到冰雹、飞石和野兽的袭击，一个人行走异常危险。面对这绝无仅有的困苦，王顺友以顽强的意志战胜了孤独寂寞和艰难险阻，每年投递报纸8400多份、杂志330多份、函件840多份、包裹600多件，为大山深处各族群众架起了一座"绿色桥梁"。正如他自己所说："搞好本职工作是我的责任，再大的苦也要忍了，不能给党丢脸。"

 点评：

王顺友几十年如一日，在大山深处默默奉献，他的事迹体现了在职业活动中尽职尽责、兢兢业业、忠于职守的爱岗敬业、服务群众、奉献社会等高尚的职业道德境界。王顺友的感人之处，在于把岗位工作做到了极致，把责任放在了心上，把人生锁定在奉献上，他用自己真实的行动谱写了一曲非凡融于平凡的动人之歌。每一位从业者都应该学习王顺友热爱本职工作，从平凡小事做起，从具体工作做起，让平凡的岗位散发出耀眼的光芒。

三、家庭美德

事业成功，往往与美好的爱情和美满的婚姻家庭密切相关。树立正确的婚姻观，遵守相关的道德和法律规范，处理好复杂的感情和人际关系，有利于大学生的健康成长、顺利成才。

（一）婚姻家庭中的道德规范

婚姻和家庭是两个既密切相关又具有明显区别的概念。婚姻是指由法律所确认的男女两性的结合以及由此而产生的夫妻关系。家庭是指在婚姻关系、血缘关系或收养关系基础上产生的亲属之间所构成的社会生活单位。婚姻是家庭产生的重要前提，家庭又是缔结婚姻的必然结果。婚姻的成功体现为家庭的幸福，家庭的美满又彰显出婚姻的意义。婚姻家庭关系是特定的人与人之间的特殊关系，具有自然属性和社会属性。婚姻家庭的自然属性，是婚姻家庭赖以形成的自然因素，体现了某些自然规律对婚姻家庭所起的制约和影响作用，如自然选择规律排斥近亲结婚。婚姻家庭的社会属性，是婚姻家庭的本质属性。婚姻家庭的产生、形成和发展都取决于社会生产和社会生活的客观需要，并受到上层建筑诸因素的制约和影响，从而使其依存于一定的社会结构，具有特定的社会性质。由此可见，自然属性是婚姻家庭得以形成和发展的前提条件，社会属性是婚姻家庭的本质所在。

家庭美德是调节家庭内部成员以及与家庭生活密切相关的人际关系的行为规范，是每个人在家庭生活中应该遵循的行为准则。家庭美德以尊老爱幼、男女平等、夫妻和睦、勤俭持家、邻里团结为主要内容，在维系和谐美满的婚姻家庭关系中具有重要而独特的功能。

1. 尊老爱幼

"老吾老以及人之老，幼吾幼以及人之幼"，这句在我国世代相传的道德格言说明尊老爱幼的观念自古就深入人心。老年人对社会做出了贡献，又为抚养和教育晚辈付出了心血，当他们年老体弱时，理应得到社会、子女及家庭成员的尊重与回报。要让所有老年人都能老有所养、老有所依、老有所乐、老有所安。子女要尊敬、关心、体贴父母及长辈，自觉履行孝敬和赡养老人的法律责任和道德义务，让老年人生活得安心、静心、舒心，能够健康长寿、安享幸福晚年。儿童是国家和民族的未来，是社会和家庭的希望，在他们还不能自食其力时，需要得到成年人在物质和精神上的照顾与培育。在我国社会中，强调尊老爱幼具有很强的针对性，对于解决日趋凸显的老龄化问题和独生子女的培育问题具有重要的意义。要保护老人、儿童的合法权益，坚决反对虐待、遗弃老人和儿童的行为。

2. 男女平等

男女平等是我国的基本国策，是我国重要的法律原则和道德规范。家庭生活中的男女平等既表现为夫妻权利和义务上的平等、人格地位上的平等，又表现为平等地对待自己的子女。夫妻关系上的男尊女卑，子女问题上的重男轻女，都是在传统宗法社会中形成的落后道德观念。在社会主义社会，男女平等不仅体现在社会关系中，也体现在家庭关系中。家庭关系中的男女平等主要是人格平等，是权利和义务的平等。坚持男女平等，特别要尊重和保护妇女的合法权益，反对歧视和迫害妇女的行为。

3. 夫妻和睦

夫妻是家庭的主要成员，夫妻关系是家庭关系的核心。中国历来用"相敬如宾""琴瑟和谐"，以及"比翼鸟""连理枝"等来比喻和形容夫妻之间的和睦关系。在封建社会中，夫妻和睦往往体现为妻子对丈夫的绝对依从。"三从四德"等陈腐的封建道德信条，严重伤害了妇女的身心。今天所强调的夫妻和睦，是在男女平等基础上的互敬互爱、互助互让。

4. 勤俭持家

勤俭是家庭兴旺的保证，也是社会富足的保证。常言道："勤是摇钱树，俭是聚宝盆，奢懒败家门。"勤俭持家既要勤劳致富，也要量入为出。经济条件差的同学应当勤俭以励志，经济条件好的同学也应当勤俭以养德。大学生要尊重父母劳动所得，体谅父母的辛苦操劳，在日常生活中注意节俭，尽量减轻父母和家庭的生活负担，这就是对父母和家庭最实际的贡献。同学们应当比品德、比学习、比情趣，而不能超前消费、攀比消费和负债消费，更不能向父母提出超出正常需要或超出家庭经济负担能力的不合理要求。

5. 邻里团结

邻里关系处理得好，可互为助手，互为依靠，得"远亲不如近邻"之利；邻里关系处理不好，矛盾丛生，纠纷不断，则会受"恶邻相向"之害。搞好邻里团结重要的是相互尊重，尊重对方的人格、民族习惯、生活方式、兴趣爱好等，做到互谅互让，互帮互助，宽以待人，团结友爱。邻里之间长期相处，有时会产生误会和矛盾。要本着互谅互让的原则，无理者主动认错，得理者宽以让人，努力化解矛盾纠纷，增进邻里感情。不能以财欺人、以势压人。

（二）弘扬家庭美德

家庭是社会的基本细胞，是人生的第一所学校。每个人都应该自觉遵守家庭美德，重视家庭、注重家教、注重家风，促进家庭生活的和谐与幸福。

1. 认识家庭美德的重要性

中华民族自古以来就重视家庭、重视亲情。天伦之乐、尊老爱幼、贤妻良母、相夫教子、勤俭持家等，都体现了中国人的这种观念。"家和万事兴，家齐国安宁。"实现中华民族伟大复兴的中国梦，离不开千千万万"家和"的力量，离不开许许多多"最美家庭"的滋养。不论时代发生多大变化，不论生活格局发生多大变化，都要重视家庭建设，发扬光大中华民族传统家庭美德，促进家庭和睦，促进亲人相亲相爱，使千千万万个家庭成为国家发展、民族进步、社会和谐的重要基点。

2. 营造良好家风

家风是指一个家庭或家族的传统风尚或作风。良好的家风，对家庭成员的个人修养、品德操守等产生重要而积极的作用，家风不正，家庭成员的个人品行也容易出问题。家教是实现家庭美德与家风互动的中介环节，要通过注重家教来推动良好家风的传承和落实。现实中出现的拜金主义、溺爱子女、家庭暴力、漠视老人等问题，从反面证实了家风家教的重要性。良好的家风对整个社会的风尚有重要影响。如果每个家庭都风清气正，社会风气自然会得到改善，也会相应地"正"起来。

3. 遵守婚姻家庭法律规范

婚姻家庭关系不仅需要道德来维系，也需要法律来调整，遵守婚姻家庭生活中的法律规范是自觉遵守家庭美德的集中体现。遵守婚姻家庭法律规范，要在家庭生活中遵守婚姻自由、一夫一妻、男女平等，保护妇女、老人和儿童的合法权益，夫妻互相忠实、互相尊重，家庭成员间敬老爱幼、互相帮助等基本原则。

大学生走进大学，离开养育自己的父母，开始自己的独立生活，应该在学习成长过程中深刻地体会对婚姻和家庭所应承担的责任和义务，自觉做家庭美德的倡导者和践行者。

四、个人品德

个人品德在社会道德建设中具有基础性作用。在现实生活中，社会公德、职业道德和家庭美德的状况，最终都是以每个社会成员的道德品质为基础的。社会公德、职业道德和家庭美德建设，最终都要落实到个人品德的养成上。

（一）个人品德及其作用

个人品德是通过社会道德教育和个人自觉的道德修养所形成的稳定的心理状态和行为习惯。它是个体对某种道德要求认同和践履的结果，集中体现了道德认知、道德情感、道德意志和道德行为的内在统一。尽管在不同的历史阶段，个人所受道德教育的内容和道德践履的方式有所不同，个人品德的内涵也会有一定的差别。但是，在社会历史的发展过程中，忠诚、无私、仁爱、勤奋、勇敢、诚信、知耻、节制等一般被看成个人应当具备的美德。

个人品德具有鲜明的特点：其一，实践性。个人品德不是个人的某种先天禀赋，而是个人在实践中内化锤炼社会道德要求而形成的一种特殊品性；不是一种单纯的道德意识现象，而是在社会生活中表现出来的一种行为方式。其二，综合性。个人品德不是某种道德要素的表现，而是个人的道德认知、道德情感、道德意志、道德行为的综合体现；不是个别的具体行为，而是个人行为的统一整体。其三，稳定性。个人品德不是偶然的、短暂的道德行为现象，而是在实践活动中表现出来的行为的稳定倾向。在现实生活中，个人品德的作用主要表现为三个方面：其一，个人品德对道德和法律作用的发挥具有重要的推动作用。社会道德和法律要求只有内化为个人品德，才能成为现实的规范力量。同时，个人品德提升的过程也是能动地作用于社会道德和法律的过程，它能够为社会道德和法律的发展进步创造条件、提供动力。其二，个人品德是个人实现自我完善的内在根据。个人在行为过程中整合行为动机、确定行为目标、自觉调控行为过程等都是个人品德功能和作用的体现。其三，个人品德是经济社会发展进程中重要的主体精神力量。作为劳动主体的人，是经济社会发展的核心动力，而个人品德是决定人的综合素质的核心要素。

（二）加强个人道德修养

道德修养是指个人在道德意识、道德行为方面，自觉地按照一定社会或阶级的道德要求所进行的自我审度、自我教育和自我完善的活动。个人品德的养成既要加强个人道德修养的自觉性，采取正确有效的道德修养方法，也要积极参加社会实践。

1. 提高个人道德修养的自觉性

一个人的道德品质体现在他的世界观、人生观、价值观上，也体现在工作、生活和社会交往上，体现在一言一行上。现实社会中总是存在着两种或多种对立道德体系或观念的冲突和斗争，这些冲突和斗争必然会反映到个人的内心世界。道德修养的实质，就是在这些道德观念的冲突中，自己跟自己"打官司"，在自己的头脑中进行不同道德观念之间的选择。道德修养有助于正确解决社会道德要求与个人选择能力和践行能力之间的矛盾，解决自己内在思想品质中新旧道德观念之间的矛盾，培养高尚的道德品质，保持昂扬奋发的精神状态，适应社会进步和个人完善的需要。高度的自觉性是道德修养的一个内在要求和重要特征。大学生要按以下要求来努力提高道德修养的自觉性：首先，应有进行道德修养的强烈动机，这样才能满腔热情自觉自愿地去学习、思考和体验，从而提升道德修养的境界；其次，应积极主动地进行自我教育、自我约束、自我激励，坚忍不拔、脚踏实地、持之以恒地进行道德修养；最后，应正确地认识和评价自己，发扬优点，克服不足。

2. 采取有效的道德修养方法

个人加强道德修养，应借鉴历史上思想家们所提出的各种积极有效的道德修养方法，并结合当今社会发展的需要和当代人道德修养的实践经验，身体力行。其一，学思并重的方法，即通过虚心学习，积极思索，辨别善恶，学善戒恶，以涵养良好的德行；其二，省察克治的方法，即通过反省检验以发现和找出自己思想与行为中的不良倾向、不良念头，并及时抑制和克服；其三，慎独自律的方法，即在无人知晓、没有外在监督的情况下，坚守自己的道德信念，自觉按道德要求行事，不因为无人监督而恣意妄为；其四，积善成德的方法，即通过积累善行或美德，使之巩固强化，以逐渐凝结成优良的品德。同学们如果按照这些方法去进行道德修养，并长期坚持下去，就能使自己不断进步、不断完善，从而达到较高的道德境界，成为品德高尚的人。

3. 积极参加社会实践

道德修养并不是脱离实际的闭门思过，而是人们联系社会实践在道德上的自我反省和自我升华，即把提高道德认识与躬行道德实践统一起来，以促进道德要求内化为个人的道德品质，外化为实际的道德行为。因此，道德修养要与人们改造客观世界和主观世界的实践活动相联系，与人们具体的道德行为相联系，与人们的全部道德实践过程相联系。不参加社会实践，不在社会实践中努力提高道德修养的自觉性和主动性，就不可能培养出优良的道德品质和高尚的道德人格。大学生积极参加社会实践，一是要主动进行社会调查，了解社会，认识社会，正确地看待社会；二是要积极参与各种公益活动、生产劳动、发明创造等社会实践，不断陶冶道德情操，提升道德境界，为将来适应社会的需要创造条件。

（三）追求崇高道德境界

道德境界是体现个人道德品质高低的一个概念，通常指的是人们通过道德教育和道德修养在道德认识、道德情操、道德意志、道德信念和道德行为等方面所达到的程度和水平。个人道德品质有差异，所达到的道德境界也有差别。中华民族自古以来就非常重视对个人道德境界的引领，鼓励人们重操守、讲气节、立风范、求境界，不苟且偷生、不碌碌无为，形成了向往和追求讲道德、尊道德、守道德的生活信念，集聚起了向上的力量、向善的力量，涌现出了无数圣贤君子、志士仁人。中华文明能够薪火相传、命脉永续，离不开强大的道德力量的支撑。追求崇高的道德境界，是包括大学生在内的每个人都应该树立的人生目标。

1. 自觉远离低级趣味，抵制歪风邪气

"名节如璧不可污。"趣味是与人的品德、操守、作为联系在一起的。一个趣味高雅的人，才可能变得高尚、纯粹、有道德，才可能有益于社会和他人。如果情趣低俗、沉溺于玩乐奢靡就很容易销蚀一个人的理想、信念和进取心，变得精神空虚、意志消沉、思想颓废、行为猥琐、生活奢靡甚至道德败坏。我们绝不能把腐朽的东西当新潮，把落后的东西当时尚，放任低级趣味的滋长。同学们要把更多的时间用在勤奋学习、补充知识上，用在加强道德修养、提升人生品位上，做到洁身自好，严于律己，这样才能使自己的人生境界不断得到提升。

2. 脚踏实地，敢于担当

追求崇高人生境界是一个改造主观世界的过程，更是一个改造客观世界的过程。提高人生境界，归根结底要通过脚踏实地的工作来实现。大学生正处于人生发展的关键时期，在人生追求上一方面不能好高骛远、脱离实际，不能止于想而疏于做。担当是一种不辱使命的精神气概，是一种催人奋进的精神力量。大学生要体现出担当意识和担当精神，发挥青年人的示范带动作用。在现实生活中，有的人大公无私，有的人先公后私，有的人公私兼顾，有的人自私自利，我们应该"见贤思齐焉，见不贤而内自省也"，树立责任意识和担当意识，而绝不能放低对自己的要求，不能随大流，更不能甘于落后。

3. 持之以恒，善始善终

"不矜细行，终累大德。"加强道德修养、提升精神境界不可能一蹴而就，更不可能一劳永逸。我们必须时时处处严格要求自己，检讨自己，修正自己，提高自己，持之以恒、坚持不懈，防微杜渐、善始善终，以坚如磐石的意志和信念追求崇高的道德境界，成就人生的辉煌。

第五章 遵守道德规范 锤炼高尚品格

中国留学生的遭遇

一位留学德国名牌大学的中国学生，获得了博士学位，专业是热门的计算机软件设计，却在德国找不到工作。他每到一个企业应聘，人家看了他的材料都很满意，但是一打开电脑查询他的信用记录，马上表示"很遗憾，我们不能用您"。原来，这位博士生有三次坐车"逃票"记录，他初到德国时，因经济紧张，时常坐车"逃票"，反正德国的公交车也不查票，只是偶尔有稽查员上车检查，被查到的概率很小。可是很不巧，他还真被查到了，人家也没怎么样他，补交票款后，只是看了看他的证件，记下号码。

当他质疑招聘单位为什么不录用他时，下面的一段对话就很令人玩味了。

"先生，我们并不是歧视你，相反，我们很重视你。因为公司一直在开发中国市场，我们需要一些优秀的本土人才来协助我们完成这个工作。所以你一来求职的时候，我们对你的教育背景和学术水平很感兴趣，老实说，从工作能力上，你就是我们所要找的人。"

"那为什么要拒绝我？"

"因为我们查了你的信用记录，发现你有3次乘公车逃票被处罚的记录。"

"我不否认这个。但谁会相信，你们就为这点小事而放弃一个自己急需的人才？"

"小事？我们并不认为这是小事。我们注意到你第一次逃票是在你来到这里后的第一个星期，检查人员相信了你的解释，因为你说自己还不熟悉自助售票系统，因此只是给你补了票。但在这之后，你又两次逃票。"

"那时刚好我口袋中没有零钱。"

"不，先生，我不同意你的这种解释，你在怀疑我的智商。我相信在被查获前，你可能有数百次逃票的经历。"

"那也罪不至死吧？干吗那么较真？我以后改还不行？"

"不，先生。此事证明了两点：一是你不尊重规则，不仅如此，你还长于发现规则中的漏洞并恶意使用；二是你不值得信任，而我们公司的许多工作的进行是必须依靠信任进行的，如果你负责了某个地区的市场开发，公司将赋予你许多职权。为了节约成本，我们没有办法设置复杂的监督机构，正如我们的公共交通系统一样。所以我们没有办法雇佣你，可以确切地说，在这个国家甚至整个欧盟，你可能都找不到雇佣你的公司，因为没人会冒这个险。"

有句话说：修养是人的第二身份，人们以此来判断一个人。"人无信不立"，"人而无信，不知其可也"。诚信是中华民族优秀文化传统的精髓，诚信做人，踏实做事，是社会正在倡导的良好的道德风尚。诚信是一个人安身立命、为人处世应当遵循的基本准则。为人处事要坚持原则，讲诚信，守信用。在言与行的关系问题上要表里如一、言行一致、实实在在，不能说一套做一套。诚信是大学生进入社会的"通行证"，大学生只有树立"坦诚第一，以诚待人"的信用意识和道德观念，"以诚实守信为荣、以见利忘义为耻"，才能成为

79

高素质的人才，承担起社会责任和历史使命。

❓ 学习思考

1. 联系实际谈谈大学生应当如何自觉遵守社会公德。
2. 大学生应该如何自觉遵守职业道德？
3. 大学生如何弘扬家庭美德？
4. 联系实际谈谈大学生应如何加强个人道德修养。

第六章 学习法律知识 建设法治体系

 **教学目标**

通过教学，使学生了解法律的概念及历史发展，认识社会主义法律的特征、作用、运行，把握中国特色社会主义法律体系的意义及内容，引导大学生领会社会主义法律精神，不断增强维护法律尊严的自觉性和责任感。

法治是现代文明的制度基石。法治兴则国家兴，法治强则国家强。实现法治中国梦，离不开每个公民的参与和推动。大学生要在中小学法律常识学习的基础上，进一步学习法律知识和法治理论，提升法律素质，正确认识社会主义法律的本质特征和重要作用，从整体上把握中国特色社会主义法治体系，不断增强建设社会主义法治国家的责任感和使命感。

一、法律的概念及发展

法律作为一种特殊的社会规范，是在人类进入阶级社会以后出现并不断发展的。了解法律的词源和含义，理解法律的特征和种类，有助于正确认识法律的发展规律和时代价值，为形成科学的法治观念奠定基础。

（一）法律的词源与含义

在中国传统文化中，法律富含着公平如水、正义神圣的深刻意蕴，寄托着惩恶扬善、匡扶正义的价值追求。据我国第一部文字工具书《说文解字》考证，汉语中"法"的古体是"灋"。"灋，刑也，平之如水，从水；廌，所以触不直者去之，从去。"在古代，"法"主要表现为"刑"或"刑律"。古代的"刑"既有刑戮、罚罪之意，也有规范之意。"廌"也称"獬豸"，是神话中的独角兽，它公正不阿，善断是非曲直。据说，我国的司法鼻祖皋陶就用它来裁判诉讼案件，被獬豸用独角顶触的一方则败诉或有罪。

在古代文献中，"法"除与"刑"通用外，也往往与"律"通用。据《尔雅·释诂》记载，在秦汉时期，"法"与"律"二字已同义，都有常规、均布、划一的意思。《唐律疏议》更明确指出："法亦律也，故谓之为律"，战国李悝"集诸国刑典，造《法经》六篇……商鞅传授，改法为律"。"法律"作为独立合成词，在古代文献中只偶尔出现过，近现代才成为主要用法。清末以来，"法"与"法律"常常并用，如有人问你"懂不懂法"，实际上等于问你"懂不懂法律"。

就我国现行法律而论，"法律"一词有广义和狭义两种用法。广义的法律是指法律的整体，主要包括宪法，全国人民代表大会及其常务委员会制定的法律，国务院制定的行政法规，中央军事委员会制定的军事法规，地方国家权力机关制定的地方性法规，民族自治地方人民代表大会制定的自治条例和单行条例，以及国务院部门规章和地方政府规章等。狭义的法律仅指全国人民代表大会及其常务委员会制定的法律。在社会生活中，人们所讲的法律通常是指广义的法律。

根据我国法学界通说，法律是由国家制定或认可并依靠国家强制力保证实施的，反映由特定社会物质生活条件所决定的统治阶级意志，规定权利和义务，以确认、保护和发展有利于统治阶级的社会关系和社会秩序为目的的行为规范体系。

（二）法律的本质与特征

1. 法律的本质

马克思主义认为，法律是统治阶级意志的体现。在阶级社会中，法律体现的是统治阶级的整体意志，不是统治阶级内部个别人的意志。法律保护的是统治阶级的整体利益，所以统治阶级也必须遵守法律。

法律体现的是上升为国家意志的统治阶级意志，即通过国家立法的形式所体现的意志。它不是统治阶级意志的全部，统治阶级的意志还通过政策、道德等形式来体现。

法律是由特定社会的物质生活条件决定的。社会物质生活条件是指与人类生存相关的物质资料的生产方式、地理环境和人口等。其中，生产方式是决定法律的本质、内容和发展方向的根本因素。有什么样的生产方式，就有什么性质和内容的法律。

2. 法律的特征

法律是调整社会关系的行为规范。法律是通过规范人们的行为来调整社会关系的。但法律只调整一部分重要的社会关系，并不会规范人们所有的行为，因而不会对所有的社会关系都进行调整。

特征一：法律是由国家创制并保证实施的行为规范。法律与道德规范、宗教规范、风俗习惯等其他社会规范的区别主要有两点：一是由国家制定或认可，即国家机关在法定的职权范围内依照法律程序，制定、补充、修改、废止规范性法律文件，或赋予某些既存社会规范或判例以法律效力；二是由国家保证实施，即具有国家强制性。这种强制性，既表现为国家对违法行为的否定和制裁，也表现为国家对合法行为的肯定和保护。

特征二：法律是规定权利和义务的行为规范。法律规定人们享有哪些权利、承担哪些义务，告诉人们可以做什么、应当做什么、必须做什么和不能做什么以及违反法律的后果。法律规定的权利受到侵犯时，受害人有权寻求法律保护和救济。法律规定的义务必须依法履行。道德规范、宗教规范、风俗习惯等其他规范中的权利义务一般不具有这一属性。

（三）法律的产生与发展

法律不是从来就有的，也不是永恒存在的。它随着私有制、阶级和国家的产生而产生，也将随着私有制、阶级和国家的消亡而消亡。按照经济基础决定上层建筑的历史唯物主义原理，法律制度的基本内容和性质总是与其所在社会的生产关系相适应的。因此，除原始社会没有法律外，法律发展史上也相应地先后产生过奴隶制法律、封建制法律、资本主义法律和社会主义法律。奴隶制法律是奴隶主阶级专政的国家意志的表现，是奴隶主阶级对广大奴隶实行统治的工具。奴隶制法律通常采用最极端的经济剥削和政治压迫的方式，其主要特征有：一是具有明显的原始习惯残留痕迹；二是否认奴隶的法律人格；三是刑罚方式极其残酷；四是确认自由民之间的等级划分。封建制法律是封建地主阶级意志的体现，是统治农民阶级的工具，维护封建地主阶级的共同利益。封建制法律的基本特征有：一是确立农民阶级对封建地主的人身依附关系；二是实行封建等级制度；三是维护专制皇权；四是刑罚严酷、野蛮。资本主义法律是资产阶级共同意志的体现，是统治工人阶级和其他劳动人民的工具，其根本任务是维护资产阶级的政治、经济和社会秩序。资本主义法律的基本特征主要体现为四个原则：一是与资本主义私有制相适应的私有财产神圣不可侵犯原则，二是与资本主义市场经济相适应的契约自由原则，三是与资本主义民主政治相适应的法律面前人人平等原则，四是与资产阶级人道主义相适应的人权保障原则。社会主义法律是人类历史上唯一以公有制为基础的新型法律，以消灭阶级剥削、消除两极分化、实现共同富裕为历史使命和价值追求。在社会主义公有制的基础上全体劳动者或部分劳动者共同占有生产资料，以劳动者的劳动作为个人收入分配的基本尺度，既承认差别，又反对因收入差距过大而导致的贫富悬殊，确保社会生产所创造的生产成果（包括剩余产品）归劳动者共同占有和支配，并通过解放生产力和发展生产力来推动社会物质财富和精神财富的日益丰富，从而实现人的全面发展和全体社会成员的共同富裕。社会主义法律是以社会主义生产关系为经济基础而建立起来的上层建筑，是社会主义生产关系本质要求的反映和表现，为实现普遍意义的平等、自由奠定了坚实的基础，开辟了广阔的空间，实现了对历史上各种类型法律制度的超越。社会主义法律是新型的法律制度，有着与以往剥削阶级类型法律制度不同的经济基础与阶级本质。

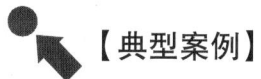

【典型案例】

复旦投毒案

2013年4月16日，上海，2010级硕士研究生黄洋同学经抢救无效死亡。黄洋的突然离世，令与他同专业的同学难以置信。黄洋是四川自贡人，家境贫寒，但个人非常努力，成绩也很优异。他是为了给母亲治病，才立志学医的。平时在班级里，他勤奋好学，多次获得学校奖学金。据了解，她母亲的手术费都来自他的奖学金。在他喝到有毒的水时，感觉到异样特意倒掉了原有的水并清洗了饮水机，以防同室其他同学喝到。这也引发了网友关于"误杀"的猜测。经警方查明，林某因生活琐事与黄某关系不和、心存不满，经事先预谋，3月31日中午，将其做实验后剩余并存放在实验室内的剧毒化合物带至寝室，注入饮水机水槽。4月1日晨，黄某饮用饮水机中的水后出现中毒症状，后经医院救治无效于4月16日下午去世。

上海市人民检察院第二分院对林森浩涉嫌以投毒方式故意杀人提起公诉，上海市第二中级人民法院于2013年10月30日受理该案。2014年2月18日，上海市第二中级人民法院一审宣判：被告人林森浩犯故意杀人罪，判处死刑，剥夺政治权利终身。2015年1月8日，上海市高级人民法院做出二审裁定，驳回上诉，维持原判，并依法报请最高人民法院核准。2015年12月8日，最高人民法院依法核准死刑。2015年12月11日，"复旦大学投毒案"的罪犯林森浩被依法执行死刑。

大学生既要具备良好的思想道德素质，也应具备相应的法律素质。树立"以遵纪守法为荣，以违法乱纪为耻"的观念。学习和掌握法律知识，增强法律意识，提高运用法律的能力，是培养大学生法律素质的基本内容。

二、我国社会主义法律

我国的法律属于社会主义法律，即中国特色社会主义法律。它是党的主张和人民共同意志的体现，是维护人民利益和公民权利的法律武器，是国家机关、社会组织和全体公民的活动规则和行为准绳。学习社会主义法律，要准确把握社会主义法律的本质特征，正确认识社会主义法律的重要作用，全面了解我国社会主义法律的运行机制。

（一）社会主义法律的特征

我国社会主义法律制度，是在继承新民主主义革命时期法律制度的基础上，在新中国成立后随着社会主义建设的不断发展而确立的。改革开放后，党和国家把社会主义法制建设摆在极其重要的位置，我国社会主义法制建设进入了前所未有的快速发展时期。截至2014年年底，我国已经制定现行宪法和有效法律240多件、行政法规730多件、地方性法规8500多件、自治条例和单行条例800多件，中国特色社会主义法律体系已经形成，我国在政治、经济、文化、社会生活各个方面实现了有法可依。

1. 我国社会主义法律的本质特征

从体现的意志看，我国社会主义法律是党的主张和人民共同意志的体现，是阶级性与人民性的统一。我国是中国共产党领导的人民民主专政的社会主义国家，人民是国家的主人，制定法律的权力属于人民。社会主义法律体现党的主张和人民的共同意志，维护人民的共同利益，巩固中国共产党的执政地位。在我国，剥削阶级作为阶级已经消灭，因此，社会主义法律体现了阶级性与人民性的统一。

从实质内容看，我国社会主义法律是社会历史发展规律、自然规律的反映，是科学性和先进性的统一。社会主义法律维护的是全体人民的共同利益，其具体内容是随着经济社会的发展而调整完善的，也是与历史发展的基本方向一致的。因此，社会主义法律能够反映人民的共同期盼，遵循社会发展规律，具有科学性和先进性。我国社会主义法律的科学性和先进性主要体现在三个方面：一是坚持以辩证唯物主义和历史唯物主义的世界观、方法论以及中国特色社会主义法治理论为指导；二是善于借鉴我国传统法律和外国法律的成功经验；三是立法体制、立法程序和立法技术能适应时代发展而不断改革与创新，确保立法的质量和水平。

2. 中国特色社会主义法律体系的特征

中国特色社会主义法律体系，是中国特色社会主义制度和中国特色社会主义法治体系的重要组成部分，具有十分鲜明的特征。

（1）体现了中国特色社会主义的本质要求。中国特色社会主义法律体系所包括的全部法律规范、所确立的各项法律制度，其目的就是要坚持中国共产党的领导，巩固和发展社会主义制度，保障人民当家做主，尊重和保障人权，始终将最广大人民的根本利益作为根本出发点和落脚点。

（2）体现了改革开放和社会主义现代化建设的时代要求。当代中国最鲜明的特点是改革开放。我国已进入协调推进"四个全面"战略布局的新时期，对科学立法提出了更高的要求。中国特色社会主义法律体系与改革开放相伴而生、相伴而行、相互促进，是动态的、开放的、发展的，而不是静止的、封闭的、固定的，具有稳定性与变动性、阶段性与连续性、现实性与前瞻性相统一的特点，既反映和肯定了改革开放和现代化建设的成功做法，又为改革开放和现代化建设的进一步发展预留了空间。

（3）体现了结构内在统一而又多层次的国情要求。我国是统一的多民族的单一制国家，由于历史和自然的原因，各地经济社会发展很不平衡。这就决定了中国特色社会主义法律体系必须以宪法为统帅，由法律、行政法规、地方性法规等多个层次的法律规范构成，共同组成一个科学和谐的统一整体。

（4）体现了继承中国法制文化优秀传统和借鉴人类法制文明成果的文化要求。中国特色社会主义法律体系的形成，始终从我国国情出发，坚持将传承历史传统、借鉴人类文明成果和立足本土进行制度创新有机结合起来，使我国的法律体系既符合我国国情和实际，又顺应当代世界法治文明时代潮流。这个体系具有很强的包容性和开放性，充分体现了独特的法律文化特征。

（5）体现了动态、开放、与时俱进的发展要求。一个国家的法律体系通常是对这个国家一定历史发展阶段现状的反映。随着经济社会的发展，法律体系需要不断丰富、完善、创新。中国处于并将长期处于社会主义初级阶段，整个国家还处于体制改革和社会转型时期，社会主义制度还需要不断自我完善和发展，这就决定了中国特色社会主义法律体系必然具有稳定性与变动性、阶段性与连续性、现实性与前瞻性相统一的特点，决定了中国特色社会主义法律体系必然是动态的、开放的、发展的，而不是静止的、封闭的、固定的，必将伴随中国经济社会发展和法治国家建设的实践而不断发展完善。

（二）社会主义法律的作用

法律的作用是指法律对人的行为和社会关系所产生的影响。法律的作用是历史的，与法律所反映的经济基础和阶级本质紧密相连。任何法律都要维护统治阶级的根本利益和核心价值，为统治阶级服务。我国社会主义法律反映了社会主义初级阶段的特点，其最重要的作用表现为确立和维护社会主义的政治制度、经济制度、社会秩序以及推动社会改革与进步。此外，社会主义法律和其他法律一样，还有指引、预测、评价、教育、强制等重要作用。

1. 指引作用

法律的指引作用是引导人们选择合法的行为、约束非法的行为，主要是通过授权性规范、禁止性规范和义务性规范实现的。授权性规范指引人们可以做什么或者有权做什么；禁止性规范指引人们不得做什么；义务性规范指引人们应当或者必须做什么。

2. 预测作用

法律通过对某种行为做出肯定或否定的判断，使人们能够预见自己行为的性质和后果，从而自觉地实施合法的行为，预防和减少违法犯罪行为。

评价作用。法律具有评价行为法律意义的作用。自然人、法人和其他社会组织实施的行为，可以根据法律做出合法与非法、正当与不当的评价。法律的评价作用能够向社会昭示法律崇尚什么、贬斥什么，鼓励什么、禁止什么，从而影响法律主体的行为。

3. 教育作用

法律的教育作用主要有三种实现方式：一是通过法治宣传教育，引导人们尊法学法守法用法，树立对社会主义法律的信仰；二是通过制裁各种违法犯罪行为，使违法犯罪者和一般社会成员受到警示；三是通过表彰法治建设先进人物，弘扬法治精神，营造法治环境。

4. 强制作用

法律是以国家强制力为后盾实施的。法律的强制作用主要表现为公民等法律主体必须实施某种行为或者不实施某种行为，以及公民等法律主体实施违法行为后应当受到的惩罚。法律的强制作用有利于促使公民等法律主体依法行使权利，依法履行义务，树立法律权威，促进社会公平正义，维护良好社会秩序。

（三）社会主义法律的运行

法律的运行是一个从创制、实施到实现的过程。这个过程主要包括法律制定（立法）、法律执行（执法）、法律适用（司法）、法律遵守（守法）等环节。法律制定是国家对权利和义务，即社会利益和负担进行的权威性分配；法律的遵守、执行、适用则是把法定的权利和义务转化为现实的权利和义务，把文本上的法律转化为现实中的法律。

1. 法律制定

法律制定就是有立法权的国家机关依照法定职权和程序制定规范性法律文件的活动，是法律运行的起始性和关键性环节。根据我国宪法、立法法等法律的规定，全国人民代表大会及其常务委员会行使国家立法权。国务院有权根据宪法和法律制定行政法规。国务院各部门可以根据宪法、法律和行政法规，在本部门的权限范围内，制定部门规章。省、自治区、直辖市的人民代表大会及其常委会根据本行政区域的具体情况和实际需要，在不与宪法、法律和行政法规相抵触的前提下，可以制定地方性法规。设区的市的人民代表大会及其常委会根据本市的具体情况和实际需要，在不与宪法、法律、行政法规和本省、自治区的地方性法规相抵触的前提下，可以制定地方性法规，报省、自治区的人民代表大会常委会批准后施行。省、自治区、直辖市、设区的市的人民政府可以根据法律、行政法规和本省、自治区、直辖市的地方性法规，制定地方政府规章。自治区、自治州、自治县的人民代表大会可以根据当地民族的具体情况制定自治条例和单行条例。特别行政区立法机关有权根据特别行政区基本法自主地制定本行政区的法律。

我国的立法活动必须坚持民主立法、科学立法的原则，表达人民的共同意志和诉求，从基本国情和实际情况出发，维护宪法秩序和法制统一。立法活动必须遵循法定程序，就全国人民代表大会的立法程序而言，大体包括法律案的提出、法律案的审议、法律案的表决、法律的公布四个环节。

2. 法律执行

在广义上，法律执行是指国家机关及其公职人员，在国家和公共事务管理中依照法定职权和程序，贯彻和实施法律的活动。在狭义上，法律执行则是指国家行政机关执行法律的活动，也被称为行政执法。行政执法是法律实施和实现的重要环节，必须坚持合法性、合理性、信赖保护、效率等基本原则。我国大部分的法律法规都是由行政机关执行的，行政执法是最大量、最经常的工作。行政执法的主体通常是国家行政机关及其公职人员。在我国，行政执法的主体大体分为两类：一类是中央和地方各级政府，包括国务院和地方各级人民政府；另一类是各级政府中享有执法权的下属行政机构。此外，法律授权的社会组织、行政机关依法委托的社会组织可以在一定范围内执行法律。

3. 法律适用

法律适用是指国家司法机关及其公职人员依照法定职权和程序适用法律处理案件的专门活动。在我国，司法机关是指国家检察机关和审判机关。人民检察院代表国家行使法律监督权，人民法院代表国家行使审判权。其他任何国家机关、社会组织和个人，不得行使国家司法权。人民法院和人民检察院根据法律法规，公正司法，保护公民、法人和其他组织的合法权利，解决法律纠纷，惩治违法犯罪行为，从而捍卫法律权威，维护法律秩序。司法的基本要求是正确、合法、合理、及时。司法原则主要有：司法公正；公民在法律面前一律平等；以事实为依据，以法律为准绳；司法机关依法独立行使职权。

4. 法律遵守

法律遵守是指国家机关、社会组织和公民个人依照法律规定行使权力和权利以及履行职责和义务的活动。人们通常把守法仅仅理解为履行法律义务。其实，守法意味着一切组织和个人严格依法办事的活动和状态。依法办事包括两层含义：一是依法享有并行使权利，二是依法承担并履行义务。在法律运行过程中，守法是法律实施和实现的基本途径。在社会主义国家，一切组织和个人都是守法的主体。我国宪法明确规定："一切国家机关和武装力量、各政党和各社会团体、各企业事业组织都必须遵守宪法和法律。""任何公民享有宪法和法律规定的权利，同时必须履行宪法和法律规定的义务。"

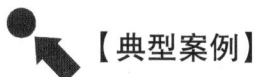

【典型案例】

大学生不到约定单位工作能否要回押金？

孙旭是广东某大学的 2005 届毕业生，2005 年 4 月，他经朋友引见，与广西某广告公司总经理郑先生洽谈工作事宜。郑先生同意他毕业后到广告公司工作。2005 年 5 月 9 日，孙旭与广告公司签订了一份工作协议，双方协议中约定孙旭毕业后到广告公司工作，同时，孙旭向广告公司交纳工作押金 10000 元，如果其毕业后不到广告公司工作，所交的押金予以没收。签订协议后，孙旭的父母向广告公司交纳了 10000 元押金。可当他回学校的当天，老师告诉孙旭，广东佛山某公司答应录取他，并叫他马上去签订工作协议。佛山某公司是一家大型公司，职工的福利非常好，且个人的发展前景广阔。"能在经济发达的珠三角城市就业，比在广西好多了。"孙旭经一番思考后，决定到佛山某公司签订工作协议。

孙旭毕业后，没有到广告公司工作，广告公司按照约定没有将孙旭所交的工作押金退还。孙旭遂以广告公司利用毕业生急于找工作之机，在签订用工协议时强迫交纳押金，该行为属于胁迫行为，向法院提起诉讼，要求广告公司退还 10000 元押金。

法院审理后，依法驳回孙旭诉讼请求。

 点评：

法院审理后认为，广告公司与孙旭签订的协议，系双方的真实意思表示，不违反法律法规，属于有效协议。孙旭大学毕业后没有到广告公司工作，属于违约行为。孙旭因自身的违约行为导致其押金被广告公司没收，其要求广告公司退还押金没有法律依据。法院遂依法驳回孙旭的诉讼请求。

招工协议，仅是用人单位对毕业生发出了要约，毕业生承诺到用人单位工作所达成的协议，双方是平等主体之间的关系，并未形成一种人身依附关系。根据《中华人民共和国合同法》第四十四条第 1 款规定："依法成立的合同，自成立时生效"的规定，用人单位与毕业生签订的用工协议依法成立，对双方当事人均有约束力。用人单位依约向毕业生收取的押金，没有违反法律、行政法规的强制性规定，是对双方履行合同所约定的履行金，因此应当认定该约定有效。因毕业生违反约定，招工单位依照协议的约定不退还押金的，法院应该予以支持。

三、建设中国特色社会主义法治体系

建设中国特色社会主义法治体系，是全面依法治国的重要内容和奋斗目标，是建设社会主义法治国家的总抓手。大学生要正确认识建设中国特色社会主义法治体系的重大意义，深刻理解中国特色社会主义法治体系的主要内容，准确把握全面依法治国的基本格局，积极投身社会主义法治建设的伟大实践。

（一）建设中国特色社会主义法治体系的意义

党的十八届四中全会提出和确立了建设中国特色社会主义法治体系、建设社会主义法治国家的总目标，开启了建设社会主义法治国家的新征程。

1. 凝聚思想共识的法治航标

建设中国特色社会主义法治体系、建设社会主义法治国家，鲜明回答了我国社会主义法治建设将往哪里走、怎么走的最根本问题，明确了全面依法治国的根本目的和历史任务，澄清了各种模糊认识，统一了全党全国人民的思想，凝聚了全社会的法治共识，回应了国际社会各种质疑，对于保障依法治国沿着正确的方向前进具有重大意义。

2. 推进国家治理现代化的重要举措

中国特色社会主义法治体系是国家治理体系的重要组成部分，体现了党按照宪法法律治国理政、按照党纪党规从严治党的坚定决心，在法治轨道上推进国家治理体系和治理能力现代化，有利于在全面深化改革总体框架内推进全面依法治国各项工作，在法治轨道上不断深化改革。

3. 全面依法治国的基础工程

全面依法治国涉及治党、治国、治军等各个方面，内政、外交、国防等各个领域，立法、执法、司法、守法和法治队伍建设等各个环节。其中，建设中国特色社会主义法治体系，是构筑法治中国大厦的基础，起着纲举目张的作用。

（二）建设中国特色社会主义法治体系的内容

建设中国特色社会主义法治体系，就是在中国共产党的领导下，坚持中国特色社会主义制度，形成完备的法律规范体系、高效的法治实施体系、严密的法治监督体系、有力的法治保障体系，形成完善的党内法规体系，坚持依法治国、依法执政、依法行政共同推进，坚持法治国家、法治政府、法治社会一体建设，实现科学立法、严格执法、公正司法、全民守法，促进国家治理体系和治理能力现代化。

1. 建设完备的法律规范体系

一要坚持立法先行和立改废释并举，加快完善法律、行政法规、地方性法规体系，完善包括市民公约、乡规民约、行业规章、团体章程在内的社会规范体系，为全面依法治国提供基本遵循；二要保证法律规范的质量，提升立法科学化、民主化的水平，进一步改善立法机关组成人员的结构，提高立法程序正当化水平，构建立法成本效益评估前置制度，建立辩论机制，优化协商制度，提升立法技术，规范立法形式；三要畅通民意表达机制以及民意与立法的对接机制，建立权力机关内部的制约协调机制，建立立法机关接受选民和公众监督的制度等。

2. 建设高效的法治实施体系

一要增强法律规范本身的可实施性，注意法律规范的可操作性、实施资源的配套性、法律规范本身的可接受性以及法律规范自我实现的动力与能力;二要完善法律实施体制以及法律设施,为法律实施提供强有力的体制、设施与物质保障;三要提高执法和司法人员的素质与能力,为法律实施所需要的素质和能力的培训与养成提供必要的条件和机制;四要优化法律实施的环境因素,克服法律实施的障碍和阻力,有针对性地进行程序设计、制度预防和机制阻隔。

3. 建设严密的法治监督体系

一要科学配置权力,使决策权、执行权、监督权相互协调又相互制约;二要规范权力的运行,为权力的运行设定明确的范围、条件、程序和界限;三要防止权力的滥用,为权力的行使设定正当目的及合理基准与要求;四要严格对权力的监督,有效规范各种监督方式,并充分发挥各自的独特作用,使违法或不正当行使权力的行为得以及时有效纠正;五要加强对违法用权的责任追究,落实重大决策终身责任追究制度及责任倒查机制;六要健全权益救济机制,使受公共权力侵害的合法权益得到及时赔偿或补偿。要将党内监督、人大监督、民主监督、行政监督、司法监督、审计监督、社会监督、舆论监督体系科学化和系统化。

4. 建设有力的法治保障体系

一要深化行政执法体制改革,完善行政执法程序,规范执法自由裁量权,加强对行政执法的监督,全面落实行政执法责任制和执法经费有财政保障制度,做到严格规范公正文明执法。二要改革司法管理体制,确保司法机关依法独立公正行使审判权、检察权。推动省以下地方法院、检察院人财物统一管理,探索建立与行政区划适当分离的司法管辖制度,保证国家法律统一正确实施。建立符合职业特点的司法人员管理制度,健全法官、检察官、人民警察统一招录、有序交流、逐级遴选机制,完善司法人员分类管理制度,健全法官、检察官、人民警察职业保障制度。三要加强立法、执法、司法等法治专门队伍和律师、公证员等法律服务队伍建设,创新法治人才培养机制。

5. 建设完善的党内法规体系

一要抓紧制定和修订一批重要党内法规,加大党内法规备案审查和解释力度,完善党内法规制定体制机制,形成配套完备的党内法规制度体系,使党内生活更加规范化、程序化,使党内民主制度体系更加完善,使权力运行受到更加有效的制约和监督,使党执政的制度基础更加巩固;二要注重党内法规同国家法律的衔接和协调,构建以党章为根本、若干配套党内法规为支撑的党内法规制度体系,提高党内法规执行力;三要坚持党规党纪严于国家法律。党员不仅要严格遵守法律法规,而且要按照党规党纪以更高标准严格要求自己。

(三) 全面依法治国的基本格局

党的十八大提出了"科学立法、严格执法、公正司法、全民守法"的十六字方针,党的十八届四中全会将其作为全面依法治国的基本格局,并做出了更加明确具体的部署。

1. 科学立法

"立善法于天下,则天下治;立善法于一国,则一国治。"法律是治国之重器,立法是法治的龙头环节。科学立法以完善以宪法为核心的中国特色社会主义法律体系,加强宪法实施为目标。要坚持以民为本、立法为民理念,使每一项立法都符合宪法精神,反映人民意志,得到人民拥护。要把公正、公平、公开原则贯穿立法全过程,完善立法体制机制,增强法律法规的及时性、系统性、针对性、有效性。加强党对立法工作的领导,完善党对立法工作中重大问题决策的程序,健全有立法权的人大主导立法工作的体制机制,依法赋予设区的市地方立法权。深入推进科学立法、民主立法,完善立法项目征集和论证制度,健全立法机关主导、社会各方面有序参与立法的途径和方式，拓宽公民有序参与立法的途径。加强重点领域立法，加快完善体现权利公平、机会公平、规则公平的法律制度，编纂民法典，保障公民人身权、财产权、基本政治权利等各项权利不受侵犯，保障公民各方面权利得到落实。实现立法和改革决策相衔接，做到重大改革于法有据、立法主动适应改革和经济社会发展需要。

2. 严格执法

"天下之事，不难于立法，而难于法之必行。"法律的生命力在于实施，法律的权威也在于实施。严格执法以深入推进依法行政，加快建设法治政府为目标。要加快建设职能科学、权责法定、执法严明、公开公正、廉洁高效、守法诚信的法治政府，推进各级政府机构、职能、权限、程序、责任法定化，推行政府权力清单制度。健全依法决策机制，把公众参与、专家论证、风险评估、合法性审查、集体讨论决定确定为重大行政决策法定程序，建立行政机关内部重大决策合法性审查机制，建立重大决策终身责任追究制度及责任倒查机制。深化行政执法体制改革，坚持严格规范公正文明执法，依法惩处各类违法行为，加大关系群众切身利益的重点领域执法力度，建立健全行政裁量权基准制度，全面落实行政执法责任制。全面推进政务公开，推进决策公开、执行公开、管理公开、服务公开、结果公开。

3. 公正司法

"理国要道，在于公平正直。"公正是法治的生命线，是司法活动最高的价值追求。公正司法是维护社会公平正义的最后一道防线。要保证公正司法，提高司法公信力，努力让人民群众在每一个司法案件中都能感受到公平正义。要完善确保依法独立公正行使审判权和检察权的制度，建立领导干部干预司法活动、插手具体案件处理的记录、通报和责任追究制度，建立健全司法人员履行法定职责保护机制。要优化司法职权配置，推动实行审判权和执行权相分离的体制改革试点，最高人民法院设立巡回法庭，探索设立跨行政区划的人民法院和人民检察院，探索建立检察机关提起公益诉讼制度。要坚持严格司法，推进以审判为中心的诉讼制度改革，确保侦查、审查起诉的案件证据经得起法庭的检验，保证庭审在查明事实、认定证据、保护诉权、公正裁判中发挥决定性作用。要保障人民群众参与司法，完善人民陪审员制度，构建开放、动态、透明、便民的阳光司法机制。加强人权司法保障，强化诉讼权利保障，健全落实罪刑法定、疑罪从无和非法证据排除等法律原则的法律制度，加强对刑讯逼供和非法取证的源头预防，健全冤假错案有效防范和及时纠正机制。加强对司法活动的监督，完善人民监督员制度，重点监督检察机关查办职务犯罪的立案、羁押、扣押冻结财物、起诉等环节的执法活动。规范媒体对案件的报道，防止舆论影响司法公正。对因违法违纪被开除公职的司法人员、吊销执业证书的律师和公证员，终身禁止从事法律职业。

4. 全民守法

一切法律中最重要的法律，既不是铭刻在大理石上，也不是铭刻在铜表上，而是铭刻在公民的内心里。法律的权威源自人民的内心拥护和真诚信仰。全民守法以增强全民法治观念，推进法治社会建设为目标。要弘扬社会主义法治精神，建设社会主义法治文化，增强全社会厉行法治的积极性和主动性，形成守法光荣、违法可耻的社会氛围。推动全社会树立法治意识，深入开展法治宣传教育，把法治教育纳入国民教育体系和精神文明创建内容。要推进多层次多领域依法治理，坚持系统治理、依法治理、综合治理、源头治理，深化基层组织和部门、行业依法治理，支持各类社会主体自我约束、自我管理，发挥市民公约、乡规民约、行业规章、团体章程等社会规范在社会治理中的积极作用。要建设完备的法律服务体系，推进覆盖城乡居民的公共法律服务体系建设，完善法律援助制度，健全司法救助体系。

健全依法维权和化解纠纷机制,建立健全社会矛盾预警机制、利益表达机制、协商沟通机制、救济救助机制,畅通群众利益协调、权益保障的法律渠道。完善立体化社会治安防控体系,保障人民生命财产安全。

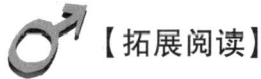

全面依法治国,开启中国法治新时代

全面推进依法治国,是以习近平为核心的党中央从坚持和发展中国特色社会主义出发、为更好治国理政提出的重大战略任务,是事关我们党执政兴国的一个全局性问题。

从"四个全面"战略布局高度,深刻认识全面依法治国的重大意义

习近平同志强调:治理一个国家、一个社会,关键是要立规矩、讲规矩、守规矩。法律是治国理政最大最重要的规矩。他说:我国是一个有十三亿多人口的大国,地域辽阔,民族众多,国情复杂。我们党在这样一个大国执政,要保证国家统一、法制统一、政令统一、市场统一,要实现经济发展、政治清明、文化昌盛、社会公正、生态良好,都需要秉持法律这个准绳、用好法治这个方式。这是党的十八大明确全面建成小康社会奋斗目标、十八届三中全会部署全面深化改革之后,党中央紧接着在四中全会部署全面推进依法治国工作的基本考虑。

从总结历史经验和教训看。我们党对依法治国问题有成功的经验也有因忽视法治带来的教训。这使我们深刻认识到,法治是治国理政不可或缺的重要手段。什么时候重视法治、法治昌明,什么时候就国泰民安;什么时候忽视法治、法治松弛,什么时候就国乱民怨。

从解决发展中面临的突出矛盾和问题看。现在,全面建成小康社会进入决定性阶段,改革进入攻坚期和深水区,国际形势复杂多变,我们面对的改革发展稳定任务之重前所未有,面对的矛盾风险挑战之多前所未有。这就要求我们必须把依法治国摆在更加突出的位置,把党和国家工作纳入法治化轨道,从法治上为解决面临的突出矛盾和问题提供制度化方案。

从实现中国梦和长远发展看。全面依法治国是全面建成小康社会的重要保障。这一目标实现之后的路该怎么走?如何跳出"历史周期律"、实现长期执政?如何实现党和国家长治久安?这些是需要我们深入思考的重大问题。提出全面依法治国,一个重要意图就是为子孙万代计、为长远发展谋。

习近平同志深刻指出:法治和人治问题是人类政治文明史上的一个基本问题,也是各国在实现现代化过程中必须面对和解决的一个重大问题。纵观世界近现代史,凡是顺利实现现代化的国家,没有一个不是较好地解决了法治和人治问题的。相反,一些国家虽然也一度实现快速发展,但并没有顺利迈进现代化的门槛,而是陷入这样或那样的"陷阱",出现经济社会发展停滞甚至倒退的局面。后一种情况很大程度上与法治不彰有关。

习近平同志特别从"四个全面"战略布局的高度,对全面依法治国的重大意义进行了阐发。

党的十八届四中全会后不久,习近平同志提出了全面建成小康社会、全面深化改革、全面依法治国、全面从严治党的战略布局,并就全面依法治国在这个战略布局中的地位和作用作了阐述。他指出:全面建成小康社会是我们的战略目标,全面深化改革、全面依法治国、全面从严治党是三大战略举措。从这个战略布局看,做好全面依法治国各项工作意义十分重大。没有全面依法治国,我们就治不好国、理不好政,我们的战略布局就会落空。他特别强调:"要把全面依法治国放在'四个全面'的战略布局中来把握,深刻认识全面依法治国同其他三个'全面'的关系,努力做到'四个全面'相辅相成、相互促进、相得益彰。"

从"四个全面"战略布局的形成过程可以看出,党的十八大以来习近平同志一直在思考一个重大问题,即我们党作为执政党,如何才能更好地治国理政,实现国家治理体系和治理能力现代化。"四个全面"战略布局正是在持续深入思考这个问题的过程中形成的。党的十八大确定全面建成小康社会的战略目标,实现这个战略目标需要全面深化改革。三中全会在对改革进行总体设计和部署的过程中,认识到实现这个战略目标、推进全面深化改革,需要从法治上提供可靠保障;认识到改革和法治是一"破"一"立",在治国理政中有着不同的作用;认识到依法治国是实现国家治理体系和治理能力现代化的必然要求,从而确定了四中全会的议题。在起草四中全会文件过程中,我们又进一步深化了对全面建成小康社会、全面深化改革、全面依法治国三者之间关系的认识,还特别认识到法治与从严治党的关系。联系党的十八大以来党要管党、从严治党的实践,联系党在治国理政全局中的领导核心作用,进一步深刻认识到全面从严治党的重大意义。至此,我们对党如何更好地治国理政有了一整套系统的认识,形成和提出了"四个全面"战略布局。习近平同志指出,这是我们党在新的历史条件下的治国理政方略。

从这个过程可以看出,全面依法治国这一认识环节,对于形成"四个全面"战略布局起了至关重要的作用。正是从这个问题入手,习近平同志思考和阐述了几个全面之间的关系。他指出,十八届三中、四中全会分别把全面深化改革、全面推进依法治国作为主题并做出决定,有其紧密的内在逻辑,可以说是一个总体战略部署在时间轴上的顺序展开。三中全会决定和四中全会决定是姊妹篇,体现了"破"和"立"的辩证统一。改革和法治如鸟之两翼、车之两轮,有力推动全面建成小康社会事业向前发展。他还指出,社会主义法治必须坚持党的领导,党的领导必须依靠社会主义法治。全面推进依法治国,必须努力形成国家法律法规和党内法规制度相辅相成、相互促进、相互保障的格局。四中全会决定把形成完善的党内法规体系纳入全面推进依法治国中,这是新形势下全面从严治党的一项重大举措。全面建成小康社会、全面深化改革、全面从严治党,都离不开全面依法治国。

如何治国理政,始终是我们党在执政以后面对的重大课题。"四个全面"战略布局的提出,是对这个重大问题的破解,具有重大而深远的意义。

习近平同志深刻指出,全面推进依法治国是国家治理领域一场广泛而深刻的革命,是我们党在治国理政上的自我完善、自我提高。从"四个全面"战略布局中,从党如何更好治国理政、实现国家治理体系和治理能力现代化这样的高度上,来把握全面依法治国,我们就会对它的重大意义有更深刻的认识。

全面把握法治工作基本格局,着力推进科学立法、严格执法、公正司法、全民守法

全面推进依法治国是一项庞大的系统工程,必须统筹兼顾、把握重点、整体谋划。习近平同志从目前我国法治工作的基本格局出发,就立法、执法、司法、守法四个方面的工作部署和改革举措做了深刻阐述。这是《摘编》第三、四、五、六部分的内容。

关于科学立法。全面依法治国,必须坚持立法先行,继续完善以宪法为统帅的中国特色社会主义法律体系。习近平同志明确指出,宪法是治国安邦的总章程,具有最高的法律地位。全面贯彻实施宪法是建设社会主义法治国家的首要任务和基础性工作,必须把宣传和树立宪法权威作为全面推进依法治国的重大事项抓紧抓好。针对立法领域存在的突出问题,他提出关键是要提高立法质量，而推进科学立法、民主立法是提高立法质量的根本途径。要完善立法体制，优化立法职权配置，明确立法权力边界，从体制机制和工作程序上防止部门利益和地方保护主义法律化。他强调，要处理好改革和法治的关系，做到立法决策和改革决策相衔接、相统一。凡属重大改革要于法有据，不允许随意突破法律红线；同时，立法要主动适应改革发展需要，不能成为改革的"绊马索"。

  关于严格执法。法律的生命力在于实施，这是全面推进依法治国的重点。能不能做到依法治国，关键在于党能不能坚持依法执政，各级政府能不能依法行政。习近平同志强调，行政机关是实施法律法规的重要主体，要带头严格执法，依法全面履行职能。推进严格执法，重点是解决执法不规范、不严格、不透明、不文明以及不作为、乱作为等突出问题。对行政机关要强化制约、强化监督、强化公开，防止权力滥用。要以建设法治政府为目标，推进机构、职能、权限、程序、责任法定化，推进各级政府事权规范化、法律化。

  关于公正司法。公正是法治的生命线。司法是维护社会公平正义的最后一道防线。政法机关是老百姓平常打交道比较多的部门，是群众看党风政风的一面镜子。如果不努力让人民群众在每一个司法案件中都感受到公平正义，人民群众就不会相信政法机关，从而也不会相信党和政府。习近平同志强调，必须旗帜鲜明地反对司法腐败，构建开放、动态、透明、便民的阳光司法机制。他深刻指出，司法不公的深层次原因在于司法体制不完善、司法职权配置和权力运行机制不科学、人权司法保障制度不健全，要深入推进司法改革。

  关于全民守法。法律要发挥作用，需要全社会信仰法律。对法律有了信仰，群众就会自觉按法律办事。推进全民守法，必须着力增强全民法治观念，坚持法制教育与法治实践相结合，把全民普法和守法作为依法治国的长期基础性工作来抓。一方面，必须弘扬社会主义法治精神，建设社会主义法治文化，传播法律知识，培养法律意识；另一方面，必须以实际行动树立法律权威，让老百姓相信法不容情、法不阿贵，只要是合理合法的诉求，通过法律程序就能得到合理合法的结果。要充分调动人民群众投身依法治国实践的积极性和主动性，使全体人民都成为社会主义法治的忠实崇尚者、自觉遵守者、坚定捍卫者，使尊法、信法、守法、用法、护法成为全体人民的共同追求。

（选自《人民日报》2015年5月5日）

❓ 学习思考

1. 如何认识中国特色社会主义法律体系的特征？
2. 中国特色社会主义法治体系包括哪些主要内容？
3. 全面落实依法治国基本格局的部署有哪些？

第七章　树立法治观念　尊重法律权威

 **教学目标**

通过本章教学，使学生树立社会主义法治理念，增强维护社会主义法律权威的自觉性。明确新时期树立的社会主义法治理念的重要意义和法治理念所包含的基本内容，并通过正确理解法治思维的基本含义和基本内容，逐步培养社会主义法治思维。不断加强自身法律修养，增强法律意识，认识到维护社会主义法律权威的意义，努力成为法律权威的坚定维护者。

当今中国，法治已经成为党和政府治国理政的基本方式。法治中国建设，对国家富强、民族复兴和人民幸福具有重大意义。大学生要学习法律知识，增强法律意识，树立法治观念，培养法治思维，维护法律权威，养成心中有法、自觉守法、遇事找法、解决问题用法、化解矛盾靠法的良好习惯，成为具有较高法律素质的社会主义事业建设者和接班人。

一、树立社会主义法治观念

个人的法治观念，是从事法治实践和其他社会活动的思想基础。法治观念是在实践中逐渐形成的，并指导人们的社会实践。大学生树立社会主义法治观念，必须积极投身全面依法治国的伟大实践，关心社会主义法治国家建设的历史进程，要在这一进程中牢固树立正确的法治观念，增强坚持走中国特色社会主义法治道路，坚持党的领导、人民当家做主与依法治国相统一，坚持依法治国与以德治国相结合的自觉性。

（一）坚持走中国特色社会主义法治道路

党的十八届四中全会提出全面依法治国，必须坚持走中国特色社会主义法治道路，进一步明确了建设社会主义法治国家的性质和方向。中国特色社会主义法治道路，是社会主义法治建设成就和经验的集中体现，是建设社会主义法治国家的唯一正确道路。它包括坚持党的领导、坚持中国特色社会主义制度、贯彻中国特色社会主义法治理论三个方面的核心要义。

1. 党的领导是中国特色社会主义最本质的特征，是社会主义法治最根本的保证

世界上任何国家的法治都是与特定的政党制度结合在一起的。坚持走中国特色社会主义法治道路，必须把党的领导贯彻到依法治国全过程。要深刻认识党的领导和依法治国的内在统一性，不能把党的领导与依法治国对立起来。一方面，要坚持党总揽全局、协调各方的领导核心作用，统筹法治建设各领域的工作，确保党的意志贯彻到法治建设全过程和各方面，把党的领导落实到党领导立法、保证执法、支持司法、带头守法的具体实践中。另一方面，要切实改善党对法治建设的领导，不断提高党领导法治建设的水平，既要求党依据宪法法律治国理政，也要求党依据党内法规从严治党。

2. 中国特色社会主义制度是中国特色社会主义法治体系的根本制度基础，是全面依法治国的根本制度保障

道路问题关系全局、决定成败。全面依法治国这件大事能不能办好，最关键的是方向正确与否、政治保证是不是坚强有力。中国特色社会主义法治道路所坚持的是社会主义制度而不是其他的社会制度。它包括人民代表大会制度、中国共产党领导的多党合作和政治协商制度、民族区域自治制度、基层群众自治制度等。坚持中国特色社会主义制度，必须旗帜鲜明地反对西方国家的多党制、议会制、三权分立、司法独立等政治制度。要长期坚持、全面贯彻、不断发展我国宪法确立的社会主义制度，真正做到"千磨万击还坚劲，任尔东西南北风"。

3. 中国特色社会主义法治理论是中国特色社会主义法治体系的理论指导，是全面依法治国的行动指南

没有科学的法治理论就不可能取得法治中国建设的成功。走中国特色社会主义法治道路，离不开中国特色社会主义法治理论的引领。中国特色社会主义法治理论是马克思主义法学思想中国化的理论成果，是将普遍性的法治原理同中国具体的法治实践紧密结合的成果，深刻揭示了法治中国建设的理论基础、科学内涵和发展规律。中国特色社会主义法治理论观点主要有：法治是国家治理体系和治理能力的重要依托；坚持依法治国、依法执政、依法行政共同推进，坚持法治国家、法治政府、法治社会一体建设；坚持人民主体地位；人民是依法治国的主体和力量源泉；法治建设为了人民、依靠人民、造福人民、保护人民，以保障人民根本权益为出发点和落脚点；一手抓法治、一手抓德治；依法治国首先是依宪治国，依法执政首先是依宪执政；公正是法治的生命线；实现权利公平、机会公平、规则公平；人民权益要靠法律保障，法律权威要靠人民维护；法律红线不可逾越，法律底线不可碰触；法律的生命在于实施，法律的权威也在于实施；行政机关要坚持法定职责必须为、法无授权不可为；法律的权威源自人民的内心拥护和真诚信仰；坚持用马克思主义法学思想和中国特色社会主义法治理论全方位占领高校、科研机构、法学教育和法学研究阵地，加强法学基础理论研究，形成完善的中国特色社会主义法学理论体系、学科体系、课程体系。这些法治理论观点深刻回答了新形势下依法治国的一系列重大理论和实践问题，为推进社会主义法治国家建设提供了科学的理论指引。

（二）坚持党的领导、人民当家做主与依法治国相统一

坚持党的领导、人民当家做主、依法治国相统一，是我国社会主义法治建设的一条基本经验。党的领导、人民当家做主和依法治国三者是一个统一的整体，不可分割，它们之间相互依存、相互作用，共同体现社会主义法治国家的中国特色、中国风格和中国气派。离开了党的领导，人民当家做主和依法治国就没有领导核心；离开了人民当家做主，党的领导和依法治国就失去了目标和内在依据；离开了依法治国，党的领导和人民当家做主就不能有序进行。

1. 党的领导是人民当家做主和依法治国的根本保证

中国共产党自成立之日起，就始终坚持工人阶级先锋队的性质。中国工人阶级是近代以来我国社会发展特别是社会化大生产发展的产物，代表中国的先进生产力和先进生产关系，具有大公无私、严格的组织纪律性和革命的坚定性、彻底性等优秀品格。中国共产党是中国工人阶级的先锋队，同时是中国人民和中华民族的先锋队。中国共产党的性质、纲领、宗旨、指导思想，中国共产党的先进性和纯洁性，决定了坚持党的领导，是人民当家做主的根

本保证,也是依法治国的根本保证。

2. 人民当家做主是党的领导和依法治国的本质要求

"立党为公,执政为民"是中国共产党的宗旨。坚持党的领导和人民当家做主的统一,就是要求党始终代表中国最广大人民的根本利益,体现人民的意志,保障人民当家做主的地位,把维护人民利益作为中国共产党执政的根本出发点和落脚点。依法治国的根本目的是实现人民幸福,尊重和保障人权;坚持人民主体地位是依法治国的基本原则,必须把人民当家做主贯彻到依法治国的全过程之中;依法治国的主体是人民,必须保证人民的广泛参与,决不搞西方国家少数人主导的精英法治。

3. 依法治国是党领导人民当家做主的治国方略

"奉法者强则国强,奉法者弱则国弱。"法治是现代文明的重要标志,也是当今世界公认的价值追求。全面依法治国是全国人民的共同期盼,也是时代的呼唤。只有把依法治国作为基本方略,把法治作为基本方式,才能用法律凝聚人民和全社会的共识,全面、持久地调动人民参与法治建设的积极性和创造力,及时、准确地反映各个群体和各个阶层的意愿和诉求,保证依法治国始终得到人民的拥护、支持和参与。要从制度和法律上始终保证党对依法治国的领导,为人民掌好权、用好权;要从制度和法律上始终保证人民在依法治国当中的主体地位,保证人民是法治国家建设的主人。

(三)坚持依法治国和以德治国相结合

社会主义法律和社会主义道德在性质、作用和目标上的一致性,决定了建设中国特色社会主义法治国家,必须一手抓法治、一手抓德治坚持依法治国和以德治国相结合。新中国成立以来60多年的实践证明,法治和德治,是治国理政不可或缺的两种方式,如车之两轮或鸟之两翼,忽视其中任何一个,都将难以实现国家的长治久安。只有让法治和德治共同发挥作用,才能使法律与道德相辅相成,法治与德治相得益彰,做到法安天下,德润人心。

1. 正确认识法治和德治的地位

对国家和社会治理而言,法治和德治都非常重要且不可或缺。法治是治国理政的基本方式,依法治国是基本方略,法治具有根本性、决定性和统一性,它强调对任何人都一律平等,任何人都必须遵守法律。德治是治国理政的重要方式,以德治国就是通过在全社会培育、弘扬社会主义核心价值观和社会主义道德,对不同人群提出有针对性的道德要求。

2. 正确认识法治和德治的作用

法治和德治对社会成员都具有约束作用,法律规范和道德规范也都具有必须遵守的性质,但约束作用的内在要求和表现形式不同,行为人违反两种规范以后承担的后果也不相同。法治发挥作用要以国家强制力为后盾,主要依靠法律的预测作用、惩罚作用、威慑作用和预防作用对公民和社会组织的行为进行约束,并对违反法律的行为追究法律责任;德治发挥作用主要通过人们的内心信念、传统习俗、社会舆论等进行道德教化,并对违反道德的行为进行道德谴责。

3. 正确认识法治和德治的实现途径

法治和德治的实现方式和实施载体不同。法治主要依靠制定和实施法律规范的形式来推进和实施,国家要保护什么、不保护什么、倡导什么、禁止什么,都得有明确的法律依据,实行法有禁止不得为,体现的是规则之治。德治主要依靠培育和弘扬道德等途径来推进和实施,道德是内心的法律,以价值、精神和理念等形式表现出来,引导人们自觉地在行动上符合道德才可为,违反道德不可为。

（四）加强宪法实施，落实依宪治国

坚持依法治国首先要坚持依宪治国，坚持依法执政首先要坚持依宪执政，要把推进宪法实施、落实依宪治国作为全面依法治国的首要任务。

1. 深刻认识宪法实施和依宪治国的重大意义

我国宪法是党和人民意志的集中体现，是通过科学民主程序形成的根本大法，是全国各族人民、一切国家机关和武装力量、各政党和各社会团体、各企业事业组织的根本活动准则。加强宪法实施，是一切组织和个人的共同责任和历史使命。宪法规定了国家的根本制度、根本任务、国家权力以及公民的基本权利与义务，加强宪法实施，才能巩固和发展国家根本制度，保证国家权力依法规范运行，并使公民基本权利切实得到实现，公民基本义务切实得到履行。宪法确立了中国共产党的领导地位，使党的领导的正当性和合法性毋庸置疑。加强宪法实施，对于坚持党的领导，巩固党的执政地位，确保党始终是中国特色社会主义法治国家建设的领导核心，具有极为重要的意义。

2. 全面实施宪法的基本要求

一要在全社会树立宪法意识，弘扬宪法精神。落实宪法宣誓制度，让经人民代表大会及其常委会选举或者决定任命的国家工作人员正式就职时公开向宪法宣誓，增强公职人员的宪法观念，进而引领全社会增强宪法意识、树立宪法权威。在全社会普遍开展宪法教育，把宪法教育纳入国民教育体系，阐释宪法精神，传播宪法理念，充分利用每年12月4日这一法律规定的国家宪法日，普及宪法知识。二要加强宪法实施。宪法实施，是所有公民的权利和义务。公民通过行使建议权和意见权，主动提供意见建议，积极参与国家管理，积极参与民主立法活动，积极提出立法建议，为科学立法贡献智慧。主动参与宪法实施的监督，对国家机关及其工作人员违反宪法的行为，敢于进行监督。引导公民把宪法作为必须践行的准则，真正成为宪法的忠实崇尚者、自觉遵守者和坚定捍卫者。三要坚持党的依宪执政，自觉在宪法法律范围内活动。党的各级组织和党员领导干部要带头尊重宪法、学习宪法、执行宪法和维护宪法，并带头弘扬宪法精神，维护宪法权威，做宪法实施的表率。

3. 准确把握宪法实施的正确方向

坚持依宪治国和依宪执政，要注意与西方宪政划清界限。我国依宪治国、依宪执政与西方宪政的本质区别，主要体现在以下四个方面：一是制度基础不同。西方宪政建立在资本主义宪法的基础上，是资产阶级统治的工具，而我们的出发点和落脚点是人民的根本利益。二是领导力量不同。西方宪政表面看，是不同政党轮流执政，其实都是资本和资产阶级利益的代言人，而我们是旗帜鲜明地坚持中国共产党的领导。三是权力主体不同。西方宪政民主下的选举，起决定作用的是资本、利益集团或少数精英群体力量，而我国的一切权力属于人民。四是权力行使方式不同。西方宪政实行三权分立，通过分权制衡来维护资本和资产阶级利益，而我们的人民代表大会是国家权力机关、行政机关、审判机关、检察机关都由它产生，对它负责，受它监督。

二、培养社会主义法治思维

人民是依法治国的主体和力量源泉，人民群众尊重、运用、遵守和信仰法律，法律才有生命力。大学生要准确把握法治思维的基本含义和特征，正确理解社会主义法治建设的基本关系，逐步培养社会主义法治思维，培养运用社会主义法治思维分析和解决问题的能力。

（一）法治思维的含义与特征

法治思维是指以法治价值和法治精神为导向，运用法律原则、法律规则、法律方法思考和处理问题的思维模式。

法治思维包含以下几层含义：第一，法治思维以法治价值精神为指导，蕴含着公正、平等、民主、人权等法治理念，是一种正当性思维；第二，法治思维以法律原则和法律规则为依据来指导人们的社会行为，是一种规范性思维；第三，法治思维以法律手段与法律方法为依托分析问题、处理问题、解决纠纷，是一种可靠的逻辑思维；第四，法治思维是一种符合规律、尊重事实的科学思维。因此，法治思维是一种融法律的价值属性和工具理性于一体的特殊的高级法律意识。

培养法治思维，必须抛弃人治思维。法治思维与人治思维的区别集中体现在四个方面：一是在依据上，法治思维认为国家的法律是治国理政的基本依据，处理法律问题要以事实为根据、以法律为准绳；而人治思维的本质是人高于法或权大于法，它主张凭借个人尤其是掌权者、领导人的个人魅力、德行和才智来治国平天下。二是在方式上，法治思维以一般性、普遍性的平等对待方式调节社会关系，解决矛盾纠纷，坚持法律面前人人平等原则，具有稳定性和一贯性；而人治思维漠视规则的普遍适用性，按照个人意志和感情进行治理，治人者以言代法、言出法随、朝令夕改，具有极大的任意性和非理性。三是在价值上，法治思维强调集中社会大众的意志来进行决策和判断，是一种"多数人之治"的思维，避免陷入无政府主义或以民主之名搞乱社会；而人治思维是个人说了算的专断思维，虽然有时也强调集思广益进行治理或做出决定，但主要表现为少数个人的集权专断。四是在标准上，法治思维与人治思维的分水岭不在于有没有法律或者法律的多寡与好坏，而在于最高的权威究竟是法律还是个人。法治思维以法律为最高权威，强调"必须使民主制度化、法律化，使这种制度和法律不因领导人的改变而改变，不因领导人的看法和注意力的改变而改变"；[①] 人治思维则奉领导者个人的意志为最高权威，当法律的权威与个人的权威发生矛盾时，强调服从个人而非服从法律的权威。

对公民而言，法治思维就是当自己的理想目标、思想感情、行为方式、权利诉求和利益关系等与法律的价值、规则或要求发生冲突时，能够服从法律即做出符合法律的选择，按照法律的指引实施自己的行为。大学生应当在加强自身思想、道德和文化修养的同时，不断强化自己的法律修养，做一个尊法学法守法用法的人。

（二）法治思维的基本内容

法治思维的内涵丰富、外延宽广，从不同的角度，可以进行不同的解读。法治思维主要表现为价值取向和规则意识两个方面，价值取向是指个人如何看待和对待法律，规则意识是指个人如何用法律看待和对待自己。一般来讲，法治思维包括法律至上、权力制约、公平正义、人权保障、正当程序等内容。

1. 法律至上

法律至上是指在国家或社会的所有规范中，法律是地位最高、效力最广、强制力最大的规范。现代国家有很多规范，如宗教规范、道德规范、团体规范和行业规范等。法律至上要求这些规范都不得超越法律规范，不得与法律规范相抵触。这里的法律，既包括宪法，也包

---

① 邓小平：《邓小平文选》第2卷，人民出版社1994年版，第146页。

括其他一般法律。法律至上尤其指宪法至上，因为宪法具有最高的法律效力，是其他一切法律的依据。法律至上具体表现为法律的普遍适用性、优先适用性和不可违抗性。法律的普遍适用性，是指法律在本国主权范围内对所有人具有普遍的约束力。所有国家机关、社会组织和公民个人都必须遵守法律，依法享有和行使法定职权与权利，承担和履行法定职责与义务。法律的优先适用性，是指当同一项社会关系同时受到多种社会规范的调整而多种社会规范义相互矛盾时，要优先考虑法律规范的适用。法律的不可违抗性，是指法律必须遵守，违反法律要受到惩罚。任何人不论权力大小、职位高低，只要有违法犯罪行为，就要依法追究和承担法律责任。形成法律至上思维，对于自觉遵守法律、维护法律权威意义重大。

2. 权力制约

权力制约是指国家机关的权力必须受到法律的规制和约束，也就是要把权力关进制度的笼子里。法律是约束权力最大的"笼子"，具有制约公权力的重要功能。在我国，国家权力是人民的，且一切权力为民所有；国家权力是为人民服务的，即一切权力为民所用。因此，只有依法对权力的配置和运行进行有效制约和监督，才能防止权力私用、权力滥用和权力腐败。权力制约分为权力由法定、有权必有责、用权受监督、违法受追究四项要求。权力由法定，即法无授权不可为，是指国家机关的职权必须来自法律明确的授予。国家机关必须严格依照法律规定的权限范围行使职权，而不得行使法律未授予的权力。有权必有责，是指国家机关在获得权力的同时必须承担相应的职责和责任。当发生了属于其职权范围内的事项时，国家机关必须履行相应的管理职责。用权受监督，是指国家权力的运行和行使必须接受各种形式的监督。要加强党内监督、民主监督、法律监督、舆论监督，让人民监督权力，让权力在阳光下运行。违法受追究，是指国家工作人员违法行使权力必须受到法律的追究和制裁。养成权力制约思维，对于自觉运用权力、勇于监督权力意义重大。

3. 公平正义

公平正义是指社会的政治利益、经济利益和其他利益在全体社会成员之间合理、公平分配和占有。一般来讲，公平正义主要包括权利公平、机会公平、规则公平和救济公平。权利公平包括三重含义：一是权利主体平等，国家对每个权利主体"不偏袒""非歧视"；二是享有的权利特别是基本权利平等；三是权利保护和权利救济平等。机会公平是指生活在同一社会中的成员拥有相同的发展机会和发展前景，反对任何形式的歧视。机会公平包括国家和社会要积极为社会成员的发展创造条件，并努力创造平等的起点；社会成员的发展进步权要受到同等尊重，不断拓展社会成员的发展领域；不仅要关注当代人的平等机会，还要考虑后代人的机会平等。规则公平是指对所有人适用同一的规则和标准，不得因人而异。包括法律规则面前人人平等，法律内容面前人人平等和法律保护面前人人平等，任何人不得享有法律之外的特权，任何人也不会被法律排除在保护之外。救济公平是指为权利受到侵害或处于弱势地位的公民提供的救济公平。救济公平包括司法救济公平，即司法要公正对待每一个当事人，致力于实现司法公正；行政救济公平，即政府对需要救济的社会成员提供的救济服务要一律平等，不得区别对待；社会救济公平，即社会对需要救济的社会成员提供的社会救济服务要一律平等，不得厚此薄彼。必须指出的是，实现公平正义是一个漫长的过程，需要发展经济等创造实现的条件。养成公平正义思维，有利于增强实现公平正义的责任感，为促进全社会的公平正义而奋斗。

4. 人权保障

人权的法律保障包括宪法保障、立法保障、行政保护和司法保障。宪法保障是人权保障的前提和基础。宪法表明尊重和保障人权的鲜明态度，确立尊重和保障人权的有效机制，明确列出宪法保障的基本人权,能够推动整个国家和法律体系加强人权保障。立法保障是人权保障的重要条件。宪法有关人权条款的规定一般较为原则,各项具体人权的保障由立法机关通过立法做出明确规定。行政保护是人权保障的关键环节,行政机关在行使行政管理权的过程中必然要涉及处置社会成员的利益问题,很容易发生损害或侵犯人权的现象。因此,行政机关是否能够有效地保护人权,直接反映出一个国家的人权保障状况。司法保障是人权保障的最后防线,既是解决个人之间人权纠纷的有效渠道,也是纠正和遏制行政机关侵犯人权的有力机制。养成人权保障思维,不仅有利于尊重别人的人权,也有利于依法保护自己的人权。

5. 正当程序

做一件事情,往往需要按照一定的程序,只有按程序做,才能防止主观任性、无序混乱。只有严格按照法律程序办事办案,处理结果才可能公正并具有公信力和权威性。程序的正当,表现在程序的合法性、中立性、参与性、公开性、时限性等方面。合法性是指程序运行合乎法律的规定,有关机关或个人不得违反或变相违反;中立性是指程序设计和运行应平等地对待双方当事人,不得偏向任何一方;参与性是指案件或纠纷的利害关系人都有机会参与到办案程序中来,充分表达自己的利益诉求和意见主张,为解决纠纷发挥作用;公开性是指程序运行的过程和结果应当向当事人和社会公开,以接受各方监督,防止办案不公和暗箱操作,让正义以人们看得见的方式实现;时限性是指程序的运行必须有合理的期限,符合时间成本和效率原则的要求,不得无故拖延或没有终结。如诉讼案件应当在法定的期限内做出裁判,如无法定事由,诉讼期限不得延长。俗话说,正义不应缺席,也不应迟到,迟到的正义是有瑕疵的正义。

(三) 培养法治思维的途径

培养法治思维的途径很多,大学生可以通过各种机会和途径学习法律知识、掌握法律方法、参与法律实践、养成依法办事的习惯等,在学习和生活中逐渐提高法治思维能力,养成科学的法治思维方式。

1. 学习法律知识

学习和掌握基本的法律知识,是培养法治思维的前提。一个对法律知识一无所知的人,不可能形成法治思维。法律知识通常包括法律法规方面的知识和法律原理方面的知识,这两部分法律知识对于培养法治思维都很重要。只有既了解法律法规在某个问题上的具体规定,又了解法律的原理、原则,才能更好地领会法律精神,养成法治思维。除了从书本上获取法律知识外,还可以通过收听收看法制广播电视节目、阅读法律类报纸杂志,尤其是运用新媒体等途径学习法律知识。

2. 掌握法律方法

法律方法是法治思维的基本要素,法治思维的过程就是运用法律方法思考、分析和解决法律问题的过程。法律方法主要包括两个方面:一是正确理解法律的方法,包括理解法律条文的含义、内容和精神等;二是正确运用法律的方法。法律是调整生产生活各个方面的规范,涉及的专门领域和专业问题较多,法律本身也是一门专业学科,因此,了解并掌握理解和运用法律的基本方法,有助于培养法治思维。

3. 参与法律实践

法治思维是在丰富的法治实践中训练、培养和应用的思维方式。脱离法治建设的生动实践,难以养成法治思维方式。只有通过参与各种法律活动,在法律实践中运用法律知识和方法思考、分析、解决法律问题,才能养成自觉的法治思维习惯。现在,人们参与法律实践的

方式和途径越来越多。一是参与立法讨论。我国国家或地方的很多立法都要广泛征求意见或者进行听证,大学生可以参与这些立法的讨论,发表自己的有关意见。二是依法行使监督权。宪法和法律赋予公民对国家机关及其工作人员的行为是否合法进行监督的权利,包括提出批评、建议和申诉、控告、检举。大学生可以通过行使这些权利,进行法律监督。三是旁听司法审判。凡是人民法院公开审判的案件,都允许公民旁听,大学生可以向人民法院申请旁听法院庭审,了解案件的审判过程。四是参与模拟法庭、法律诊所、法律辩论等活动,增长法律知识,锻炼法治思维。

4. 养成守法习惯

法治思维是一种习惯性思维,与长期自觉养成的生活习惯有很大关系。如,公民从小养成的不横穿马路、不闯红灯等遵守交通规则的习惯,就是法治思维的一种具体表现;公民在生产生活中养成遇到冲突不使用武力、遇到纠纷去查找法律的习惯,同样是法治思维的一种具体表现。因此,公民只有自觉遵守宪法和法律,坚持从我做起,从身边做起,从具体问题做起,才能养成守法的习惯和法治思维。

法治思维是现代社会的成员应当具备的一种思维,与公民的专业和职业没有关系。缺乏法治思维的人做事情就可能违法。例如,一个搞经营的人没有法治思维,在经商时就可能上当受骗或者违法经营;一个科技人员缺乏法治思维,就很难知道依法保护自己的知识产权,也不会知道如何尊重别人的知识产权。有的大学生认为自己年纪尚小,培养法治思维是将来的事,这种想法是错误的。大学时代是世界观、人生观、价值观形成的黄金时期,也是法治思维形成的关键时期。大学生应当从进校之日起,就着力培养法治观念和法治思维,养成自觉依法办事的行为习惯,积极参与和支持法治中国建设。

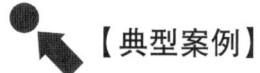【典型案例】

侵入地震局网站散布强地震假消息电脑黑客一审获刑一年半

2008年5月29日20时许,西安欧亚学院计算机专业大四学生贾志攀在宿舍上网时,利用其所掌握的计算机知识,通过个人电脑控制了欧亚学院的电脑网络服务器后,在浏览陕西省地震局信息网时,意外地发现该网站存在漏洞。在好奇心的驱使下,他立即使用专业工具非法侵入陕西省地震局信息网,并很快破解了管理该网站的用户名和密码,接着,进入该网站《汶川大地震应急》栏目,对其中内容进行浏览。非法侵入该网站时,贾志攀只是想从中了解一些地震信息。在浏览了一会准备退出时,他突然在好奇心的驱使下,准备在该栏目内发布一条虚假信息,制造一次恶作剧。接着,他立即编造了一条题为"今晚23时30分陕西等地有强烈地震发生!"的虚假消息。该消息的具体内容为:"根据我省和四川地质学家研究,四川汶川地震带板块频繁剧烈活动,并朝东北方向移动,地质学家告知2008年5月29日晚23时30分左右,有6~6.5级强烈地震发生,甘肃天水、宝鸡、汉中、西安等地将有强烈震感,请大家做好防范准备。"

在编好假信息后,他立即将该虚假信息通过陕西地震局信息网进行发布,并将该条信息编辑到网页头条的位置。该虚假信息发布2分钟后,贾志攀将页面刷新,发现浏览人数只有几十人。当时他也没有在意,就去了一趟厕所,回来后随意地刷新了一下地震局信息网。他吃惊地发现,在短短10分钟内自己所发的假强地震消息的浏览量达到700多次。当意识到自己发布假地震消息的严重性后,贾志攀立即将该消息删除。

与此同时,陕西省地震局信息网的工作人员也发现有黑客侵入网站并发布虚假消息,虽然该黑客已主动删除了该条虚假信息。为了确保安全,网站工作人员还是关闭了该网页的信息浏览。该虚假信息发布后,不断有群众向陕西省地震局打电话询问关于该条假信息的情况,严重扰乱了社会秩序,造成了社会恐慌。为了辟谣,陕西省地震局立即在网上发布了辟谣信息,防止社会恐慌扩大,安定民心。

事发后,陕西省地震局立即向省公安厅和西安市公安局报警。接到报警后,陕西省公安厅立即安排西安市公安局网监支队成立专案组,迅速展开侦破工作。民警在对陕西省地震局信息网进行现场勘察后,基本上锁定犯罪嫌疑人的IP地址。在进一步的侦破过程中,专案组确认非法攻入陕西地震信息网并编造散布虚假恐怖信息的黑客为西安欧亚学院2号楼218宿舍的贾志攀。经过西安公安网监支队和公安雁塔分局电子城派出所的密切配合,贾志攀被抓捕归案。

8月29日9时许,经西安雁塔区检察院起诉后,西安雁塔区法院依法对大学生贾志攀非法侵入陕西省地震局信息网编造、故意传播虚假恐怖信息一案进行了公开审理。在经过两个多小时的审理后,该案的审判长当庭宣判,法院认为,被告人贾志攀为满足自己的好奇心,明知在强烈地震后余震不断的情况下,发布虚假强烈地震的信息会造成社会恐慌,仍利用其掌握的计算机技术,非法侵入陕西省地震局官方网站,编造并发布了虚假的地震消息,其犯罪事实清楚,证据确凿充分,应当以编造、故意传播虚假恐怖信息罪追究其刑事责任。鉴于贾志攀在此案审理过程中能如实交代自己的犯罪过程,并对自己的犯罪行为有悔过表现,同时,其又是涉世未深的大学生,故本庭依法从轻宣判,贾志攀因犯编造、故意传播虚假信息罪,依法判处有期徒刑一年零六个月。

点评:

大学生是社会主义法治国家建设的重要力量,然而,一些大学生的涉法行为表现,如案例中因为好奇心的驱使而违法的大学生,暴露了他们在社会主义法治思维方面的缺失。培养法律思维并不是一件轻而易举的事情,而是需要付出艰苦的努力。大学生可以通过学习法律知识、掌握法律方法、参与法律实践等途径,在日常生活中逐渐养成从法律的角度思考、分析、解决法律问题的思维习惯。

三、尊重社会主义法律权威

法律权威是指法律在社会生活中的作用力、影响力和公信力,是法律应有的尊严和生命。包括大学生在内的每个公民都要深刻认识尊重社会主义法律权威的重要意义,都有义务和责任维护社会主义法律权威。尊重法律权威,既要尊重一般法律的权威,更要尊重宪法至上的权威。

(一) 尊重法律权威的重要意义

法律有无权威,取决于四个基本要素:一是法律在国家和社会治理体系中的地位和作用,占主导地位和起决定作用的法律有权威,否则无权威;二是法律本身的科学程度,反映客观规律和人类理性的法律有权威，否则无权威；三是法律在实践中的实施程度，在实践中得到严格实施和一体遵循的法律有权威，否则无权威；四是法律被社会成员尊崇或信仰的程度，反映人民共同意愿且为人民真诚信仰的法律有权威，否则无权威。我国社会主义法律是党的主张和人民意志的共同体现，是人民代表大会或人民政府制定的，应当具有最高的权威。在一定意义上，法律的权威就是执政党的权威、人民共同意志的权威和人民政权的权威，法律的权威源自人民的内心拥护和真诚信仰。

法律应当有权威，应当维护法律的权威，这本来是一个常识性问题，但让人们明白不容易，让人们做到更不容易。有一些党员干部不把法律权威当回事，把个人意志凌驾于法律之上，藐视法律权威，搞"我的地盘我做主"，造成极坏的影响；一些人之所以走上贪腐犯罪道路，也与内心不信仰法律、行为不尊重法律有很大关系。同样，一些人之所以实施杀人伤害、抢劫盗窃等犯罪行为，归根结底是因为其思想上、行动上不敬畏法律。因此，全体社会成员都尊重社会主义法律权威，不仅是保证法律发挥作用的基本前提和要求，也是保障个人平安幸福的底线和红线。我国社会主义法律具有独特的本质属性和社会作用，尊重和维护法律权威，意义更加重大，对全面依法治国更加必要。

1. 尊重法律权威是社会主义法治观念和法治思维的核心要求，是建设社会主义法治国家的前提条件

法律与国家前途、人民命运息息相关。树立法律权威，就是树立党和人民共同意志的权威。捍卫法律尊严，就是捍卫党和人民共同意志的尊严。只要我们切实尊重和有效实施法律，人民当家做主就有保证，党和国家的事业就能顺利发展。反之，如果法律受到漠视、削弱甚至破坏，人民的权利和自由就无法保证，党和国家的事业就会遭受挫折。

2. 尊重法律权威对于推进国家治理体系和治理能力现代化、实现国家的长治久安极为重要

法律权威是国家治理的坚实基础和关键。以法安天下则天下安，依法治天下则天下治，这也是千古不易的经验之谈。由于法律是一种超越任何个人意志的普遍性规则，并且具有稳定性和连续性，因此，当国家的最高权威系于法律时，国家就不会因领导者个人的变动和更迭而变化，从而有助于保持国家政治统治与社会秩序的稳定性和连续性。

3. 尊重法律权威是实现人民意志、维护人民利益、保障人民权利的基本途径

我国法律保护和实现的是人民的根本利益。从本质上讲，尊重和维护法律权威，就是尊重和维护人民的根本利益和其他合法权益的具体实践，也是尊重和保障人权的具体实践。尊重和维护法律权威，对于弘扬社会主义法治精神，不断坚定全社会尊法、学法、守法、用法的自觉性，逐步树立对社会主义法律的信仰，让人民利益和权利得到有力保障和充分实现，具有重要意义。

4. 尊重法律权威是维护个人合法权益的根本保障

在现实生活中，我们每个人都可能会遇到各种各样的个人权益受到侵害的问题，面对如人身安全与财产安全、交通安全与网络安全、生活安全与校园安全等各种风险。有人把当今社会称为风险社会，这种看法不无道理。依靠什么化解各种风险进而保障个人权益呢？在法治社会，只有依靠有权威的法律。有权威的法律能够威慑人、警示人、保护人，防范违法犯罪行为，能够保障守法公民享受安宁祥和的生活。因此，公民尊重法律权威，也是对个人幸福的最大尊重。

（二）尊重法律权威的基本要求

人民是国家的主人翁，是法治国家的建设者和捍卫者，尊重法律权威是其法定义务和必

备素质。就大学生而言,作为一个公民,要在尊重法律权威方面加强砥砺,在学习和生活中积极作为,养成敬畏法律的良好品质,努力成为尊重法律权威、信仰宪法法律的先锋。

1. 信仰法律

应当相信法律、信奉法律,树立崇尚法律、信仰法律的牢固观念,增强对法律的信任感、认同感。对法律常怀敬畏之心,常思敬重之情。法律必须被信仰,否则形同虚设。法律要发生作用,全社会都要信仰法律。如果对法律不信任,认为靠法律解决不了问题,而总是想找门路、托关系,或者采取极端行为,那就不可能建成法治社会。

2. 遵守法律

要用实际行动捍卫法律尊严,保障法律实施。参与社会活动,实施个人行为,都要以法律为依据,不得违反法律规范。处理问题、做出决定时,要先问问在法律上"是什么"和"为什么",是否合法可行。在处理守法与违法的关系时,要防微杜渐,防止因小失大。在面临选择的重要关头,要依法冷静权衡,防止头脑发热或心存侥幸而铸成大错。在创新创业活动中,要树立法治意识,学习和掌握工商企业法律规范、知识产权法律规范等,运用法律推进创新,转化成果,保护产权。在处理矛盾和冲突时,要法字当头,依法化解,谨防采取非法方式导致关系的紧张与事态的恶化。

3. 服从法律

应当拥护法律的规定,接受法律的约束,履行法定的义务,服从依法进行的管理,承担相应的法律责任。对一切依据法律和事实做出的决定,真心接受与认可,自觉予以执行。例如,因违法受到行政处罚或者被依法采取行政强制措施的,要认真履行;对人民法院依法公正做出的生效裁判,要主动履行,维护法律权威;对学校依据法律和校纪校规做出的各种奖惩决定,要严格执行,在日常生活中逐步培养尊重法律权威的习惯。

4. 维护法律

争当法律权威的守望者、公平正义的守护者、具有良知的护法者。对违法犯罪行为,要敢于揭露、敢于抵制;坚决克服事不关己、高高挂起的消极心态,消除袖手旁观、畏缩不前的恐惧心理,抵制遇事回避、私下了之的惧法现象。例如,老人摔倒无人搀扶、做好事反被诬告甚至见死不救等现象,虽然并不普遍,却引起强烈的社会反响。其实,帮扶弱者、见义勇为,不仅是一种道德诉求,也为我国法律所规定和保护,已经成为具有法律性质的社会行为,体现在我国的残疾人保障法、老年人权益保障法、未成年人保护法等法律中,以及不少地方制定的见义勇为人员奖励和保护条例等地方性法规中,这对践行法律、弘扬正气起到了极大的推动作用。所以,大学生要遵法守规、抑恶扬善,做新时代的护法使者。

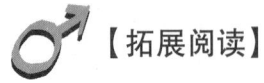【拓展阅读】

波茨坦的磨坊

19世纪普鲁士大公国(德国的前身)国王威廉一世,在波茨坦市近郊盖了一座占地面积很大的豪华行宫。可是,他发现行宫不远处的一间磨坊十分碍眼,刚好把前面的风景给挡住了。威廉一世十分不高兴,他找来内务大臣,让他去给磨坊主一些钱,把它拆了。内务大臣找到了磨坊主,可磨坊主说:"那是祖宗传下来的财产,我的任务就是维护下来,一代一代传下去，是无价之宝，我自己无法决定。"威廉一世以为磨坊主嫌钱太少，于是决定提高补偿金额。内务大臣再次转告磨坊主。可磨坊主还是不买账，表示这磨坊坚决不卖。威廉一世很生气，派出宫廷卫队把房子强行拆了。拆房子的时候，磨坊主说："皇帝当然权高势重，但德国尚有法院在！"第二天，磨坊主就将一纸诉状送到德国地方法院，状告国王。不久，法院做出判决：被告人因擅用王权，侵犯原告人由宪法规定的财产权利，触犯了《帝国宪法》第79条第6款，责成被告人威廉一世在原址立即重建一座同样大小的磨坊并赔偿原告人相关损失。威廉一世只得派人把已拆毁的磨坊重新建了起来。几十年后，威廉一世去世了，磨坊主也去世了。磨坊主的儿子因为经济拮据，准备将磨坊出售给威廉二世，他认为皇宫肯定认为这是一件两全其美的事情，既可以给行宫以更开阔的视野，又可以销毁威廉一世在世时官司失败的物证。但威廉二世却给磨坊主的儿子6000马克，并亲笔写了信，嘱咐他这磨坊是他们国家司法独立和裁判公正的纪念，要求把这磨坊世世代代传下去。

现在波茨坦市那座古旧的磨坊仍在，每年都有不少观光者，特别是一些法律专业毕业的大学生，他们以观摩磨坊为自己从业的必经程序。

学习思考

1. 中国特色社会主义法治道路的核心要义是什么？
2. 如何正确理解德治与法治？
3. 法治思维的基本内容及培养法治思维的途径？
4. 联系实际谈谈如何维护法律权威。

第八章　了解法律制度　自觉遵守法律

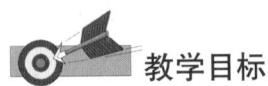 **教学目标**

通过本章教学，帮助学生在整体上了解我国社会主义法律体系的基本框架，理解我国的根本大法宪法的主要内容的基础上，学习和理解与我们日常生活直接有关的法律，民事法律制度和刑事法律制度。帮助学生增强法律意识和法制观念，并能解决实际生活中遇到的一些法律问题。

大学生作为国家公民，作为中国特色社会主义事业的建设者和接班人，肩负着建设国家的重大使命。了解国家的基本法律制度、掌握基本的法律知识，对于同学们自身的发展，对于国家的发展和进步，都具有重要的意义。

一、我国宪法规定的基本制度

宪法是国家的根本大法，具有最高的法律地位、法律权威、法律效力，具有根本性、全局性、稳定性、长期性，是治国安邦的总章程。宪法统帅下的社会主义法律体系，是由多个法律部门组成的有机统一整体。增强社会主义法律意识，不仅要掌握我国宪法确立的基本原则和制度，而且要了解各个法律部门的基本功能和原则。

（一）我国宪法的特征和基本原则

1. 宪法的特征

在我国现行法律体系中，宪法既具有与其他普通法律的相同之处，也具有自己鲜明的特征，即宪法是国家的根本大法。具体说来，表现在以下三个方面：

（1）在内容上，宪法规定国家生活中最根本最重要的方面。诸如国家的性质、国家的政权组织形式和国家的结构形式、国家的基本国策、公民的基本权利和义务、国家机构的组织及其职权等，都在宪法中作了明确规定。这些规定不仅反映着一个国家政治、经济、文化和社会生活等各方面的主要内容及其发展方向，而且从社会制度和国家制度的根本原则上规范着整个国家的活动。

（2）在效力上，宪法的法律效力最高。宪法的最高法律效力既体现为宪法是制定普通法律的依据，任何普通法律、法规都不得与宪法的原则和精神相违背，又体现为宪法是一切国家机关、社会团体和全体公民的最高行为准则。

（3）在制定和修改的程序上，宪法比其他法律更为严格。一方面，制定和修改宪法的机关，往往是依法特别成立的，而并非普通的立法机关；另一方面，通过、批准宪法或者其修正案的程序，往往严于普通法律。例如，我国宪法的修改由全国人民代表大会常务委员会或者 1/5 以上的全国人民代表大会代表提议，并由全国人民代表大会以全体代表的 2/3 以上的多数通过；而普通法律则只要立法机关成员的过半数通过即可。

2. 我国宪法确立的基本原则

我国宪法以国家根本法的形式，确立了中国特色社会主义道路、中国特色社会主义理论体系、中国特色社会主义制度的发展成果，反映了我国各族人民的共同意志和根本利益，成为历史新时期党和国家的中心工作、基本原则、重大方针、重要政策在国家法制上的最高体现。

（1）党的领导原则。中国共产党是中国特色社会主义事业的领导核心，党的领导是人民当家做主的根本保证。中国共产党执政就是党领导、支持、保证人民当家做主，最广泛地动员和组织人民群众依法管理国家和社会事务，管理经济和文化事业，维护和实现最广大人民的根本利益。我国宪法对中国共产党领导地位和执政地位的规定，既是对中国共产党领导中国各族人民在革命、建设和改革各个历史时期奋斗成果的确认，也是对我国国家性质和根本制度的确认，集中体现了党的主张和人民意志的高度统一。

（2）人民主权原则。主权是指国家的最高权力。人民主权是指国家中绝大多数人拥有国家的最高权力。人民当家做主是社会主义民主政治的本质和核心。我国宪法体现了人民主权原则，强调国家的一切权力属于人民。这一原则在宪法中的表现是多方面的。宪法通过确认我国人民民主专政的国体，保障了广大人民群众在国家中的主人翁地位；通过确认以公有制为主体、多种所有制经济共同发展的基本经济制度，为人民当家做主奠定了经济基础；通过确认人民代表大会制度的政体，为人民当家做主提供了组织保障；通过确认广大人民依照法律规定，通过各种途径和形式，管理国家事务，管理经济和文化事业，管理社会事务的权利，把人民当家做主贯彻于国家和社会生活各个领域。

（3）人权保障原则。人权是指人作为人享有和应当享有的基本权利。我国宪法规定的公民基本权利，都是最重要的人权，包括公民有参与国家政治生活的权利和自由、公民的人身自由和信仰自由、公民在社会经济文化方面的权利等。2004年，我国宪法还将"国家尊重和保障人权"规定为一项基本原则，体现了对人权保障更加重视。

（4）法治原则。法治就是按照法律治理国家、管理社会、规范行为，是对人治的否定。我国宪法明确规定实行依法治国，建设社会主义法治国家。依法治国的基本格局是"科学立法、严格执法、公正司法、全民守法"。依法治国首先是依宪治国，同时国家的法律法规也应获得普遍的服从。要推进国家各项工作法治化，维护社会公平正义，维护社会主义法制的统一、尊严、权威。任何组织和个人都要在宪法和法律范围内活动，一切违法行为都应受到法律的追究，法律面前人人平等。

（5）民主集中制原则。民主集中制是集中全党全国人民集体智慧，实现科学决策、民主决策的基本原则和主要途径。我国宪法规定，中华人民共和国的国家机构实行民主集中制原则。国家权力统一由全国人民代表大会和地方各级人民代表大会行使，全国人民代表大会和地方各级人民代表大会由民主选举产生，对人民负责，受人民监督。广大人民的共同意志通过民主形式集中起来，并通过法定程序上升为国家意志。国家行政机关、审判机关、检察机关都由人民代表大会产生，对它负责，受它监督。中央和地方国家机构职权的划分及其活动，遵循在中央统一领导下，充分发挥地方的主动性、积极性的原则。

（二）我国宪法确立的国体

国体即国家性质，是国家的阶级本质，是指社会各阶级在国家生活中的地位和作用。人民民主专政是我国的国体。我国宪法规定："中华人民共和国是工人阶级领导的、以工农联盟为基础的人民民主专政的社会主义国家。"

为了保证人民当家做主，我国宪法规定了人民代表大会制度这项根本政治制度。人民代表大会制度是中国社会主义民主政治最鲜明的特点，是人民当家做主的重要途径和最高实现形式，是社会主义政治文明的重要制度载体，是我国的根本政治制度。人民代表大会制度是我国的政权组织形式。政权组织形式，又称政体，是指掌握国家权力的阶级实现国家权力的政权体制，是形成和表现国家意志的方式，或者说是表现国家权力的政治体制。国体决定政体，政体体现国体。依照我国宪法，人民行使国家权力的机关是全国人民代表大会和地方各级人民代表大会。国家机构实行民主集中制原则，通过民主选举组成全国人民代表大会和地方各级人民代表大会，并以人民代表大会为基础，建立全部国家机构，对人民负责，受人民监督，以实现人民当家做主的制度。行政机关、审判机关、检察机关由人民代表大会产生，对它负责，受它监督，这与一些国家实行的立法机关、行政机关和司法机关平起平坐、三权分立有本质区别。

人民代表大会制度这一根本政治制度，能够有效保证人民享有更加广泛、更加充实的权利和自由，保证人民广泛参加国家治理和社会治理；能够有效调节国家政治关系，发展充满活力的政党关系、民族关系、宗教关系、阶层关系、海内外同胞关系，增强民族凝聚力，形成安定团结的政治局面；能够集中力量办大事，有效促进社会生产力解放和发展，促进现代化建设各项事业，促进人民生活质量和水平不断提高；能够有效维护国家独立自主，有力维护国家主权、安全、发展，维护中国人民和中华民族的福祉。

（三）我国宪法确立的基本政治制度

我国宪法确立的基本政治制度，主要有中国共产党领导的多党合作和政治协商制度、民族区域自治制度和基层群众自治制度。

1. 中国共产党领导的多党合作和政治协商制度

共产党领导、多党派合作，共产党执政、多党派参政是中国共产党领导的政党制度的基本特色，也是我国政治制度的一大优势。我国宪法规定："中国共产党领导的多党合作和政治协商制度将长期存在和发展。"这一制度符合中国国情，反映了中国共产党同各民主党派长期共存、互相监督、肝胆相照、荣辱与共的关系。中国人民政治协商会议是中国共产党领导的多党合作和政治协商的重要机构，是我国政治生活中发扬社会主义民主的重要形式。

2. 民族区域自治制度

民族区域自治制度是中国共产党和各族人民的一个伟大创造。我国宪法规定："中华人民共和国是全国各族人民共同缔造的统一的多民族国家。"民族区域自治制度体现了国家的集中统一和民族区域自治的正确结合，体现了全国各民族人民的共同利益和少数民族特殊利益的正确结合。它可以保证少数民族当家做主，更好地管理本民族的内部事务；它可以促进少数民族地区尽快地发展，促进全国各民族的共同繁荣昌盛；它可以促进民族团结，保证国家的统一，有利于加强边疆建设和巩固国防。

3. 基层群众自治制度

基层群众自治制度是城乡基层群众在党的领导下，依法直接行使民主权利，管理基层公共事务和公益事业，实行自我管理、自我服务、自我教育、自我监督的一项基本政治制度。基层群众自治是基层民主的主要实现形式，是人民当家做主最有效、最广泛的途径。我国宪法规定，城市和农村按居民居住地区设立的居民委员会或者村民委员会是基层群众性自治组织。城市居民委员会组织法和村民委员会组织法，为发展城乡基层民主，加强基层政权建设，保障城乡居民享有更多更切实的民主权利提供了法律依据。

（四）我国宪法确立的基本经济制度

基本经济制度是指一国通过宪法和法律调整以生产资料所有制为核心的各种基本经济关系的规则、原则和政策的总和。我国宪法规定："中华人民共和国的社会主义经济制度的基础是生产资料的社会主义公有制，即全民所有制和劳动群众集体所有制。社会主义公有制消灭人剥削人的制度，实行各尽所能、按劳分配的原则。"同时还规定："国家在社会主义初级阶段，坚持公有制为主体、多种所有制经济共同发展的基本经济制度，坚持按劳分配为主体、多种分配方式并存的分配制度。"

社会主义公有制是我国经济制度的基础。全民所有制和劳动群众集体所有制是我国社会主义公有制的两种基本形式。全民所有制经济即国有经济，是国民经济中的主导力量，控制着国家的经济命脉，决定着国民经济的社会主义性质。我国宪法规定，国家保障国有经济的巩固和发展。国家保护城乡集体经济组织的合法的权利和利益，鼓励、指导和帮助集体经济的发展。个体、私营等各种形式的非公有制经济是社会主义市场经济的重要组成部分，对充分调动社会各方面的积极性、加快生产力发展具有重要作用。国家保护个体经济、私营经济等非公有制经济的合法权利和利益。国家鼓励、支持和引导非公有制经济的发展，并对非公有制经济依法实行监督和管理。坚持平等保护物权，形成各种所有制经济平等竞争、相互促进的新格局。

【拓展阅读】

秦前红：如何理解习近平总书记所谈"依宪治国""依宪执政"？

中共中央总书记习近平在庆祝全国人民代表大会成立60周年大会上的讲话中强调："宪法是国家的根本法，坚持依法治国首先要坚持依宪治国，坚持依法执政首先要坚持依宪执政。"此前的2012年12月，习近平也曾在首都各界纪念现行宪法公布施行30周年大会上的讲话中指出："依法治国，首先是依宪治国；依法执政，关键是依宪执政。"实际上，"依法治国首先要依宪治国"并非新提法，十年前的2004年9月，这一表述即被正式列入执政党的话语体系，但习近平总书记此次讲话中两次以强调的语气提及"依法治国""依宪执政"依然显得不同寻常。联想到过去一年多来围绕宪政的激烈争辩，以及"依宪治国""依宪执政"在官媒中若隐若现的命运沉浮，本次习近平总书记代表执政党对治国理政基本方略和基本方式的重复宣示，则更显得耐人寻味。

法治的精义在于宪法之治

依法治国和依宪治国这一理论主张和治国纲领在当下已取得基本社会共识，而这一共识的取得却经历了漫长而艰难的过程。1954年9月，《中华人民共和国宪法》经第一届全国人大第一次会议全票通过，然而这部被视为"记录了全国人民在中国共产党领导下进行长期革命斗争而取得的胜利成果"的宪法很快就被束之高阁，人治替代了法治，这不仅导致了领导人个人的悲剧，更使整个国家陷入"无法无天"的动乱与浩劫。即便是国家主席，在遭受批斗时试图以手持宪法文本的方式捍卫其作为一名公民的尊严和基本权利，也得不到半点回响。走出"文革"劫难的人们深刻认识到，没有法制就不可能有国家的长治久安，"有法可依,有法必依,执法必严,违法必究"成为社会主义法制建设的基本方针。1982年,"国家维护社会主义法制的统一和尊严""健全社会主义法制"被写入宪法序言,1997年党的十五大正式提出了"依法治国"的基本方略,两年后,"中华人民共和国实行依法治国,建设社会主义法治国家"被载入宪法。由此可以说,依法治国方略的确立是执政党对建国之后前30年治国经验与教训的深刻总结使然。

如果仅仅将"依法治国首先要依宪治国"局限于实证法体系的理解,亦即宪法是根本法,其他普通法律都依据宪法制定,不得违反宪法。此种理解固然正确,但有失肤浅。宪法共识是最根本的国家共识。在当下中国这样阶层众多、利益多元的社会环境里,人们的观念、见解必然形形色色。如何避免因观念的歧见造成行动的冲突,如何防止因利益的纷争引发彼此的对抗,如何消弭各人自以为是而带来的社会混沌无序,意识形态、宗教信仰、道德、法律无疑都是重要调节手段。但只有通过理性协商、全民讨论并借由一套缜密的立宪程序外化而成的宪法,才能凝聚全民最大的共识,并具有最强的稳定性、权威性。在意识形态极化的年代,人们的思想定于一尊。权力体制的高覆盖强渗透造成"行政吸纳社会"的畸形政治生态,人们的思想和言论空间被极端窄缩。在此种情况下,行政控制、运动式社会动员、口号文件治国成为可依赖的社会管控路径。领袖和其他掌握高权者的决断代替了一切商谈和妥协,专断的意志吞没了共识存在的可能。

宪法乃一国之根本大法,是治国安邦的总章程,规定全面的、重大的社会事务和国家事务,是全国人民根本的行为准则,一般法律的制定皆以宪法为依据和基础,宪法表征了执政者执政的合法性。因此,法治的首要之义就是宪法之治,如果治国不依宪,那就等于废弃了立国的根本,背离了最根本的国家共识,依法治国这一治国方略就会成为无源之水、无本之木,建设社会主义法治国家更是无从谈起。

依宪治国可以限缩国家权力、增进公民权利

从特征层面而言,宪法以对国家权力的构造和限制为核心内容,以保障并增进公民权利为终极追求。国家和公民作为最主要的宪法主体,实行依宪治国对二者都会产生不可估量的正面效应。

依宪治国能够制约权力专横,防止权力腐败。绝对的权力导致绝对的腐败,这是被历史反复证明过的普适性真理。法治能够规约权力,民主能够让权力谦卑,这亦是政治文明的一条重要规律。作为民主制度产物的宪法能够借由人民代表大会的授权与监督制度、公民言论自由制度、真实的选举制度,来保证权力源于民、属于民、依于民、归于民,从而展现社会主义民主的真谛;宪法规定的预算决算制度、审计制度、财政税收制度,如能严格恪守,则可以打造一个廉洁政府,防止政府权力无限地扩张;宪法确立的公民基本权利制度构成政府权力的边界和政府施政的目的,而司法机关严格依照宪法、法律行使职权,则能有效防范公权侵犯公民利益,形塑公平、正义的保护者的高大形象。

依宪治国能给予人民对于未来的良好预期,并能为人民提供梦想成真的机会。尽管关于幸福的理解有着强烈的主观向度,但人格有尊严、权利有保障、发展有机会、未来有预期,却是构成最大公约数的幸福衡量标准。中国有着由法律、法规、条例、政策构成的多种行为准则体系,但只有以宪法为根本的行为准则,才能力避准则林立造成人们行为选择的无所适从,以宪法为核心的法治统一,实质是引领人民生活的行为判断标准的统一;宪法能够把人民当家做主、自由自主支配生活的诉求制度化、法治化,使其"不以领导人的改变而改变,不以领导人看法和注意力的改变而改变",从而避免因权力的恣意带来社会生活的彷徨无措;对宪法的忠诚集中表征了对国家、民族的忠诚,宪法被尊重和恪守,是人民对国家、民族抱有信心的力量源泉。

依宪治国使依宪执政成为逻辑必然

从比较法的角度看,西方政党的运行是以选举为中心来展开的,选举是政党获取、执掌权力的"合法性"方式,政党一旦进入权力体制之中,它自身就成为一个被监视和控制的对象,在严格的法治主义背景下,执政党的权力边界颇为清晰;中国执政党执政的"合法性"并不依靠周期性的选举"授权",而是来自于"革命成功的事实"和"改革开放的实效",党缔造军队、创立国家的事实即使党成为国家、军队的当然领导者。执政党的组织和执政党的领导人的权力由于没有具体的法律可以依凭,其权力的边界是极为模糊的,所以立法权、司法权、行政权都可以最终归结到执政党的领导权这一元中,执政党对所有国家权力的干预似乎也成为当然之义。然而,倘若执政党的角色与国家机关的角色并无区隔,那么,通过法治建立权力运行秩序几无可能,依宪治国自然也就成为空谈。因此,作为"中国特色社会主义事业的领导核心",执政党治国理政的行为也必须依照宪法和法律,亦即依法执政、依宪执政。

恪守依宪执政,可为执政党提供最坚实的合法性基础。打江山、坐江山,改革开放的政绩实效曾是执政党执政的重要依据,但依宪执政则是执政党未来长期执政的最重要前提。宪法能把执政党的意志转化为人民的根本意志,实现党的意志和人民意志的根本统一;宪法确立党的民主与人民民主发展的轻重缓急秩序,避免中国民主发展陷于民粹和僵滞;宪法确立了执政党的宪法地位,使执政党的领导有了宪法和法律的支撑与保障;宪法要求"一切政党和社会组织必须在宪法和法律范围内活动",从而能够厘清党的行为与国家行为的边界,确保宪法和法律的严肃性和权威性。

在依宪治国作为治国纲领得以确定后,依宪执政这一治国的基本方式也得到最高层的肯定,并在各类场合加以宣示。习近平曾在首都各界纪念现行宪法公布施行30周年大会上指出:"新形势下,我们党要履行好执政兴国的重大职责,必须依据党章从严治党、依据宪法治国理政。"执政党在部署全面深化改革总体任务时也特别强调,"凡属重大改革都要于法有据,在整个改革过程中,都要高度重视运用法治思维和法治方式","任何组织或者个人都不得有超越宪法法律的特权,一切违反宪法法律的行为都必须予以追究"。

对现代民主和法治规律的认知和深刻把握,是中国共产党由革命党向执政党转型的基础性条件之一。习近平总书记在纪念讲话中提到了评价一个政治体制是否良善的8条标准,包括国家领导层是否依法有序更替,全体人民能否依法管理国家事务和社会事务,管理经济和文化事业,群众能否畅通表达利益要求,社会各方面能否参与国家政治生活,国家决策能否实现科学化、民主化,各方面人才能否公平竞争进入国家领导和管理体系,执政党能否依照宪法法律规定实现对国家事务的领导,权力运用能否得到有效制约和监督。这些都是关乎一国治理体系和治理能力的根本性宪制指标。薄熙来、周永康事件曾使执政党遭受前所未有的执政危机,也暴露了中国宪政体制的孱弱,因此依宪治国、依宪执政能力建设,将成为未来一段时间内中国民主、法治建设的重中之重。

(选自财新网2014年9月12日)

二、我国的民事法律制度

在所有的法律部门中,民法是与我们的日常生活最为密切的法律部门。我们的人身、人格、财产等利益都受到民法的保护,我们与他人之间发生的买卖、租借等日常活动都受到民法的调整。一个人终其一生,甚至在出生之前、死亡之后,都要受到民法的保护或约束。例如,母腹中胎儿的继承权受民法保护;人们的名誉权、著作权等权利在其死后一定时间内仍受法律保护。民法被奉为"生活的百科全书",因为民法规范既蕴含着一定的生活理念,又内含着丰富的生活技巧。认真学习、掌握民法的知识和规定,不仅有助于依法办事,也有助于恰当地解决许多现实生活问题。

(一) 民法的概念和原则

民法是调整作为平等主体的自然人、法人和其他组织之间的财产关系和人身关系的法律规范的总称。我国1986年公布并施行的《中华人民共和国民法通则》(以下简称《民法通则》),规定了民事法律的基本制度。

民法的基本原则是对民事立法、司法和民事活动具有普遍指导意义和约束功能的基本行为准则,其效力贯穿于整个民事法律制度。民法的基本原则主要有:一是平等原则。是指民事主体享有独立、平等的法律人格,在具体的民事法律关系中互不隶属,能自主地表达自己的意愿,其合法权益平等地受法律保护。二是自愿原则。是指民事主体在法律允许的范围内有完全的意志自由,可以根据自己的意愿参加民事活动,做出民事行为,并自主地决定民事法律行为的形式与内容,任何组织和个人都不得非法予以干预、强迫或胁迫。三是公平原则。是指应当以利益均衡作为价值判断标准来调整民事主体之间的物质利益关系,确定其民事权利、民事义务和民事责任。四是诚实信用原则。是指民事主体从事民事活动、行使民事权利或履行民事义务时,应善意无欺,讲求信用,不规避法律和约定。五是禁止权利滥用原则。是指民事主体在行使民事权利时,应当尊重社会公德,不得损害社会公共利益和他人利益。

(二) 民事主体制度

在我国,民事主体主要是自然人和法人。自然人,是依自然规律出生而取得民事主体资格的人。自然人的民事权利能力,是指法律确认的自然人享有民事权利、承担民事义务的资格。公民的民事权利能力一律平等。自然人从出生时起到死亡时止,具有民事权利能力。民事行为能力是民事主体独立实施民事法律行为的资格。按照《民法通则》的规定,自然人满18周岁,具有完全民事行为能力,可以独立实施民事行为。16周岁以上不满18周岁,以自己劳动收入为主要生活来源的,视为有完全行为能力。不满10周岁的未成年人和完全不能辨认自己行为的精神病人为无民事行为能力人,10周岁以上的未成年人和不能完全辨认自己行为的精神病人(包括痴呆病人)为限制行为能力人。限制行为能力人可以实施与其智力相当的民事行为,其他民事行为则应当由其监护人或法定代理人代理。

法人是具有民事权利能力和民事行为能力,依法独立享有民事权利和承担民事义务的组织。《民法通则》第三十七条规定法人成立的法律要件有四项:依法成立,有必要的财产或者经费,有自己的名称、组织机构和场所,能够独立承担民事责任。按法人的功能、设立方法以及财产来源的不同,法人分为四类,即企业法人、机关法人、事业单位法人和社会团体法人。

(三) 民事行为制度

民事主体取得权利和承担义务,必须通过自己的行为,例如订立合同,订立遗嘱,设立公司以及结婚、收养等。民法分别规定了各种行为的成立条件、生效条件和法律后果。只有符合法律条件的行为,才能够发生当事人所希望的法律后果。我国《民法通则》第五十四条规定:"民事法律行为是公民或者法人设立、变更、终止民事权利和民事义务的合法行为。"也就是说,民事法律行为是按当事人意思产生变动权利义务关系效果的合法行为。我国《民法通则》第五十五条规定了民事法律行为的有效要件:行为人具有相应的民事行为能力,意思表示真实,不违反法律或者社会公共利益。民事法律行为可以采用书面形式、口头形式或其他形式。法律规定用特定形式的,应当依照法律规定。

由于民事主体不可能亲自进行所有的民事行为,而可以通过签订合同等形式委托他人代理,因此也就产生了代理制度。代理是代理人在代理权限内,以本人(被代理人)名义向第三人(相对人)进行意思表示或受领意思表示,而该意思表示直接对本人生效的民事法律行为。以代理权产生原因的不同为标准,代理可分为委托代理、法定代理和指定代理。

(四)民事权利制度

民事权利是指自然人、法人或其他组织在民事法律关系中享有的具体权益。民事权利所包含的利益,可以分为财产利益和非财产利益。因此,民事权利可以分为财产权和非财产权两大类。我国民法所规定的民事权利,主要有物权、债权、知识产权、继承权、人格权、身份权等。

物权是指权利主体直接支配财产的权利,它既具有人对物的内容,同时又具有直接对抗一般人的效力。作为一个法律范畴,物权是权利人直接支配其标的物,并享受其利益的排他性权利。所有权是最典型、最完全的物权。抵押权、质权、留置权、土地使用权是不完全的物权。所有权包含对所有物使用价值和交换价值的支配。土地使用权属于用益物权,是对标的物使用价值的支配,即对标的物的占有、使用和收益。抵押权、质权、留置权属于担保物权,是对标的物交换价值的支配,即在所担保债务到期不能清偿时,以变卖标的物的价款抵偿。

债权是指请求相对人为特定行为(给付)的权利,性质上属于请求权。合同关系上的权利,就是最典型的债权。债权包含给付请求权、给付受领权、保护请求权三项权能。

知识产权是指民事主体对智力劳动成果依法享有的专有权利,主要包括著作权、邻接权、专利权、商标权、商业秘密权、植物新品种权、集成电路布图设计权和商号权等。

继承权是自然人依照法律规定或者被继承人遗嘱的指定,享有的承受被继承人遗产的民事权利。

人格权是法律赋予民事主体以人格利益为内容的,作为一个独立的法律人格所必须享有的且与其主体人身不可分离的权利。人格权又包括健康权、姓名权、肖像权、隐私权、婚姻自主权等具体权利。

身份权是民事主体基于某种特定身份享有的民事权利。身份权主要包括配偶权和亲属权。

物权、债权、知识产权、继承权、人格权和身份权构成了完整的民事权利体系。民法分别就各种民事权利的产生、变更、移转、消灭设置了具体规则,分别构成各种民事权利制度。

(五)民事责任制度

民事责任,是指民事主体因违反民事义务或者侵犯他人的民事权利所应承担的法律责任。我国《民法通则》第一百零六条规定:"公民、法人违反合同或者不履行其他义务的,应当承担民事责任。""公民、法人由于过错侵害国家的、集体的财产,侵害他人财产、人身的,应当承担民事责任。""没有过错,但法律规定应当承担民事责任的,应当承担民事责任。"

我国《民法通则》以民事责任发生的原因为标准,将其分为违约的民事责任和侵权的民事责任两类。一般民事责任的构成要件有:客观上,存在损害事实,行为具有违法性,违法行为和损害事实之间存在因果关系,行为人主观上有过错。

对各种侵害民事权利的行为进行制裁和对受害人予以救济的法律形式和规则,构成民事责任制度。根据《民法通则》的规定,承担民事责任的方式主要有:停止侵害,排除妨害,消除危险,返还财产,恢复原状,修理、重作、更换,赔偿损失,支付违约金,消除影响,恢复名誉,赔礼道歉。

(六) 民事时效制度

为了督促权利人及时行使民事权利,我国《民法通则》规定了诉讼时效制度。所谓诉讼时效,是指民事权利受到侵害的权利人在法定的时效期间内不行使权利,当时效期间届满时,就丧失了请求人民法院依诉讼程序强制义务人履行义务的权利。诉讼时效分为普通诉讼时效和特殊诉讼时效两类。普通诉讼时效适用于一般民事法律关系,分为两类:一般诉讼时效期间为2年,短期诉讼时效期间为1年。我国《民法通则》规定以下四种性质的案件,其诉讼时效期间为1年:因身体受到伤害要求赔偿的,出售质量不合格的商品未声明的,延付或拒付租金的,寄存财物被丢失或者毁损的。特殊诉讼时效是指由特别法规定的诉讼时效,如《合同法》第一百二十九条规定涉外合同诉讼时效期间为4年。诉讼时效期间从权利人知道或者应当知道权利被侵害时起计算。但是,从权利被侵害之日起超过20年的,法律不予保护。

(七) 合同法律制度

合同是我们在日常生活中经常运用的法律工具。例如,大学生在毕业后,要与用人单位签订劳动合同。根据我国《合同法》第二条的规定,合同是指平等主体的自然人、法人、其他组织之间设立、变更、终止民事权利义务关系的协议。我国《合同法》对合同的订立、效力、履行、变更、转让、终止、违约责任以及15类主要合同都做出了明确规定。当事人订立合同,采用书面形式、口头形式和其他形式。合同的内容由当事人约定,一般包括以下条款:当事人的名称或者姓名和住所,标的,数量,质量,价款或者报酬,履行期限、地点和方式,违约责任,解决争议的方法。当事人必须按照合同的约定全面履行自己的义务。当事人一方不履行合同义务或者履行合同义务不符合约定的,应当承担继续履行、采取补救措施或者赔偿损失等违约责任。

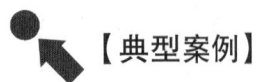【典型案例】

钱缘诉上海屈臣氏日用品有限公司搜身侵犯名誉权案

女大学生钱缘携侄子进入上海屈臣氏日用品有限公司四川北路店购物,当钱缘从店堂正门出门时,店门口警报器鸣响,引起被告女店员怀疑。后女店员与女保安强行将钱缘带入地下商场内的办公室,在用手提电子探测器检查钱缘全身后,要求脱去裤子接受检查。钱缘被迫解扣脱裤,女店员还伸手探入裤内检查,未发现带磁物品,于是允许钱缘离店。几天后,

钱缘向人民法院提起诉讼，要求上海屈臣氏日用品有限公司公开登报赔礼道歉并赔偿自己的精神损失。

法院经审理后认为：被告四川北路店对原告所进行的搜查，非法律所赋予的权利，其亦无权要求原告承担配合的义务。故被告在店内对原告实施的非法行为，已构成严重侵犯原告人身权利和名誉权，理应承担民事责任。据此上海市第二中级人民法院依法做出判决：上海屈臣氏日用品有限公司向钱缘赔礼道歉，赔偿钱缘精神损害费1万元。

 点评：

上海屈臣氏日用品有限公司四川北路店对钱缘强行进行检查并迫使其解扣脱裤的行为，违反了我国《宪法》和《民法通则》的有关规定，侵犯了钱缘的人身权和名誉权。根据《民法通则》规定，公民、法人享有名誉权，公民的人格尊严受法律保护，禁止用侮辱、诽谤等方式损害公民、法人的名誉。公民的姓名权、肖像权、名誉权、荣誉权受到侵害的，有权要求停止侵害，恢复名誉，消除影响，赔礼道歉，并可以要求赔偿损失。

三、我国的刑事法律制度

在所有的违法行为中，犯罪行为是最严重的违法行为。在所有的法律惩罚中，刑罚是最严厉的惩罚方式。我国《刑法》规定了刑法的原则和适用范围、犯罪的构成和形态、刑罚的种类和适用以及各类具体的犯罪。《刑法》明文规定了刑法的三个基本原则：罪刑法定原则、平等适用刑法原则、罪责刑相适应原则。

（一）犯罪概述

犯罪是指严重危害社会，触犯刑法并应受刑罚处罚的行为。

1. 犯罪构成

犯罪构成是指依照我国刑法规定的由相互联系、相互作用的诸要件组成的具有特定犯罪性质和社会危害性的有机整体。犯罪构成包括：犯罪主体，指实施了危害社会的行为、依法应当承担刑事责任的自然人和单位；犯罪主观方面，指犯罪主体对自己的行为危害社会的结果所持有的心理态度，它包括罪过（犯罪故意和犯罪过失）、犯罪的目的和动机等因素；犯罪客体，即我国刑法所保护的、为犯罪行为所危害的社会关系；犯罪客观方面，指犯罪活动的客观外在表现，具体表现为危害行为、危害结果、犯罪特定的时间、地点、方法等。

2. 排除犯罪的事由

排除犯罪的事由，是指虽然行为人的行为在客观上造成一定的损害结果，表面上符合某种犯罪的客观要件，但实际上没有犯罪的社会危害性，不符合犯罪构成，依法不成立犯罪的事由。《中华人民共和国刑法》（以下简称《刑法》）明文规定了两种排除犯罪的事由，即正当防卫和紧急避险。《刑法》第二十条规定："为了使国家、公共利益、本人或者他人的人身、财产和其他权利免受正在进行的不法侵害，而采取的制止不法侵害的行为，对不法侵害人造成损害的，属于正当防卫，不负刑事责任。"《刑法》第二十一条规定："为了使国家、公共利益、本人或者他人的人身、财产和其他权利免受正在发生的危险，不得已采取的紧急避险行为，造成损害的，不负刑事责任。"

3. 正当防卫

根据《刑法》第二十条规定，为使国家、公共利益、本人或者他人的人身、财产和其他权利免受正在进行中的不法侵害,而采取的制止不法侵害的行为,对不法侵害人造成损害的,属于正当防卫,不负刑事责任。

正当防卫明显超过必要限度造成重大损害的,应当负刑事责任,但是应当减轻或者免除处罚。对正在进行行凶、杀人、抢劫、强奸、绑架以及其他严重危及人身安全的暴力犯罪,采取防卫行为,造成不法侵害人伤亡的,不属于防卫过当,仍然属于正当防卫,不负刑事责任。

4. 故意犯罪形态

故意犯罪形态是指故意犯罪在其发展过程中,由于某种原因而停止下来的各种犯罪状态,即犯罪预备、犯罪未遂、犯罪中止与犯罪既遂。《刑法》第二十二条规定,为了犯罪,准备工具、制造条件的,是犯罪预备。对于预备犯,可以比照既遂犯从轻、减轻处罚或者免除处罚。《刑法》第二十三条规定,已经着手实行犯罪,由于犯罪分子意志以外的原因而未得逞的,是犯罪未遂。对于未遂犯,可以比照既遂犯从轻或者减轻处罚。根据《刑法》第二十四条规定,在犯罪过程中,自动放弃犯罪或者自动有效地防止犯罪结果发生的,是犯罪中止。对于中止犯,没有造成损害的,应当免除处罚;造成损害的,应当减轻处罚。犯罪既遂是指行为人故意实施的行为已经具备了某种犯罪构成的全部要件。

5. 共同犯罪

根据《刑法》第二十五条的规定,共同犯罪是指二人以上共同故意犯罪。《刑法》根据共同犯罪人的作用并适当考虑分工的情况,将共同犯罪人分为主犯、从犯、胁从犯与教唆犯,并规定了不同的刑事责任原则。组织、领导犯罪集团进行犯罪活动的或者在共同犯罪中起主要作用的,是主犯。对组织、领导犯罪集团的首要分子,按照集团所犯的全部罪行处罚;对犯罪集团首要分子以外的主犯,应当按照其所参与的或者组织、指挥的全部犯罪处罚。在共同犯罪中起次要或者辅助作用的,是从犯。对于从犯,应当从轻、减轻处罚或者免除处罚。被胁迫参加犯罪的,是胁从犯。对于胁从犯,应当按其犯罪情节减轻处罚或者免除处罚。教唆犯是指故意教唆他人实施犯罪的犯罪分子。教唆他人犯罪的,应当按照他在共同犯罪中所起的作用处罚。教唆不满18周岁的人犯罪的,应当从重处罚。如果被教唆的人没有犯所教唆的罪,对于教唆犯,可以从轻或者减轻处罚。

(二) 刑罚制度

刑罚是由刑法规定的,由国家审判机关依法对犯罪分子适用的限制或者剥夺其某种权益的一种强制性的法律制裁方法。

1. 刑罚的体系

我国《刑法》所规定的刑罚体系由主刑和附加刑构成。主刑是指对犯罪分子独立适用的主要刑罚方法,包括管制、拘役、有期徒刑、无期徒刑与死刑。管制是指由人民法院依法判决,对犯罪分子不予关押,但限制其一定人身自由,交由公安机关执行和人民群众监督改造的刑罚方法。拘役是指短期剥夺犯罪分子的人身自由,就近强制进行劳动改造的刑罚方法。有期徒刑是指剥夺犯罪分子一定期限的人身自由,实行强制劳动改造的刑罚方法。无期徒刑是指剥夺犯罪分子终身自由,并强制进行劳动改造的刑罚方法。死刑是指剥夺犯罪分子生命的刑罚方法,是一种最严厉的刑罚。附加刑是指补充主刑适用的刑罚方法。它既可以作为主刑的附加刑,也可以独立适用。《刑法》规定的附加刑有罚金、剥夺政治权利、没收财产以及适用于犯罪的外国人的驱逐出境。罚金是由人民法院判处犯罪人向国家缴纳一定数额金钱的刑罚方法。剥夺政治权利是指剥夺犯罪人参加国家管理和政治活动权利的刑罚方法。没收财产是把犯罪分子个人所有财产的一部分或全部强制无偿地收归国有的刑罚方法。驱逐

出境是指强迫犯罪的外国人离开中国国境的刑罚方法。

2. 刑罚的裁量

刑罚的裁量即量刑,是指人民法院对于犯罪分子依法予以裁量并决定其刑罚的活动。对于犯罪分子决定刑罚应当根据犯罪事实、性质、情节和对社会的危害程度,依照刑法的有关规定予以判处。包括累犯、自首和立功、数罪并罚、缓刑等。

累犯是指被判处一定刑罚的犯罪人,在刑罚执行完毕或者赦免以后,在法定期限内又犯一定之罪的情况。对于累犯,从重处罚,但过失犯罪除外。自首分为一般自首和特别自首。对于自首的犯罪分子,可以从轻或者减轻处罚;其中,犯罪较轻的,可以免除处罚。立功分为一般立功和重大立功。犯罪人有立功表现的,可以从轻或减轻处罚;有重大立功表现的,可以减轻或免除处罚;犯罪后自首又有重大立功表现的,应当减轻或免除处罚。数罪并罚,是指人民法院对一人犯数罪分别定罪量刑,并根据法定原则与方法,决定应当执行的刑罚。缓刑是指人民法院对判处拘役、三年以下有期徒刑的犯罪分子,根据其犯罪情节及悔罪表现,认为暂缓执行原判刑罚,确实不致再危害社会的,可以规定一定的考验期,暂缓其刑罚的执行;在考验期内,如果符合法定条件,原判刑罚就不再执行的一项制度。此外,我国《刑法》还对减刑、假释和时效做出了规定。

(三)犯罪种类

我国《刑法》规定了下列十大类犯罪:

第一,危害国家安全罪,是指故意危害中华人民共和国的主权、领土完整和安全,分裂国家,颠覆国家政权,推翻社会主义制度,危及国家安全的行为。

第二,危害公共安全罪,是指故意或者过失地实施危害不特定多数人的生命、健康或者重大公私财产安全的行为。

第三,破坏社会主义市场经济秩序罪,是指违反国家经济管理法规,干扰国家对市场经济的管理活动,破坏社会主义市场经济秩序,使国民经济受到严重损害的行为。

第四,侵犯公民人身权利、民主权利罪,是指故意或者过失地侵犯他人人身权利和其他与人身权利直接有关的权利,以及非法剥夺或者妨害公民自由行使依法享有的管理国家事务和参加社会政治活动等各项权利的行为。

第五,侵犯财产罪,是指以非法占有为目的,攫取公私财物,或者故意毁坏公私财物,以及故意破坏生产经营的行为。

第六,妨害社会管理秩序罪,是指妨害国家机关的正常管理活动或者司法机关的职能活动,破坏社会秩序的行为。

第七,危害国防利益罪,是指故意或者过失危害国防利益,依照法律应受刑罚处罚的犯罪行为。

第八,贪污贿赂罪,是指国家工作人员利用职务上的便利,贪污公共财物、挪用公款、索贿、受贿以及其他贪利性的职务犯罪行为和相关的行贿、介绍贿赂等犯罪,以及由国家机关、国有公司、企业、事业单位、人民团体实施贿赂及相关的犯罪行为。

第九,渎职罪,是指国家机关工作人员滥用职权,玩忽职守,或者利用职权徇私舞弊,违背公务职责的公正性、廉洁性、勤勉性,妨害国家机关正常的职能活动,严重损害国家和人民利益的行为。

第十,军人违反职责罪,是指军人违反职责,危害国家军事利益,依照法律应当受刑罚处罚的行为。

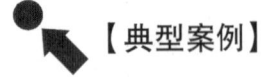【典型案例】

药家鑫撞人杀人案

2010年10月20日23时许,西安音乐学院学生药家鑫驾驶小轿车行驶至西北大学长安校区西围墙外时,撞上前方同向骑电动车的张妙,后药家鑫下车查看,发现张妙倒地呻吟,因怕张妙看到其车牌号,以后找麻烦,便产生杀人灭口之恶念,遂从随身背包中取出一把尖刀,上前对倒地的被害人张妙连捅数刀,致张妙当场死亡。

2011年4月22日,西安市中级人民法院对被告人药家鑫故意杀人案做出一审判决,以故意杀人罪判处药家鑫死刑,剥夺政治权利终身。5月20日,陕西省高级人民法院对药家鑫案二审维持一审死刑判决。2011年5月27日,最高人民法院核准死刑。

说法:犯罪构成是指依照刑法规定,某一具体行为构成犯罪所必需的一切客观和主观要件的有机统一,包括四个方面的构成要件:犯罪主体、犯罪主观方面、犯罪客体和犯罪客观方面。根据《刑法》第十四条(故意犯罪)、十七条(刑事责任年龄)、二百三十二条(故意杀人罪)等规定,药家鑫犯罪构成四要件是:①犯罪主体。药家鑫,成年且精神正常。②犯罪主观方面。故意。③犯罪客体。侵犯张妙的生命权。④犯罪客观方面。药家鑫驾车不慎撞伤张妙,因怕担责,便用水果刀将张妙刺死。

点评:

药家鑫作为一个在校大学生仅仅因为驾车把人撞伤,怕担责而把对方刺死,这样的案例值得我们进行深刻的反思:首先,要增强责任意识与能力,大学生作为成年人应对自己行为负责;其次,注意行车安全,若不幸发生车祸,应及时报警施救,将损害降到最小;最后,应增强法律意识,大学生应知法、懂法、守法、用法,大学生应该懂得凡事以法律为准绳,用法律规范自己的行为;懂得合法合理、适时适度处理大学阶段的各种问题。

四、我国的程序法律部门

我国的程序法律部门包括诉讼法与非诉讼程序法。诉讼法是规范国家司法机关解决社会纠纷的法律规范,非诉讼程序法是规范仲裁机构或者调解组织解决社会纠纷的法律规范。

(一)诉讼法

1. 刑事诉讼法律制度

我国制定了刑事诉讼法,规定一切公民在适用法律上一律平等,尊重和保障人权,人民法院、人民检察院依法独立公正行使审判权、检察权,人民法院、人民检察院、公安机关分工负责、互相配合、互相制约,保证犯罪嫌疑人、被告人获得辩护,未经人民法院依法判决,对任何人不得确定有罪等刑事诉讼的基本原则和制度,并规定了管辖、回避、辩护、证据、强制措施、侦查、起诉、审判、执行等制度和程序,有效保证了刑法的正确实施,保护了公民的人身权利、财产权利、民主权利和其他权利,保障了社会主义建设事业的顺利进行。

2. 刑事诉讼程序

（1）立案和侦查。立案是指公安机关、人民检察院、人民法院对报案、控告、举报和犯罪人的自首等方面的材料进行审查，以判明其是否有犯罪事实并需要追究刑事责任，依法决定是否作为刑事案件交付侦查或审判的诉讼活动。侦查是指侦查机关在办理刑事案件过程中，依照法律进行的专门调查工作和有关强制性措施。侦查行为包括：讯问犯罪嫌疑人、询问证人、被害人，勘验、检查，搜查，扣押物证、书证，鉴定，辨认，通缉。

（2）刑事起诉。刑事起诉是指享有控诉权的国家机关和公民依法向人民法院提起诉讼，要求人民法院对指控的犯罪行为进行审判，以追究被告人刑事责任的诉讼活动。我国实行的是以公诉为主、自诉为辅的起诉模式。

（3）刑事审判程序。刑事审判程序，是指人民法院审理刑事案件的步骤和方式、方法的总和。我国《刑事诉讼法》规定了以下几种基本的审判程序：第一审程序，是指人民法院根据审判管辖的规定，对人民检察院提起公诉和自诉人自诉的案件进行初次审判的程序；第二审程序，是指人民法院对上诉、抗诉案件进行审判的程序；特殊案件的复核程序，包括死刑复核程序以及人民法院根据《刑法》第63条第2款规定的"犯罪分子虽然不具有本法规定的减轻处罚情节，但是根据案件的特殊情况，经最高人民法院核准，也可以在法定刑以下判处刑罚"的案件的复核程序；审判监督程序，是对已经发生法律效力的判决、裁定，在发现其确有错误时，进行重新审判的程序。根据审判监督程序进行审判的案件，如果原来是第一审案件，依照第一审程序进行审判；如果原来是第二审案件，则依照第二审程序进行审判。

（4）执行程序。执行程序是指将已经发生法律效力的判决、裁定所确定的内容付诸实施而进行的活动。包括对确定的刑罚给予一定限度的变更和调整，如执行过程中的减刑、假释等刑罚。

3. 民事诉讼法律制度

我国制定了民事诉讼法，确立了当事人有平等的诉讼权利、根据自愿和合法的原则进行调解、公开审判、两审终审等民事诉讼的基本原则和制度，明确了诉讼当事人的诉讼权利和诉讼义务，规范了证据制度，规定了第一审普通程序、第二审程序、简易程序、特别程序、审判监督程序等民事审判程序，还对执行程序、强制执行措施作了明确规定。我国制定了行政诉讼法，明确规定公民、法人和其他组织认为自己的合法权益被行政机关及其工作人员侵犯时，有权依法向人民法院提起行政诉讼，人民法院依法对行政案件独立行使审判权，保障公民的合法权益，促进了行政机关依法行使行政职权。

民事诉讼程序

（1）审判程序。人民法院审理民事纠纷案件，除简单的民事纠纷案件外，都适用第一审普通程序。主要包括：起诉与受理、审理前的准备、开庭审理、宣判等环节。简易程序，是简化了的普通程序，是基层人民法院及其派出法庭审理简单民事案件所运用的一种独立的简便易行的诉讼程序。在审判实践中，简单的民事案件一般是指那些事实清楚、情节简单、争议不大、影响较小的案件。第二审程序，是指当事人不服第一审裁判，在上诉期内提出上诉，由上一级人民法院对案件进行审理的程序。上诉必须在法定的上诉期限内提出。审判监督程序，是指人民法院发现已经发生法律效力的判决或裁定确有错误，对案件依法重新审理并做出裁判的程序。

（2）民事诉讼的特别程序。特别程序是指人民法院对非民事权益冲突案件的审理程序。特别程序的适用范围包括：选民资格案件；宣告公民失踪、宣告死亡案件；认定公民无民事行为能力、限制民事行为能力案件；认定财产无主案件。督促程序是指人民法院根据债权人要求债务人给付金钱或者有价证券的申请，向债务人发出有条件的支付命令，若债务人逾期不履行，人民法院可强制执行的程序。公示催告程序是指人民法院根据当事人的申请，以告示的方法，催告利害关系人，在法定期间内申报权利，逾期不申报权利，就做出除权判决的程序。企业法人破产还债程序是指人民法院根据债权人或债务人的申请，对因严重亏损，无力清偿到期债务的企业法人，宣告破产，进行清产还债的法律程序。

（3）执行程序。执行程序是指人民法院根据一方当事人的申请或依职权采取法定措施，强制不履行义务的一方当事人履行已经发生法律效力的民事判决、裁定、调解书及其他法律文书的程序。

（二）非诉讼程序法

我国制定了仲裁法，规范了国内仲裁与涉外仲裁机构的设立，明确规定仲裁委员会独立于行政机关，从机构设置上保证了仲裁委员会的独立性，明确将自愿、仲裁独立、一裁终局等原则作为仲裁的基本原则，系统规定了仲裁程序。

我国制定了人民调解法，完善人民调解制度，规范人民调解的组织和程序，及时解决民间纠纷，维护社会和谐稳定，明确规定了在当事人自愿、平等的基础上进行调解；不违背法律、法规和国家政策；尊重当事人的权利，不得因调解而阻止当事人依法通过仲裁、行政、司法等途径维护自己的权利等原则。

此外，我国还制定了引渡法、劳动争议调解仲裁法、农村土地承包经营纠纷调解仲裁法等法律，建立健全了非诉讼程序法律制度，促进了多元化纠纷解决机制的建设。

? 学习思考

1. 如何理解我国宪法的基本原则？
2. 如何正确理解公民的民事行为能力？
3. 如何正确认识公民的民事责任？
4. 犯罪构成的要件有哪些？
5. 如何正确认识正当防卫？

结束语　做社会主义核心价值观的积极践行者

当今世界正在发生广泛而深刻的变化，当代中国正在发生广泛而深刻的变革。在这个开放与变革共进、机遇与挑战并存的时代，一切不甘落后的国家和民族，都在审时度势，努力把握发展机遇，以赢得自己在21世纪的战略优势。

坚持和发展中国特色社会主义：实现中华民族伟大复兴的中国梦是一项光荣而艰巨的事业，需要一代代德才兼备的优秀青年坚持不懈、接力前行。从培养德智体全面发展的社会主义事业接班人，到造就有理想、有道德、有文化、有纪律的社会主义"四有"新人，党和国家始终关注青年、关心青年、关爱青年，希望青年成长成才，成为国之栋梁。党的十八大以来，习近平强调，有信念、有梦想、有奋斗、有奉献的人生才是有意义的人生，青年要自觉践行社会主义核心价值观，努力在实现中国梦的伟大实践中创造自己的精彩人生。

一要勤于学习、敏于求知，打下坚实的知识和理论功底。知识是树立社会主义核心价值观的重要基础。"非学无以广才，非志无以成学。"为学之要，贵在勤奋、贵在钻研、贵在有恒。大学生处于学习的黄金时期，要下得苦功夫，求得真学问，把学习作为一种精神追求、一种生活方式。要努力掌握马克思主义理论，把理想信念建立在对科学理论的理性认同上，建立在对历史规律的正确认识上，建立在对基本国情的准确把握上，不断增强道路自信、理论自信、制度自信。要注重把所学知识内化于心，形成自己的见解，既要专攻博览，又要关心国家、关心人民、关心世界，努力掌握为祖国、为人民服务的真才实学，让勤学成为青春远航的动力。

二要崇德修身、砥砺品格，培养良好的思想道德素质与法律素质。"德者，本也。"道德之于个人、之于社会，都具有基础性意义，做人做事第一位的是崇德修身。大学生应当加强思想道德修养，把正确的认知、自觉的养成、积极的实践紧密结合起来，自觉弘扬爱国主义、集体主义、社会主义原则，积极涵育社会公德、职业道德、家庭美德、个人品德，做到明大德、守公德、严私德。要注重加强法律修养，自觉尊法学法守法用法，不断增强法治意识，提高法治素养，努力做社会主义法治的忠实崇尚者、自觉遵守者、坚定捍卫者。

三要明辨是非、坚定自励，在是非善恶面前做到择善固守、从容自信。面对世界的深刻复杂变化，面对信息时代各种思潮的相互激荡，面对纷繁多变、鱼龙混杂、泥沙俱下的社会现象，面对学业、情感、职业选择等多方面的问题，一时有些疑惑、彷徨、失落，是正常的人生经历。"不审不聪则缪""不察不明则过"。大学生要保持清醒的头脑，用正确的世界观、人生观、价值观这把总钥匙对待社会万象、人生历程，做到不偏信、不盲从、不迷失，在是非、真假、善恶、美丑等问题上做出正确判断和理性选择，展示大学生稳重自持、从容自信、坚定自励等良好形象。

四要脚踏实地、艰苦奋斗，在服务祖国、服务人民的实践中创造人生价值。中国特色社会主义事业需要一代代青年付出艰苦努力。青年有着大好机遇，关键是要迈稳步子、夯实根基、久久为功。大学生要顺应社会发展的潮流，把个人的前途命运与国家、民族的前途命运紧紧地联系在一起，自觉服务祖国、服务人民，积极奉献社会，努力实现自己的人生理想和人生价值。"天下难事，必作于易；天下大事，必作于细。"要从自身做起、从点滴做起，把小事当作大事干，把艰苦环境当作磨炼的机遇，坚忍不拔、百折不挠，一步一个脚印往前走,努力成长为中国特色社会主义事业的合格建设者和可靠接班人。

祖国的未来无限美好,青年的前途无限光明。现在的大学生大都20岁左右,到2020年全面建成小康社会时还不到30岁,到21世纪中叶基本实现现代化时还不到60岁。实现"两个一百年"奋斗目标和中华民族伟大复兴的中国梦,大学生和千千万万青年必将成为亲历者和见证人,希望寄托在你们身上。同学们要树立雄心壮志,让青春承担责任,让责任引领人生,在党的领导下,勇做走在时代前列的奋进者、开拓者、奉献者,担当起党和人民赋予的历史重任,在激扬青春、开拓人生、奉献社会的进程中书写无愧于时代的壮丽篇章!

参考文献:

[1] 习近平. 在庆祝全国人民代表大会成立60周年大会上的讲话 [N]. 人民日报, 2014-09-06.

[2] 中华人民共和国国务院新闻办公室. 中国特色社会主义法律体系 [M]. 北京:人民出版社,2011.

[3] 中共中央关于全面推进依法治国若干重大问题的决定 // (中共中央关于全面推进依法治国若干重大问题的决定) 辅导读本 [M]. 北京:人民出版社,2014.

附录一 课后学习思考参考答案

绪论

1. 如何理解思想道德素质和法律素质对大学生成长成才的作用？

答：思想道德素质和法律素质是人的基本素质，体现着人们协调各种关系、处理各种问题时所表现出的是非善恶判断能力和行为选择能力，是政治素养、道德品格和法律意识的综合体，决定着人们在日常生活中的行动目的和方向。一个人是否遵守道德和法律，是否具有一定的思想道德素质和法律素质，可以说是他能否在这个社会中更好生活、能否被这个社会所接纳的关键。

良好的思想道德素质是促进个体健康成长、社会发展进步的重要保障和基础。良好的法律素质对于保证人们合法地实施行为，依法维护各种正当权益，履行法定义务，弘扬社会主义法治精神，具有重要的意义。

2. 大学生应如何将社会主义核心价值观内化于心、外化于行？

答：大学生积极培育和践行"富强、民主、文明、和谐；自由、平等、公正、法治；爱国、敬业、诚信、友善"的社会主义核心价值观，对于推动国家发展、社会进步和自身的成长成才，具有重要而深远的意义。大学生首先要勤于学习、深刻理解、准确把握社会主义核心价值观的基本内容、深刻内涵、理论特色和实践要求，真正内化于心，在心灵中产生共鸣，在精神上聚集价值，在思想上形成共识，成为思想的指引、精神的追求、价值的坐标；其次要坚持不懈地参加社会主义核心价值观实践活动，在实践中感知、在行动中领悟，从做好小事、管好小节开始起步，"见善则迁，有过则改"，踏踏实实践行社会主义核心价值观。

3. 如何认识学习本课程的重要意义和基本方法？

答"思想道德修养与法律基础"课是一门融思想性、政治性、知识性、综合性和实践性于一体的课程。学习本课程有助于认识立志、树德和做人的道理，选择正确的成才之路；有助于掌握丰富的思想道德和法律知识，为提高思想道德素质和法律素质打下知识基础；有助于摆正德与才的位置，促进自身全面发展。

学习本课程的基本方法需要：注重学习科学理论，注重学习基本知识，注重理论联系实际，注重学习践履结合。

第一章

1. 谈谈理想信念对大学生成长成才的重要意义。

答：当代大学生肩负着祖国和民族的希望，承载着家庭和亲人的嘱托，满怀着对未来美好生活的向往。同学们在大学期间，不仅要提高知识水平，增强实践才干，更要坚定科学、崇高的理想信念，明确做人的根本，这对于同学们成长成才具有重要的意义。

引导大学生做什么人。在大学阶段，"做什么人"是同学们在学习生活中会时时面对的人生课题，只有树立起高尚的理想信念，才能够很好地解答这一重要的人生课题。

指引大学生走什么路。大学时期确立的理想信念，对今后的人生之路将产生重大影响，甚至会影响终身。树立起科学、崇高的理想信念，使将来的人生道路越走越宽广，使宝贵的一生有意义、有价值，富于成就、充满自豪。

激励大学生为什么学。大学生只有树立崇高的理想信念，才能明确学习的目的和意义，激发起为国家富强、民族振兴和自身成才而发愤学习的强烈责任感与使命感，努力掌握建设国家、服务人民的本领。

坚定大学生的意志品质。理想信念是激励人们迎接挑战、克服困难的精神支撑和强大力量，理想信念越坚定，克服困难的勇气和意志就越坚定。

2. 如何认识个人理想与中国特色社会主义共同理想的关系？

社会理想与个人理想之间既相互联系、相互影响，又相互区别、相互制约。

社会理想规定、指引着个人理想。个人理想的确立要以社会理想为引导，个人理想的实现依赖于社会理想的实现。个人理想只有同国家的前途、民族的命运相结合，个人的向往和追求只有同社会的需要和人民的利益相一致，才可能变为现实。

社会理想是对社会成员个人理想的凝练和升华。社会是个人的联合体，社会理想与个人理想密不可分。社会理想不是凭空产生的，也不是由外在力量强加的，而是建立在众人个人理想基础之上的，是对社会成员个人理想的凝练和升华。社会理想的实现归根到底要靠社会成员的共同努力，并体现在实现个人理想的具体实践之中。

"得其大者可以兼其小。"只有把人生理想融入国家和民族的事业中，才能最终成就一番事业。大学生对自己未来生活的追求和向往，不能脱离当代中国的社会现实。坚持和发展中国特色社会主义，实现中华民族的伟大复兴，这是当代中国最大的现实，也是全体中国人民共同的社会理想。大学生要在社会理想的指引下，珍惜韶华、奋发有为，大胆设计、勇于追求个人理想，在实现社会理想的过程中努力实现个人理想。

3. 结合自身实际，谈谈在实现中华民族伟大复兴的中国梦历史使命中大学生肩负的责任。

答：大学生肩负实现中华民族伟大复兴的中国梦的历史重任，只有把实现理想的道路建立在脚踏实地的奋斗上，才能放飞青春梦想，实现人生理想。

立志当高远。青年时期是理想形成的重要时期，也是立志的关键阶段。志向高远，人生事业才能辉煌。

立志做大事。新时代的大学生应该把个人的命运与国家和人民的命运联系在一起，立为国奉献之志，立为民服务之志，为祖国和人民的利益而奋斗，在为实现社会理想而奋斗的过程中实现个人理想。

立志须躬行。漫长的征途需要一步一步地走，崇高理想的实现需要一点一滴地奋斗。通往理想的路是遥远的，但起点就在脚下，在一切平凡的岗位上，在扎扎实实地学习和工作中。中国梦，是中华民族的振兴之梦，也是每一个大学生的成才之梦。中国梦让生活在这个时代的大学生与祖国人民一起共同享有人生出彩的机会，共同享有梦想成真的机会，共同享有同祖国和时代一起成长与进步的机会。青春只有在为祖国和人民的真诚奉献中才能更加绚丽多彩，人生只有融入国家和民族的伟大事业才能闪闪发光。

第二章

1. 中国精神的主要内容是什么？如何弘扬中国精神？

答：中国精神就是以爱国主义为核心的民族精神，以改革创新为核心的时代精神。这种精神是凝心聚力的兴国之魂、强国之魄。在当代中国，兴国强国就是要实现中华民族伟大复兴的中国梦。走兴国强国之路，首先需要兴国魂、强国魄，以强大的精神支柱为支撑，以高扬的精神旗帜为指引，团结凝聚全体人民的智慧和力量，为实现中国梦而努力奋斗。

大力弘扬中国精神，培育中华民族共同的精神家园，既需要大力弘扬以爱国主义为核心的伟大民族精神，也需要大力弘扬以改革创新为核心的伟大时代精神。

2. 在经济全球化条件下为什么要弘扬爱国主义精神？

答：经济全球化是当今时代发展的重要趋势。它的发展使世界各国在经济上的联系日益紧密，同时影响世界各国的政治和文化，对爱国主义也提出了挑战。在经济全球化的条件下，只有勇于和善于参与经济全球化的竞争，才能加快我国经济的发展，不断增强国家的经济实力和综合国力。在这种情况下，更需要大力弘扬爱国主义，以宽广的眼界观察世界，以积极而理性的姿态参与经济全球化进程，实施互利共赢的开放战略，促进国民经济又好又快发展。爱国主义不是狭隘的民族主义，也不是大国沙文主义。要正确处理热爱祖国与关爱世界、为祖国服务与尽国际义务、维护世界和平与促进共同发展的关系。

3. 新时期的爱国主义有哪些主要内容？如何做一个忠诚的爱国者？

答：新时期的爱国主义，既承接了爱国主义的优良传统，又体现了鲜明的时代特征，内涵更加丰富。在经济全球化条件下，必须继续坚持和弘扬爱国主义精神，坚持爱国主义与爱社会主义的统一，把维护祖国统一放在突出位置，献身于中国特色社会主义伟大事业。

爱国既需要情感的基础，也需要理性的认识，更需要实际的行动。爱国不是简单的情感表达，应当是一种理性的行为，要讲原则、守法律，以合理合法的方式来进行。推进祖国统一、促进民族团结、确立总体国家安全观，只有把国家的安全、荣誉和利益放在高于一切的地位，始终做到爱国的深厚情感、理性认识和实际行动相一致，与祖国同呼吸、共命运，才是真正的爱国者。

4. 结合自身实际，谈谈大学生应如何真正成为改革创新的生力军。

答：新时期的大学生置身于实现中华民族伟大复兴的时代洪流之中，应当以时代使命为己任，把握时代脉搏，迎接时代挑战，增强创新创造的能力和本领，勇做改革创新的实践者，将弘扬改革创新精神贯穿于实践中、体现在行动上。

树立改革创新的自觉意识。改革创新，首先要求人们必须树立敢于突破陈规、大胆探索未知、勇于创新创造的思想观念，在实践中有直面困难的勇气，有突破难关的精神，锐意进取，奋力前行。

培养改革创新的责任感。改革创新表现为一种不甘落后、奋勇争先、追求进步的责任感和使命感。当代大学生正值创新创造的人生时期，理当培养起以改革创新推动社会进步，在改革创新中奉献服务社会、实现人生价值的崇高责任感和使命感。

增强改革创新的能力本领。大学生作为改革创新的生力军，应从扎实系统的专业知识学习起步和入手，勇做改革创新的实践者和生力军，努力走在全社会创新创造的前列。

第三章

1. 大学生应该确立怎样的人生目的？

答：人生目标是指生活在一定历史条件下的人，对"人为什么活着"这一人生根本问题的认识和回答，是人在人生实践中关于自身行为的根本指向和人生追求。人生目标是人生观的核心，在人生实践中具有重要的作用。

在人类历史长河中涌现过形形色色的人生观，只有以为人民服务为核心内容的人生观，才是科学高尚的人生观，才值得终生尊奉和践行。一个树立了为人民服务的人，就能时时处处为人民着想，助人为乐，造福人民，成为受人民群众欢迎的人。一个树立了为人民服务的人，就能在服务人民、奉献社会中实现自己的人生价值。一个树立了为人民服务的人，就能在奉献社会和服务人民的人生实践中完善自我、创造人生的美好价值。

2. 如何正确认识人生矛盾？

答：丰富而复杂的人生，是一个充满矛盾的过程。大学生在确立人生目标、端正人生态度、实现人生价值的过程中，还要正确认识人生面对的各种矛盾和问题，树立正确的得失观、幸福观、生死观。

树立正确的得失观。不要惧怕一时的失，不要满足于一时的得，不要拘泥于个人利益的得失。树立正确的幸福观。人的幸福并不能仅仅局限于物质方面，精神需要的满足、精神生活的充实是幸福更重要的方面。我们要在追求物质生活水平提高的同时，更加注重追求德行和人格的高尚，注重追求健康、高尚的精神生活。树立正确的生死观。生命的历程是一个从生到死的过程，有生必有死，这是恒常不变的自然现象。大学生要意识到生命宝贵、人生紧迫，珍惜、保护自己和他人的生命，合理地规划，不让时间无谓地流逝。

3. 怎样理解人生的自我价值与社会价值的关系？

答：人生价值内在地包含了人生的自我价值和社会价值两个方面。人生的自我价值，是个体的人生活动对自己的生存和发展所具有的价值，主要表现为对自身物质和精神需要的满足程度。人生的社会价值，是个体的人生活动对社会、他人所具有的价值。衡量人生的社会价值的标准是个体对社会和他人所作的贡献。

人生的自我价值和社会价值，既相互区别，又密切联系、相互依存，共同构成人生价值的矛盾统一体。一方面，人生的自我价值是个体生存和发展的必要条件，人生自我价值的实现是个体为社会创造更大价值的前提；另一方面，人生的社会价值是社会存在和发展的必然要求，人生社会价值的实现是个体自我完善、全面发展的保障。

4. 如何正确评价人生的价值？

答：一个人的一生具有什么样的价值，从根本上说是由社会所规定的，人生价值评价的根本尺度，是看一个人的人生活动是否符合社会发展的客观规律，是否通过实践促进了历史的进步。劳动以及通过劳动对社会和他人做出的贡献，是社会评价人生价值的普遍标准。

比较客观、公正、准确地评价社会成员人生价值的大小，除了要掌握科学的标准外，还需要掌握恰当的评价方法。第一，坚持能力有大小与贡献须尽力相统一。第二，坚持物质贡献与精神贡献相统一。第三，坚持完善自身与贡献社会相统一。

5. 如何促进自我身心的和谐？

答：每个人都有身、心两个基本方面。一般说来，身是心的物质基础，心为身的精神机能，二者相互作用，作为有机统一体对人的生活实践产生重要影响。一个健康的人，不仅要有健康的生理，还要有良好的心理，即所谓"身心健康"。协调好身心关系以及身心与外部环境的关系以保证人自身系统的健康和活力，是保持身心健康的关键环节。

树立正确的世界观、人生观、价值观。正确的世界观、人生观、价值观有助于大学生坚定自信心，并产生悦纳自我的情感体验，在积极进取中磨砺自己的意志品质，获得承受挫折和适应环境的能力，从而提高心理素质，保持心理健康。

掌握应对心理问题的方法和知识。人一旦遇到困惑或问题，就要敢于正视它们，切不可采取逃避应付的态度，这就需要学会客观地认识问题、分析问题，掌握科学的思维方法，从而正确地解决问题。

积极参加集体活动，增进人际交往。健康的人际交往有利于交往各方的学习进步、个性完善和情绪稳定。同时。健康的人际关系也可以使同学们获得一个社会支持系统，当遇到个人一时解决不了的心理问题时，就可以及时向他人求助。

第四章

1. 道德的本质、功能和作用是什么？

答：道德的本质属于上层建筑的范畴，是一种特殊的社会意识形式，是社会经济关系的反映，归根到底是由经济基础决定的。

道德的功能集中表现为，它是处理个人与他人、个人与社会之间关系的行为规范及实现自律完善的一种重要精神力量。道德的主要功能包括认识功能、规范功能和调节功能等。

道德的社会作用主要表现在：道德为经济基础的形成、巩固和发展服务，是一种重要的精神力量；道德对其他社会意识形态的存在有着重大的影响；道德通过调整人们之间的关系维护社会秩序和稳定；道德是提高人的精神境界、促进人的自我完善、推动人的全面发展的内在动力；在阶级社会中，道德是调节阶级矛盾和对立阶级之间开展阶级斗争的重要工具。

2. 中华传统美德的基本精神体现在哪些方面？

答：中华传统美德内涵丰富、博大精深，是中华传统文化中不可分割的组成部分，是人类文明发展的重要精神财富，是我国社会主义道德建设的源头活水。中华传统美德的基本精神体现在：

重视整体利益、国家利益和民族利益，强调责任意识和奉献精神。

推崇"仁爱"原则，追求人际和谐。

讲求谦敬礼让，强调克骄防矜。

倡导言行一致，强调恪守诚信。

追求精神境界，重视道德需要。

强调道德修养，塑造理想人格。

3. 谈谈加强社会主义道德建设对于落实"四个全面"战略布局的重要意义。

答：社会主义道德建设作为精神文明建设的重要内容，对于推进"四个全面"战略布局具有重要的支撑作用。

全面建成小康社会，需要切实加强道德建设。加强全社会的思想道德建设，激发人们崇德向善的正能量，引导人们向往和追求讲道德、尊道德、守道德的生活，是全面建成小康社会的重要条件。

顺利推进改革的全面深化，需要有社会主义道德的价值引领，协调好现实生活中的各种利益关系，引导人们理性合理表达改革诉求，最大限度地凝聚社会共识，营造安定团结的社会氛围。

全面依法治国，需要法律和道德共同发挥作用。一手抓法治、一手抓德治，以道德滋养法治精神，实现法律和道德相辅相成、法治和德治相得益彰。

全面从严治党，需要加强党员干部的思想道德建设。全面从严治党，不断提高党的先进性和纯洁性，必须在思想上和行动上筑牢拒腐防变的道德防线，通过加强道德建设来坚定党员干部的理想信念，锤炼党员干部的道德品质。

4. 结合全国道德模范的先进事迹，谈谈大学生如何投身崇德向善的道德实践。

答：良好道德的养成关键在于实践，重在行动，贵在坚持。大学生要积极投身道德实践活动，修身律己、崇德向善，讲道德、尊道德、守道德，以高尚的道德品质与境界引领社会道德风尚。

践行社会主义荣辱观。大学生应该将社会主义荣辱观转化为自己内在的道德品质和行为习惯。

参加志愿服务和学雷锋活动。大学生应该弘扬奉献、友爱、互助、进步的志愿精神,积极参加志愿服务活动,弘扬和传承雷锋精神。

培养诚实守信的良好品质。大学生要把诚信作为高尚的人生追求、优良的行为品质、立身处世的准则,自觉做到诚心做事、诚实做人,言行一致、表里如一,努力培养诚实守信的优良品质。

养成节俭节约的良好习惯。大学生要积极参与节俭养德、全民节约行动,从我做起,从现在做起,从身边小事做起,把节俭节约的理念渗透到日常行为和人际交往中来。

自觉学习道德模范。大学生积极投身崇德向善的道德实践,要认真学习道德模范的先进事迹,激励自己崇德向善、见贤思齐,弘扬真善美,传播正能量。

第五章

1. 联系实际谈谈大学生应当如何自觉遵守社会公德。

答:公共生活与每个人都密切相关,每个人都应自觉遵守社会公德。大学生是宣传和践行社会公德的重要力量,更应该在遵守社会公德方面做出表率。

认真学习社会公德规范。认真学习社会公共生活中的道德规范,是自觉遵守社会公德的前提和基础。大学生要通过学习明确社会公德规范的基本内涵、要求,在公共生活中自觉规范、调整自己的行为方式,以良好的风范和人格影响他人。

自觉培养社会公德意识。一个具有社会公德的人,不仅要熟知社会公德规范,更要有自觉遵守、维护社会公德的意识。培养良好的社会公德意识,要在形成正确道德认知的基础上,增强社会责任感和使命感,养成履行社会公德的行为习惯。

努力提高践行社会公德的能力。"勿以恶小而为之,勿以善小而不为。"社会公德需要在点点滴滴的日常小事中践行。大学生参与社会公德实践活动可以真切地体会到什么是符合社会公德规范的言行,什么是不符合社会公德规范的言行,从而在实践中不断提高自身的社会公德素养,并带动他人、影响他人。

2. 大学生应该如何自觉遵守职业道德?

答:职业生活是否顺利,是否成功,既取决于个人的专业知识和技能,更取决于个人的职业道德素质。人们在职业活动中的道德状况如何,直接关系着各行各业乃至整个社会的道德状况。大学生是青年人中的佼佼者,要深刻认识提高职业道德素质的重要性,注重这方面的修养和锻炼。

学习职业道德规范。通过学习职业道德规范,明确职业活动的基本规范和目的,从而提高自己的职业认知能力、判断能力和正确的价值理念,对青年人来说尤为重要。

提高职业道德意识。大学生要提高自己的职业道德素质,不应当停留在对道德知识的记忆和背诵的层面上,仅仅成为一个装载知识的容器,而应当将其内化为自身的素质,提高到自觉意识的层面。

提高践行职业道德的能力。大学不是与社会隔绝的象牙塔,而是通过多种渠道与社会紧密联系。大学生应当积极利用各种机会开展社会实践,多参与社会志愿服务活动,使自己学到的知识在服务社会的过程中得到升华和提高。

3. 大学生如何弘扬家庭美德?

答:家庭是社会的基本细胞,是人生的第一所学校。每个人都应该自觉遵守家庭美德,重视家庭、注重家教、注重家风，促进家庭生活的和谐与幸福。

认识家庭美德的重要性。中华民族自古以来就重视家庭、重视亲情。复兴的中国梦，离不开千千万万"家和"的力量，离不开许许多多"最美家庭"的滋养。不论时代发生多大变化，不论生活格局发生多大变化，都要重视家庭建设，发扬光大中华民族传统家庭美德，促进家庭和睦。

营造良好家风。家风是指一个家庭或家族的传统风尚或作风。良好的家风，对家庭成员的个人修养、品德操守等产生重要而积极的作用。

遵守婚姻家庭法律规范。婚姻家庭关系不仅需要道德来维系，也需要法律来调整，遵守婚姻家庭生活中的法律规范是自觉遵守家庭美德的集中体现。

大学生走进大学，离开养育自己的父母，开始自己的独立生活，应该在学习成长过程中深刻地体会对婚姻和家庭所应承担的责任和义务，自觉做家庭美德的倡导者和践行者。

4. 联系实际谈谈大学生应如何加强个人道德修养。

答：道德修养是指个人在道德意识、道德行为方面，自觉地按照一定社会或阶级的道德要求所进行的自我审度、自我教育和自我完善的活动。个人品德的养成既要加强个人道德修养的自觉性，采取正确有效的道德修养方法，也要积极参加社会实践。

提高个人道德修养的自觉性。一个人的道德品质体现在他的世界观、人生观、价值观上，也体现在工作、生活和社会交往上，体现在一言一行上。

采取有效的道德修养方法。个人加强道德修养，应借鉴历史上思想家们所提出的各种积极有效的道德修养方法，并结合当今社会发展的需要和当代人道德修养的实践经验，身体力行。

积极参加社会实践。道德修养并不是脱离实际的闭门思过，而是人们联系社会实践在道德上的自我反省和自我升华，即把提高道德认识与躬行道德实践统一起来，以促进道德要求内化为个人的道德品质，外化为实际的道德行为。

第六章

1. 如何认识中国特色社会主义法律体系的特征？

答：中国特色社会主义法律体系，是中国特色社会主义制度和中国特色社会主义法治体系的重要组成部分，具有十分鲜明的特征：一是体现了中国特色社会主义的本质要求；二是体现了改革开放和社会主义现代化建设的时代要求；三是体现了结构内在统一而又多层次的国情要求，四是体现了继承中国法制文化优秀传统和借鉴人类法制文明成果的文化要求，五是体现了动态、开放、与时俱进的发展要求。

2. 中国特色社会主义法治体系包括哪些主要内容？

答：建设中国特色社会主义法治体系，就是在中国共产党的领导下，坚持中国特色社会主义制度，形成完备的法律规范体系、高效的法治实施体系、严密的法治监督体系、有力的法治保障体系，形成完善的党内法规体系，坚持依法治国、依法执政、依法行政共同推进，坚持法治国家、法治政府、法治社会一体建设，实现科学立法、严格执法、公正司法、全民守法，促进国家治理体系和治理能力现代化。

3. 全面落实依法治国基本格局的部署有哪些？

答：党的十八大提出了"科学立法、严格执法、公正司法、全民守法"的十六字方针，党的十八届四中全会将其作为全面依法治国的基本格局，并做出了更加明确的部署。覆盖了立法、执法、司法和守法四个方面的工作部署，即突出依宪治国是核心、科学立法是前提、严格执法是关键、公正司法是防线、全民守法是基础、依法执政是保证，以及法治精神、法治文化是灵魂。

第七章

1. 中国特色社会主义法治道路的核心要义是什么？

答：中国特色社会主义法治道路，是社会主义法治建设成就和经验的集中体现，是建设社会主义法治国家的唯一正确道路。它包括坚持党的领导、坚持中国特色社会主义制度、贯彻中国特色社会主义法治理论三个方面的核心要义。党的领导是中国特色社会主义最本质的特征，是社会主义法治最根本的保证；中国特色社会主义制度是中国特色社会主义法治体系的根本制度基础，是全面依法治国的根本制度保障；中国特色社会主义法治理论是中国特色社会主义法治体系的理论指导，是全面依法治国的行动指南。

2. 如何正确理解德治与法治？

答：法治和德治，是治国理政不可或缺的两种方式，如车之两轮或鸟之双翼，忽视其中任何一个，都将难以实现国家的长治久安。只有让法治和德治共同发挥作用，才能使法律与道德相辅相成，法治与德治相得益彰，做到法安天下，德润人心。

首先，正确认识法治和德治的地位。对国家和社会治理而言，法治和德治都非常重要且不可或缺。其次，正确认识法治和德治的作用。法治和德治对社会成员都具有约束作用，法律规范和道德规范也都具有必须遵守的性质，法治发挥作用要以国家强制力为后盾，主要依靠法律的预测作用、惩罚作用、威慑作用和预防作用对公民和社会组织的行为进行约束，并对违反法律的行为追究法律责任；德治发挥作用主要通过人们的内心信念、传统习俗、社会舆论等进行道德教化，并对违反道德的行为进行道德谴责。最后，正确认识法治和德治的实现途径。法治和德治的实现方式和实施载体不同。法治主要依靠制定和实施法律规范的形式来推进和实施，德治主要依靠培育和弘扬道德等途径来推进和实施。

3. 法治思维的基本内容及培养法治思维的途径？

答：法治思维是指以法治价值和法治精神为导向，运用法律原则、法律规则、法律方法思考和处理问题的思维模式。

一般来讲，法治思维包括法律至上、权力制约、公平正义、人权保障、正当程序等内容。

培养法治思维的途径很多，大学生可以通过各种机会和途径学习法律知识、掌握法律方法、参与法律实践、养成依法办事习惯等，在学习和生活中逐渐提高法治思维能力，养成科学的法治思维方式。

4. 联系实际谈谈如何维护法律权威。

答：人民是国家的主人翁，是法治国家的建设者和捍卫者，尊重法律权威是其法定义务和必备素质。就大学生而言，作为一个公民，要在尊重法律权威方面加强砥砺，在学习和生活中积极作为，养成敬畏法律的良好品质，努力成为尊重法律权威、信仰宪法法律的先锋。信仰法律，应当相信法律，信奉法律，对法律常怀敬畏之心。遵守法律，要用实际行动捍卫法律尊严，保障法律实施。服从法律，应当拥护法律的规定，接受法律的约束，履行法定的义务。维护法律，争当法律权威的守望者、公平正义的守护者、具有良知的护法者。

第八章

1. 如何理解我国宪法的基本原则？

答：我国宪法的基本原则包括：党的领导原则，中国共产党是中国特色社会主义事业的领导核心，党的领导是人民当家做主的根本保证。人民主权原则，我国宪法体现了人民主权原则，强调国家的一切权力属于人民。人权保障原则，我国宪法规定的公民基本权利，都是最重要的人权，包括公民有参与国家政治生活的权利和自由、公民的人身自由和信仰自由、公民在社会经济文化方面的权利等。法治原则，我国宪法明确规定实行依法治国，建设社会主义法治国家。依法治国的基本格局是"科学立法、严格执法、公正司法、全民守法"。民主集中制原则，我国宪法规定，中华人民共和国的国家机构实行民主集中制原则。

2. 如何正确理解公民的民事行为能力？

民事行为能力是民事主体独立实施民事法律行为的资格。按照《民法通则》的规定，自然人满18周岁，具有完全民事行为能力，可以独立实施民事行为。16周岁以上不满18周岁，以自己劳动收入为主要生活来源的，视为有完全行为能力。不满10周岁的未成年人和完全不能辨认自己行为的精神病人为无民事行为能力人，10周岁以上的未成年人和不能完全辨认自己行为的精神病人（包括痴呆病人）为限制行为能力人。限制行为能力人可以实施与其智力相当的民事行为，其他民事行为则应当由其监护人或法定代理人代理。

3. 如何正确认识公民的民事责任？

答：民事责任，是指民事主体因违反民事义务或者侵犯他人的民事权利所应承担的法律责任。我国《民法通则》第一百零六条规定："公民、法人违反合同或者不履行其他义务的，应当承担民事责任。""公民、法人由于过错侵害国家的、集体的财产，侵害他人财产、人身的，应当承担民事责任。""没有过错，但法律规定应当承担民事责任的，应当承担民事责任。"

我国《民法通则》以民事责任发生的原因为标准，将其分为违约的民事责任和侵权的民事责任两类。一般民事责任的构成要件有：客观上存在损害事实，行为具有违法性，违法行为和损害事实之间存在因果关系，行为人主观上有过错。

4. 犯罪构成的要件有哪些？

答：犯罪构成是指依照我国刑法规定的由相互联系、相互作用的诸要件组成的具有特定犯罪性质和社会危害性的有机整体。犯罪构成包括：犯罪主体，指实施了危害社会的行为、依法应当承担刑事责任的自然人和单位；犯罪主观方面，指犯罪主体对自己的行为危害社会的结果所持有的心理态度，它包括罪过（犯罪故意和犯罪过失）、犯罪的目的和动机等因素；犯罪客体，即我国刑法所保护的、为犯罪行为所危害的社会关系；犯罪客观方面，指犯罪活动的客观外在表现，具体表现为危害行为、危害结果、犯罪特定的时间、地点、方法等。

5. 如何正确认识正当防卫？

答：根据《刑法》第二十条规定，为使国家、公共利益、本人或者他人的人身、财产和其他权利免受正在进行中的不法侵害，而采取的制止不法侵害的行为，对不法侵害人造成损害的，属于正当防卫，不负刑事责任。

正当防卫明显超过必要限度造成重大损害的，应当负刑事责任，但是应当减轻或者免除处罚。对正在进行行凶、杀人、抢劫、强奸、绑架以及其他严重危及人身安全的暴力犯罪，采取防卫行为，造成不法侵害人伤亡的，不属于防卫过当，仍然属于正当防卫，不负刑事责任。

附录二 模拟测试题

模拟测试题一

一、单选题：每小题2分，共20分。

1. 在当代中国，凝聚和统一社会各阶层、各利益群体思想的有力武器，维系社会团结和睦的精神纽带，推动社会全面发展的精神动力是（ ）。
   A. 中国传统文化　　　　　　　　B. 社会主义法治精神
   C. 共产主义道德要求　　　　　　D. 社会主义核心价值观

2. 人生价值是自我价值和社会价值的统一。评价一个人社会价值的大小，第一位的是看他（ ）。
   A. 对社会的责任和贡献
   B. 从社会获得的尊重和满足
   C. 是否选择了正确的人生价值目标
   D. 从事创造性的实践活动的思想动机

3. 在人生旅途中，有的人旗开得胜，有的人屡屡败北；有的人顺顺当当，有的人一波三折；即使同一个人，在一生中也往往有顺境和逆境的交替。对于逆境，正确的人生态度是（ ）。
   A. 居安思危，自制自励　　　　　B. 大胆正视，积极应对
   C. 怨天尤人，自暴自弃　　　　　D. 玩世不恭，虚度光阴

4. 人类维护公共生活秩序的基本手段有（ ）。
   A. 道德与法律　　　　　　　　　B. 风俗与习惯
   C. 制度与纪律　　　　　　　　　D. 乡规与村约

5. 下列选项中，正确运用了人际交往的基本方法和技巧的是（ ）。
   A. 时刻提防，猜疑他人　　　　　B. 冷漠严肃，不苟言笑
   C. 宽容待人，严于律己　　　　　D. 无事献殷勤非奸即盗

6. 人们在社会生活中形成和应当遵守的最简单、最起码的公共生活准则是（ ）。
   A. 社会公德　　B. 职业道德　　C. 家庭道德　　D. 生活道德

7. 目前我国已初步形成中国特色社会主义法律体系，它的核心是（ ）。
   A. 宪法　　　　B. 民法　　　　C. 经济法　　　D. 行政法

8. 下列人中属于限制民事行为能力人或者无民事行为能力人是（ ）。
   A. 失聪者　　　B. 盲人　　　　C. 智障患者　　D. 腿脚不方便者

9. 我国刑罚的任务是用刑法同（ ）作斗争。
   A. 违法行为　　　　　　　　　　B. 一切犯罪行为
   C. 小偷行为　　　　　　　　　　D. 一切反革命行为

10. 李某持刀追杀张某，张弟路过，见状举棍打伤了李。张弟的行为属于（ ）。
    A. 故意犯罪　　B. 紧急避险　　C. 避险过当　　D. 正当防卫

二、判断题：每小题2分，共20分。（正确的打"√"，错误的打"×"）
1. 法律权利与法律义务是相互依存、相互促进的。（　）
2. 中国精神是以爱国主义为核心的民族精神，以改革创新为核心的时代精神。（　）
3. 追求幸福生活就是不满现状、追逐金钱、享受生活。（　）
4. "人生目标"回答了"人为什么活着"这一人生根本问题。（　）
5. 一个健康的人，不仅要有健康的身体、健康的心理，还要有健康的道德。（　）
6. "坐而论道"，属于现代社会人们提高自我修养的正确途径。（　）
7. 法治思维包括法律至上、权力制约、公平正义、人权保障、正当程序等内容。（　）
8. 公正司法是维护社会公平正义的最后一道防线。（　）
9. 一个对法律知识一无所知的人，也能够形成法治思维。（　）
10. "科学立法、严格执法、公正司法、全民守法"是全面依法治国的基本格局。（　）

三、简答题：每小题10分，共20分。
1. 道德的社会作用有哪些？

2. 我国宪法的基本原则有哪些？

四、材料分析题：本题20分，解答约200字。
　　2015年11月5日，深圳观澜一名3岁男童的头部卡在了阳台防盗窗缝隙，身体悬空，偶然路过的梅州小伙子刘小贝，在附近邻居帮助下爬上3楼，单手托举男童10多分钟，一直到男童被安全救下。事后，刘小贝救人的事迹引发鹏城热议，大家亲切地称呼他为"托举哥"。而刘小贝却觉得愧对这个称呼，"当时有很多人在那边，起到很大作用，其实他们才是真正的托举哥，因为他们托起了我"。
问题：1. 如何理解刘小贝所说的"他们托起了我"？（10分）
　　　2. 大学生应如何投身崇德向善的道德实践？（10分）

五、论述题：本题20分，解答不少于300字。
　　在我们的日常生活中可能会出现因不法行为而导致财产、人身、精神等合法权益受侵犯的现象。
　　问题：当权利受到侵犯时我们应如何依法维权？
　　★要求：观点分段，标明序号，联系实际，举例说明（试题以外的例子）。
　　分析解答：

模拟测试题二

一、单选题：每小题2分，共20分。

1. 古人云："合抱之木，生于毫末；九层之台，起于累土；千里之行，始于足下。"这句话是指（　　）。
   A. 立志要高远　　　　　　　　B. 立志做大事
   C. 立志须躬行　　　　　　　　D. 立志要大气

2. 在当今时代，建设中国特色社会主义，实现中华民族伟大复兴，必须大力弘扬（　　）。
   A. 以趋利避害为核心的时代精神　　B. 以救亡图存为核心的时代精神
   C. 以改革创新为核心的时代精神　　D. 以明荣辨耻为核心的时代精神

3. 人的生活实践对于社会、他人和自身需要的满足，或对于社会、他人和自身所需要的意义，称为（　　）。
   A. 人生价值　　B. 人生态度　　C. 人生理想　　D. 人生目标

4. 社会主义道德建设区别并优越于其他社会形态道德的显著标志是，社会主义道德建设（　　）。
   A. 以功利主义为原则为　　　　B. 以知荣明耻为重点
   C. 以为人民服务为核心　　　　D. 以非强制性规范为特色

5. 两千多年前的《诗经》提出"夙夜在公"，西汉的贾谊提出"国而忘家，公而忘私"，宋代的范仲淹提出"先天下之忧而忧，后天下之乐而乐"，明代的顾炎武提出"天下兴亡，匹夫有责"等，这些都体现了中华民族传统美德中（　　）。
   A. 爱国奉献，以天下为己任的内容　　B. 乐群贵和，强调人际和谐的内容
   C. 勤劳勇敢，追求自由解放的内容　　D. 求真务实，敬重诚实守信的内容

6. 亚里士多德说："我们由于从事建筑而变成建筑师，由于奏竖琴而变成竖琴演奏者。同样，由于实行公正而变为公正的人，由于实行节制和勇敢而变为节制的、勇敢的人。"这表达了在进行道德修养时，应该（　　）。
   A. 认真学习，提高道德认识　　B. 坐而论道，凝练道德规范
   C. 严格要求，完善道德品质　　D. 勤于实践，加强道德行为训练

7. 调整人们行为的社会规范有许多种类，其中由国家制定或认可，具体规定权利、义务的行为规范是（　　）。
   A. 道德规范　　B. 宗教规范　　C. 法律规范　　D. 纪律规范

8. 下列关于"公民在法律面前一律平等"的说法中，正确的是（　　）。
   A. 不同阶层的公民享有不同的法律权利
   B. 任何组织和个人都没有超越宪法和法律的特权
   C. 年龄在18周岁以下的公民在人和情况下都不受法律的约束
   D. "相同的情况相同对待，不同的情况不同对待"仅适用于司法环节

9. 当事人在民事活动中要恪守约定，严格按照法律规定或者合同约定履行自己的民事义务，这体现的我国民法中的（　　）。
   A. 自愿原则　　　　　　　　B. 平等原则
   C. 诚实信用原则　　　　　　D. 禁止权利滥用原则

10. 喝醉酒的人驾驶汽车发生车祸致使他人死亡的（   ）。
   A. 不负刑事责任　　　　　　　B. 减轻处罚
   C. 从轻处罚　　　　　　　　　D. 应负刑事责任

二、判断题：每小题2分，共20分。(正确的打"√"，错误的打"×")
1. "有理想、有道德、有文化、有纪律"是社会主义公民素质的基本要求。（   ）
2. 大学阶段是世界观、人生观、价值观形成的关键时期。（   ）
3. 培养积极进取的人生态度，能够使人一直生活在顺境中。（   ）
4. 确立人生价值目标应与社会主义核心价值观相一致。（   ）
5. 道德对人们行为的调节规范，主要靠社会舆论、传统习俗、内心信念来维系。（   ）
6. "勿以善小而不为、勿以恶小而为之"，体现了积善成德的修养要求。（   ）
7. 一个对法律知识一无所知的人，也能够形成法治思维。（   ）
8. 我们可以无限享受法律权利而不用承担法律义务。（   ）
9. "法立而不行，与无法等"，这句话强调了执法守法的重要性。（   ）
10. 犯罪构成包括四个要件：犯罪主体、犯罪主观方面、犯罪客体和犯罪客观方面。（   ）

三、简答题：每小题10分，共20分。
1. 人生价值的评价方法有哪些？

2. 全面落实依法治国基本格局的部署有哪些？

四、材料分析题：本题20分，解答约200字。
　　朱敏才，退休外交官，妻子孙丽娜是退休高级教师，退休后两人没有选择安逸的日子，而是奔赴贵州偏远山区支教。他们的足迹9年遍布贵州望谟县、兴义市、孟关等地，支教了5所乡村小学，不仅为学校新开设了外语、音乐、体育、美术等课程，还募集善款350多万元，为孩子们建了电脑教室和学生食堂。感动中国为朱敏才、孙丽娜夫妇写下的颁奖词是"信念比生命还重要的一代，请接受我们的敬礼"。
　　问题：1. 你是怎样评价朱敏才、孙丽娜夫妇的行为的？（10分）
　　　　　2. 大学生应如何将社会主义核心价值观内化于心、外化于行？（10分）

五、简述题：本题20分，解答不少于300字。
　　"人人守法、事事依法"的法治环境，有利于化解各种矛盾冲突，降低社会运行成本。一个有活力的安定和谐的社会，必然是一个全民守法的社会。
　　问题：大学生应该如何培养法治思维？
　　★要求：观点分段，标明序号，联系实际，举例说明（试题以外的例子）。

参 考 答 案

模拟测试题一

一、单选题：每小题 2 分，共 20 分。

1	2	3	4	5	6	7	8	9	10
D	A	B	A	C	A	A	C	B	D

二、判断题：每小题 2 分，共 20 分。（正确的打"√"，错误的打"×"）

1	2	3	4	5	6	7	8	9	10
√	√	×	√	√	×	√	√	×	√

三、简答题：每小题 10 分，共 20 分。

答 1：道德的社会作用主要表现在：道德为经济基础的形成、巩固和发展服务，是一种重要的精神力量；（2分）道德对其他社会意识形态的存在有着重大的影响；（2分）道德通过调整人们之间的关系维护社会秩序和稳定；（2分）道德是提高人的精神境界、促进人的自我完善、推动人的全面发展的内在动力；（2分）在阶级社会中，道德是调节阶级矛盾和对立阶级之间开展阶级斗争的重要工具。（2分）

答 2：我国宪法的基本原则包括：党的领导原则；（2分）人民主权原则；（2分）人权保障原则；（2分）法治原则；（2分）民主集中原则。（2分）

四、材料分析题：本题 20 分，解答约 200 字。

答 1：

（1）"一方有难八方支援""众人拾柴火焰高"，路人不当旁观者，共同施救，危难时刻，群体的力量显得弥足珍贵。（5分）

（2）救人于危难，是中华民族的传统美德。我们身边始终有着无数这样的英雄群体。他们是一个个普通的群体，默默无闻，没有豪言壮语。正是因为有这样的群体，我们这个社会的道德大厦依然坚不可摧。也正因为有这样的群体，正能量在不断扩散，温暖着大家的心，感染着身边的人。（5分）

答 2：

（1）良好道德的养成关键在于实践，重在行动，贵在坚持。大学生要积极投身道德实践活动，修身律己、崇德向善、讲道德、尊道德、守道德，以高尚的道德品质与境界引领社会道德风尚。（5分）

（2）大学生在平时的学习生活中，积极践行社会主义荣辱观、参加志愿服务和学雷锋活动、培养诚实守信的良好品质、养成节俭节约的良好习惯、自觉学习道德模范，从身边小事做起，多做举手之劳的好事，多办惠及他人的实事。（5分）

五、论述题：本题 20 分，解答不少于 300 字。

分析解答：

1. 我国法律鼓励当公民的权益受到损害时，通过各种途径和方式合理表达诉求，维护自身权益，但不管采取什么诉求，不管运用何种方式，都必须在法律允许的框架内进行。（5分）

2. 当自己的合法权利遭受侵害时，首先要判断自己权利受侵害属于哪类法律内容，可以先从权利的侵害人入手。如果是行政法范围，则可以提起行政复议或行政诉讼；如果是刑事范围，则可以向公安机关报案以寻求帮助；如果是民事范围，则先判断属于合同、侵权还是其他范围的判断。然后查阅相关法律文

件，可以询问律师或者其他懂法律的朋友，通过合法途径、运用合法手段来维权。(5分)

3. 当我们的合法权益受到侵害，不能用大吵大闹，甚至不择手段等过激行为来讨回公道，来"维权"。(5分)

4. 学生举例说明（5分）

模拟测试题二

一、单选题：每小题2分，共20分。

1	2	3	4	5	6	7	8	9	10
C	C	A	C	B	D	D	B	B	A

二、判断题：每小题2分，共20分。（正确的打"√"，错误的打"×"）

1	2	3	4	5	6	7	8	9	10
√	√	×	√	√	√	×	×	√	√

三、简答题：每小题10分，共20分。

答1：考察一个人的人生价值，坚持能力大小与贡献须尽力相统一。每个人的职业不同，能力大小不同，对社会贡献的绝对量不同；（3分）坚持物质贡献与精神贡献相统一。评价人的价值，不仅要看个人对社会做出的物质贡献，也要看其对社会做出的精神贡献；（3分）坚持完善自身与贡献社会相统一。人生的社会价值是实现人生自我价值的基础，评价人生价值的大小应看一个人的人生活动对社会所作的贡献。但这并不意味着否定人生的自我价值。（3分）一个人对社会和他人所作的贡献越大，他在社会中获得的人生价值的评价就越高。（1分）

答2：党的十八大提出了"科学立法、严格执法、公正司法、全民守法"的十六字方针，党的十八届四中全会将其作为全面依法治国的基本格局，并做出了更加明确的部署。（3分）覆盖了立法、执法、司法和守法四个方面的工作部署，（3分）即突出依宪治国是核心、科学立法是前提、严格执法是关键、公正司法是防线、全民守法是基础、依法执政是保证，以及法治精神、法治文化是灵魂。（4分）

四、材料分析题：本题20分，解答约200字。

答1：

（1）"一个人的一生应该是这样度过的：当他回首往事的时候，他不会因为虚度年华而悔恨，也不会因为碌碌无为而羞耻"，为了他们一生永不更改的信念，朱敏才、孙丽娜夫妇将他们的后半生献给贵州山区的孩子，用生命诠释大爱无疆，感动了中国。（5分）

（2）一个人的能力有大小、职业有不同、职位有高低，但只要把自己的追求和祖国、人民的利益联系在一起，就能实现自身最大的人生价值。当代大学生应与时代同步伐、与祖国共命运、与人民齐奋进，实现最大的人生价值，创造无悔的青春。（5分）

答2：

（1）大学生积极培育和践行"富强、民主、文明、和谐；自由、平等、公正、法治；爱国、敬业、诚信、友善"的社会主义核心价值观，对于推动国家发展、社会进步和自身的成长成才，具有重要而深远的意义。（3分）

（2）要勤于学习、深刻理解、准确把握社会主义核心价值观的基本内容、深刻内涵、理论特色和实践要求，真正内化于心，在心灵中产生共鸣，在精神上聚集价值，在思想上形成共识，成为思想的指引、精神的追求、价值的坐标。（3分）

（3）坚持不懈地参加社会主义核心价值观实践活动，在实践中感知、在行动中领悟，从做好小事、管好小节开始步，"见善则迁，有过则改"，踏踏实实践行社会主义核心价值观。（4分）

五、简述题：本题20分，解答不少于300字。

答：

1. 法治思维是指以法治价值和法治精神为导向，运用法律原则、法律规则、法律方法思考和处理问题的思维模式。一般来讲，法治思维包括法律至上、权力制约、公平正义、人权保障、正当程序等内容。

2. 大学生培养法治思维的途径很多：

A. 学法知法，大学生可以通过各种机会和途径学习法律知识、掌握法律方法。

B. 践行司法，大学生可以通过各种方式积极参与法律实践，（如法庭旁听、模拟法庭等）在学习和生活中逐渐提高法治思维能力，养成科学的法治思维方式。

C. 依法办事，在学习生活中碰到法律问题，懂得选择合法的方式去处理，（如欠债不还，可先协商）。

D. 用法维权，当自己的合法权利遭受侵害时，通过合法途径、运用合法手段来维权。

参 考 文 献

[1] 本书编写组. 思想道德修养与法律基础 [M]. 修订版. 北京：高等教育出版社，2015.
[2] 刘瑞复，李毅红. 思想道德修养与法律基础 [M]. 北京：高等教育出版社，2015.
[3] 贾少英，王滨有. "思想道德修养与法律基础"课教学设计 [M]. 北京：高等教育出版社，2013.
[4] 戴艳军，杨慧民. 思想道德修养与法律基础课教学案例解析 [M]. 修订版. 北京：高等教育出版社，2008.
[5] 王世伦，张春兰，罗晓彤，等. "思想道德修养与法律基础"案例教学 [M]. 成都：西南交通大学出版社，2014.
[6] 陈大文，高国希，高德毅.《思想道德修养与法律基础》教师成长学养读本 [M]. 上海：上海教育出版社，2015.
[7] 高国希，张奇峰. "思想道德修养与法律基础"课辅学读本 [M]. 北京：高等教育出版社，2014.
[8] 吴潜涛，武东生. "思想道德修养与法律基础"课重点难点解析 [M]. 北京：高等教育出版社，2016.
[9] 刘书林. 思想道德修养与法律基础教师参考书 [M]. 修订版. 北京：高等教育出版社，2008.
[10] 张立成，王炳林. 思想道德修养与法律基础教学用书 [M]. 北京：北京师范大学出版社，2011.
[11] 骆郁廷，周叶中，佘双好. 思想道德修养与法律基础 [M]. 2版. 武汉：武汉大学出版社，2013.
[12] 中共中央马克思恩格斯列宁斯大宁著作编译局. 马克思恩格斯选集（第1—4卷）[M]. 北京：人民出版社，2012.
[13] 中共中央马克思恩格斯列宁斯大宁著作编译局. 马克思恩格斯全集（第1卷）[M]. 北京：人民出版社，1995.
[14] 毛泽东. 毛泽东选集（第1—4卷）[M]. 北京：人民出版社，1991.
[15] 邓小平. 邓小平文选（第1—3卷）[M]. 北京：人民出版社，1994.
[16] 习近平. 习近平谈治国理政 [M]. 北京：外文出版社，2014.
[17] 中共中央关于全面推进依法治国若干重大问题的决定 [M]. 北京：人民出版社，2014.
[18] 中华人民共和国民法通则 [M]. 注释本. 北京：法律出版社，2014.
[19] 王利明，杨立新，王轶，等. 民法学 [M]. 4版. 北京：法律出版社，2015.
[20] 梁慧星，陈华彬. 物权法 [M]. 5版. 北京：法律出版社，2015.
[21] 杨立新. 侵权责任法 [M]. 北京：法律出版社，2011.
[22] 高铭暄，马克昌. 刑法学 [M]. 7版. 北京：北京大学出版社，2016.
[23] 樊浩. 中国伦理道德报告 [M]. 北京：中国社会科学出版社，2012.

后　　记

　　本教材在嘉应学院成人教育学院与马克思主义学院的共同组织下，由罗嘉文副教授、李学明副教授负责编写，其中罗嘉文副教授负责编撰了绪论、第一章、第二章、第三章、结束语、课后练习思考参考答案、模拟测试题，以及全书的统稿；李学明副教授编撰了第四至第八章。

　　由于编者才疏学浅、水平和经验有限，本书难免存在疏漏瑕疵，敬请各位专家、读者批评指正。